爱有法度

王洋律师解析家庭纠纷20例

王 洋◎著

中国出版集团公司
中国民主法制出版社
全国百佳图书出版单位

2015 · 北京

图书在版编目（CIP）数据

爱有法度：王洋律师解析家庭纠纷20例/王洋著. —北京：中国民主法制出版社，2015. 1

ISBN 978-7-5162-0704-8

Ⅰ. ①爱… Ⅱ. ①王… Ⅲ. ①婚姻家庭纠纷—案例—中国

Ⅳ. ①D923. 905

中国版本图书馆 CIP 数据核字（2014）第 310450 号

图书出品人： 刘海涛

出 版 统 筹： 赵卜慧

责 任 编 辑： 石　松　董　理

书名/爱有法度——王洋律师解析家庭纠纷 20 例

作者/ 王洋　著

出版·发行/中国民主法制出版社

地址/北京市丰台区玉林里 7 号（100069）

电话/ 63055259（总编室）　63057714（发行部）

传真/ 63055259

http：//www. npcpub. com

E-mail：mzfz@ npcpub. com

经销/新华书店

开本/ 16 开　710 毫米×1000 毫米

印张/ 15　**字数**/ 196 千字

版本/ 2015 年 1 月第 1 版　2015 年 1 月第 1 次印刷

印刷/ 河北省永清县金鑫印刷有限公司

书号/ ISBN 978-7-5162-0704-8

定价/ 29. 00 元

序

王洋律师邀我为她的新书作序时，不免有些踌躇。我虽主持过不少与法律相关的人文类栏目，如《道德观察》《今日说法》，自命与法律有很深的缘分，但我自知并非法学科班出身，真到要为法律专著提笔作序时，不免心生忐忑。当我认真读完书稿后，忐忑立刻被书中的内容覆盖、冻僵，那一个个活生生的案例，一幕幕堪比神剧的情节，居然都来自真实的生活，和隐蔽的人性。我使劲儿托着下巴看完了全书，相信换成你，也一样。

《法律讲堂》是央视一档很成功的普法宣传栏目，深受观众喜爱。该栏目从发生在百姓身边的真实案例出发，通过讲述案件经过来解读相关法律知识。作为一档面向全国观众的普法栏目，有着其独特的风格，主讲人都是从全国各地选拔的优秀法律工作者，其中一线优秀律师居多。栏目主讲人均亲历基层，有着丰富的实践经验和扎实的理论功底。他们以当事者的角度和法律人的思维，将真实案例中主人公的生活轨迹展现给观众，还原案中人的内心纠葛，展现情、理、法的激烈交锋。透过案例，传递的是理性的思考，是深情的呼唤，也是一种法律意识和法律观念的扩建。

四年前，王洋律师开始担当《法律讲堂》栏目的主讲人，她珍视这样的平台，以娓娓道来的方式向观众传播法律知识；她敬畏法律事业，以真诚与严谨展现人文关怀和理性智慧。四年的孜孜不倦，她收获了全国观众的好评与喜爱。如今王洋律师将四年的心血汇编成册，这不仅是她这四年讲述的书面总结与汇报，更是对《法律讲堂》栏目忠实观众的衷心回馈。她希望将往昔的娓娓道来和语重心长凝练成文字，让更多的人读到，并从中受益。

生活就像万花筒，不，生活就像一万个万花筒，让人目眩神迷，晕头转向。当它变着花样诱惑你、刺激你、打击你的时候，别忘了仰头看星星，低头找法律。别忙着做出反应，先找着北再说。

这不是一本专业学术的理论著作，而是一本“亲民科普”的“生活读本”，它用身边的故事，真实的情感，透彻的体悟，鞭辟入里的点评，来讲述生活，解答疑惑，化解我们内心的郁结。这本书，通俗易懂，毫无艰深晦涩之处；这本书，情真意切，尽显语重心长之感。这恰恰与我所主持的《道德观察》有着异曲同工之妙。

王洋不但是一名优秀的律师，还是一位出色的“辩手”，在黑龙江省律师界的多次辩论赛中都有着骄人的表现，在黑龙江省司法系统法律共同体的辩论中更是力拔头筹。遥想当年在西安交大求学期间，我也是从辩论出道，一路走来，也是颇多感慨。遇到这样有共同爱好的友人，自然倍感亲切。谓律师优秀，是因为诚信专业、德才兼备；谓辩手出色，是因为“辩”当字字珠玑，“论”当句句在理，优秀律师兼出色辩手著书，自会展现超然的视角、清晰的思维和严谨的逻辑。读过该书后，证实了我的判断——王洋“讲法”该值得一听，“写法”当值得一看。

中央电视台著名主持人　路一鸣

目录
CONTENTS

宝贝别哭

孩子是爱情、婚姻的结晶。在一段幸福的婚姻中，孩子传承的是血浓于水的亲情，维系的是执子之手的浪漫。然而，当爱已成往事，孩子却成为爱情的牺牲品，他们被父母无情地抛弃，谁来关注他们的成长?

在本专题中，律师将为你解读生活中出现的极端案例。用情与法的视角向破碎的家庭阐释，当夫妻情缘已尽，身为家长的义务却依然存在。孩子们有权利享受呵护、享受爱，健康成长。倘若父母对孩子进行无辜的责难，那么他们面临的将不仅是道德的谴责，更是法律的制裁。

爸爸再爱我一次

关键词 宣告死亡的条件　宣告死亡撤销对婚姻效力的影响　误帮他人养子索要赔偿问题

北方某城市的一家儿童医院内，安静的走廊里突然传来一阵争吵声，一个男人说："我没钱给她交住院费，我自己还不知道怎么活呢。"女人却满脸焦急："小月的病已经很严重了，不能再耽误了呀。"男人瞪圆了眼睛大吼道："这事我说了算，你一个外人在这里瞎嚷嚷什么？管好你自己就行了！"女人也急了，喊道："有你这样的吗，再怎么样，孩子喊你爸爸喊了八年了，大人再有错，孩子是无辜的呀！""我说了，这事不用你瞎掺和。"那男人怒吼着，一转身气呼呼地走了，扔下女人一个人站在那里发呆。半晌，女人回过头，却猛然发现一个七八岁的小女孩躲在柱子后面，偷偷地在抹眼泪，这个小女孩身材瘦小，面色苍白。女人连忙走过去，怜惜地抱着女孩，心疼地说："小月，你怎么跑这来了，别再冻着。"女孩带着哭腔说："阿姨，我有病要花很多钱，爸爸不高兴了是吗？"那女人鼻子一酸忍住眼泪，坚决地说道："小月，你放心，阿姨管你，你的病一定会好的。"

这是怎么回事呢？这个小女孩得了什么病？这对男女之间是什么关系，他们又是小女孩的什么人？难道他们没钱给孩子看病吗？

原来，这对争吵的男女是刚刚再婚不久的夫妻，怎么刚结婚就激烈争吵呢？他们之间有什么不可调和的矛盾吗？

事情的起因是这样的。这个女人叫赵曼曼，今年38岁，三年前她有一个非常幸福的家庭，自己和丈夫共同经营一家洗衣店，生意一直很好，夫妻二人也十分恩爱。两个人还有一个宝贝儿子多多，一家三口过着丰衣足食的生活。没想到天有不测风云，在多多4岁那年，赵曼曼的丈夫突然被查出患了胃癌而且是晚期，尽管全力救治，可不到半年，癌症还是夺走了这家男主人的生命。万分悲痛的赵曼曼，面对上有老下有小的状况，只能收起悲伤，强打精神。好在洗衣店生意一直不错，赵曼曼的经济状况倒一直还好。一晃三年过去了，家里家外全要赵曼曼一个人亲力亲为，她感到身心疲惫，亲朋好友都劝她再找个心爱的人重新组建家庭。

一天，赵曼曼的母亲突发脑溢血住院，她放下所有的工作守在母亲旁边寸步不离，父亲则在家帮忙照顾多多，没想到母亲住院，倒为她牵了红线。这是怎么回事呢？

原来，赵曼曼妈妈的邻床，是一位60多岁的老大娘，一直由儿子吕新亮精心照料着。吕新亮40岁出头，从日常言谈举止中看得出他对母亲十分孝顺，母亲生病期间端茶倒水忙前忙后的，照顾得无微不至。吕新亮8岁的女儿小月也经常和爸爸一起来病房看奶奶，吕新亮对女儿更是好得没话说。一个大男人给女儿扎辫子，剪指甲，丝毫不逊色于任何母亲。两位老人是邻床，又得的是一种病，有事没事交流一下病情，相处得很融洽，自然，来照顾的子女们也都往好了处，每当一方忙不开时，另一方总能帮忙临时照看一下。

在两位老人闲聊时，曼曼妈了解到老大娘的儿媳妇也就是吕新亮妻子，两年前因车祸去世了，留下了8岁的女儿小月，现在父女俩相依为命。

两位老人心有灵犀，一个丧夫，一个丧妻，都少个伴儿，就极力撮合他们在一起。而赵曼曼与吕新亮，通过观察，对彼此的人品也都特别认同，相处中，两个人也特别投缘，说话总能说到一起去，就这样，当两位老人出院时，两个人正式确立了恋爱关系。很快，赵曼曼带上儿子多多，吕新亮带上女儿小月一起见面了。小月和多多平时都是自己玩，突然多了个小伙伴，都非常高兴。而且失去母爱的小月一想到温柔可亲的曼曼就要成为自己的妈妈时，更是激动得又蹦又跳，多多也非常喜欢吕新亮，这使得赵曼曼和吕新亮的关系更近了一层，结婚登记也很快提上了日程。

成家之后的吕新亮和赵曼曼着实过了一段幸福的日子，在生活上你帮我衬，回到家两个人抢着做家务，两个小孩子也因多了伙伴格外高兴。一家四口其乐融融，亲戚朋友都羡慕这样一个幸福的重组家庭，都以他们为榜样。

可既然一家四口美满幸福，怎么又会到医院来呢？夫妻俩又为何发生激烈争执呢？

原来，在二人婚后不久，小月却突然被查出患有严重的血液病，医生通知他们，必须立刻住院治疗，而且要准备一大笔医药费。就在这个时候，吕新亮却提出没钱，不想给小月治，但赵曼曼却坚持应当尽全力给孩子治病。

这是怎么回事，吕新亮这个当爸爸的为什么这么狠心，宁舍孩子不舍钱，反倒是赵曼曼这个当继母的，坚持给孩子治病呢？其实，吕新亮原本是个百里挑一的慈父，是什么让他如此狠心？真的是因为缺钱吗？还是这其中有什么隐情呢？

吕新亮这么做的确是另有原因：一天上午，正在上班的吕新亮突然接到小月班主任的电话："小月在课堂上突然昏倒了，我已经把她送到儿童医院了，你快过来吧！"听到宝贝女儿上医院了，吕新亮吓坏了，急急忙忙赶到医院。大夫初步诊断后，结论是：小月的白细胞大量减少，很可能患了白血病，需要紧急输血。吕新亮立即冲上前："快抽我的，我是她爸爸，我的血型肯定最适合。"大夫说："那也要先验血，这是必经程序。"可令吕新亮万万没有想到的是，就是这次验血开始了他的噩梦。

验过血后，吕新亮不停催促大夫快点给女儿输血，别把女儿的病耽误了，可半个小时后大夫却说："经过化验，你们的血型不符，不具备输血条件。"好在医院找到了备用血，解除了小月的险情。

可吕新亮却百思不得其解，他不明白为什么自己的血型与女儿血型不符。经过好一番查证，最后的结论是，无论小月妈妈是什么血型，他们的女儿也不可能是这种血型。那么答案只有一个：小月不是吕新亮的孩子！这怎么可能？自己是看着女儿出生，看着她一天天长大的，叫自己爸爸都叫了8年了，血型怎么会对不上呢？会不会是医生弄错了？为了查清真相，也为了给自己一个说法，吕新亮立即带着女儿做了亲子鉴定，可结果更是让吕新亮的心跌到了谷底：小月和吕新亮的确没有血缘关系！

看到这个结果，吕新亮大脑一片空白，他回到家，呆坐在窗前，久久回不过神儿来。他拼命回忆，到底是怎么回事？哪儿出了问题呢？难道是生孩子时，在医院抱错了？可小月明明就是她妈妈的浓缩版！难道，难道……他不敢往下想。恍惚间，他看着女儿熟悉的面孔觉得那么陌生，以往看到女儿就打心眼里高兴，可如今却不知道是个什么滋味！

吕新亮无论如何想要知道真相，可是前妻夏朦已经死了，难道这个谜底就永远石沉大海了吗？他实在不甘心，于是吕新亮又跑到了前妻母亲家。简单寒暄过后，吕新亮直奔主题："妈，小月到底是谁的孩子？"丈母娘一下子愣住了，转而又笑道："你瞎说什么啊，当然是你的了。""你别骗我了，妈，她跟我毫无血缘关系！""瞎说什么啊？小月不是你的孩子还能是谁的？""难道你想看看亲子鉴定书吗？"吕新亮说着就把鉴定意见书扔在了桌子上。看到鉴定书，丈母娘一下子沉默了，屋内安静极了。好一会儿，吕新亮先开口说道："妈，你就实话实说吧，我死也得死个明白！再说小月我都照顾这么多年了，难道还能因为这个鉴定就甩手不管了吗？我只想知道真相！"看到前女婿诚恳的态度，丈母娘终于开口了："哎，事到如今，夏朦死了，你又拿着亲子鉴定来，我也没法瞒了，但你得答应我，我说出真相，你可不能不管小月啊，这孩子太可怜了。""你放心吧，任何情况，小月都永远是我的女儿。"终于，在吕新亮的一再保证下，丈母娘说出了真相：原来夏朦在与吕新亮结婚前有个男朋友，因为那个人没稳定工作，家里又不富裕，于是夏朦最终选择嫁给了各方面条件都不错的吕新亮。可她却一直背着丈夫，与前恋人藕断丝连。刚开始连她父母也不知道，还是在夏朦怀孕那会儿，有一天她哭哭啼啼地回娘家，和母亲说："我怀孕了，可我不知道孩子是谁的，我可怎么办啊？"当妈的这才知道夏朦还和前男友有联系。可错已经造成了，再骂女儿也没用啊，就根据怀孕时间帮夏朦推算这孩子究竟是谁的。这算来算去，认为孩子是吕新亮的可能性比较大，而且夏朦身体不太好，如果这次做流产，可能会影响生育，这才将孩子生了下来。并且，如果不是吕新亮做亲子鉴定，连夏朦自己也不确定孩子究竟是谁的。没想到……“哎，实在是对不住你了，如今朦朦出了车祸，也算是受惩罚了。”丈母娘无奈地说道。吕新亮目瞪口呆，半天才反应过来：“那小月亲生爸爸是谁，让他把小月领走。”“要是能领走就好了。”丈母娘接着说道：“也死了，一年前那场车祸，不是死了好几个人吗，夏朦和那个男的都一块儿死了。”“他俩一起坐车，一起死的?”吕新亮惊讶地问道。“我早就劝朦朦和他断了。”丈母娘接着说道：“可她不听我的，一年前，朦朦说最后和那个男的出去玩一次，回来就彻底断了，可谁想到居然一起去了西天，这真是报应啊!”

自己养了8年的女儿，当作心肝宝贝一样的女儿居然是妻子与情人生的，而且妻子还是与情人出去私会时死的，这顶绿帽子戴得也太大了。而且丈母娘一家都知道，只把自己当傻子瞒着，气急败坏的吕新亮砸碎了丈母娘家的很多东西，然后扬长而去。

从此，吕新亮一看到小月就气不打一处来，尤其是看到小月眉宇间像极了前妻，他把对前妻的恨都转嫁到了小月身上。不但从不去医院看望小月，而且告诉赵曼曼立刻接小月出院，不再给她花钱治病。善良的赵曼曼实在不忍心，所以才会有本文开头那一幕!

思来想去，赵曼曼最终决定，再怎么样，孩子是无辜的。再说了，什么也没孩子的命重要啊，先给孩子治病要紧！于是赵曼曼没再征求吕新亮的意见，而是拿出自己的积蓄，告诉大夫给小月用最好的药。终于，小月的病情得到了缓解，赵曼曼把小月接回了家。好久不见女儿的吕新亮却看也不看小月，小月主动走过去说道：“爸爸，我可想你了，你怎么不去看我呢?”吕新亮却粗暴地推开小月：“别烦我，没看我正忙吗?”说完就走回自己的房间，还砰的一声关上了门。小月愣在那儿，赵曼曼安慰小月：“你爸爸最近工作不太顺利，脾气大，你千万别怪他。”小月含着泪点点头，赵曼曼赶紧喊自己的儿子多多：“快过来陪姐姐玩。”小月毕竟是个小孩子，不一会儿，就和多多玩得满屋跑起来了。

事到如今，吕新亮会怎么做？他能善待小月吗？小月的命运又会如何呢？

本以为，过一段时间吕新亮心情会好些，可自从小月出院后，吕新亮有事没事就会训斥小月，每当小月想象以前那样和爸爸亲近，吕新亮就极其厌烦地把她推开。而赵曼曼为此没少和吕新亮争执，有一次还为了小月挨了两脚。一家的气氛越来越紧张，一次，吕新亮喝了点酒，又变本加厉，大声辱骂小月："你为什么还不滚！总在我眼前晃什么！"赵曼曼一边把小月推进房间，一边气得大喊起来："新亮啊，你不能没完没了啊，孩子有什么错，你不能老这么出邪火啊？你再这样下去我们就离婚。"一听到"离婚"二字，小月一下子从房间里冲出来，并抱住赵曼曼，哭喊道："阿姨你别和我爸离婚，我害怕，我想和你在一起，我不离开你！"赵曼曼抱着小月抱头痛哭，吕新亮看到这一幕不知心里是什么滋味，转身摔门走了。

这日子可怎么过啊，这么多年吕新亮养了别人的孩子，他一肚子的怨气无处发泄，对孩子充满了怨恨！而赵曼曼呢？还是吕新亮再婚妻子，与小月更是一点关系也没有。有心帮小月，都有些名不正言不顺。就在赵曼曼不知道如何是好时，一件令所有人意想不到的事情发生了。

吕新亮的前妻夏朦突然死而复生了，她突然出现在所有人面前，令大家吃惊不已。这究竟是怎么回事？她不是死了吗？

原来，当年她说是去外地看老同学，实际上是和情人偷偷约会去了。二人想着出去玩几天再回来，没承想半道出了车祸，情人当场死亡，她幸存下来，可她怕万一回家，事情就有可能败露，干脆她就不辞而别，去了外地打工。公安局宣布她在车祸中失踪，而家人都认为她如果活着当然会回家，所以一定是死了。

到了外地的夏朦，举目无亲，既没什么特长，也不愿意吃苦，结果是一事无成，所以她在外边晃了两年多，因为太辛苦就回来了，这才发现丈夫已经与别的女人重新组成了家庭。自己这不成了孤家寡人了吗，所以她想着能与丈夫恢复夫妻关系，并要回女儿，找回三口之家的幸福生活。

那么，与赵曼曼争吵不断的吕新亮能同意夏朦的要求吗？小月是否愿意重回母亲的怀抱呢？

夏朦找到吕新亮哀求着："新亮我错了，你原谅我吧，从今往后，我做牛做马伺候你。""你还真好意思来找我，你不但找情人，还生下你和情人的孩子，又让我养了近十年，如今情人死了，你又想起我来了，你不觉得你太过分了吗？"此时的吕新亮对夏朦恨得牙直痒痒，怎么可能原谅她！因此，无论夏朦怎么哀求，吕新亮坚决不同意再与她有任何瓜葛。这个结果应当是预料之中的，那么小月呢？她应当愿意回到母亲身边吧！但是她的反应却让所有人都大吃一惊，她对夏朦哭喊着："你不是我妈妈，我恨你，是你不要爸爸，不要我。都是因为你，爸爸才不爱我，才讨厌我。现在你又回来找我，可我生病时，你在哪？你怎么不管我？我要和赵阿姨在一起，她才是我妈妈，你们谁都不要我，只有她一直要我！"听到这儿，所有大人的心里都是五味杂陈，吕新亮也羞愧得无地自容。是啊，自己怎么能那样对待一个孩子呢，同时，他越发觉得，赵曼曼是自己此生最大的宝。

夏朦见自己已经众叛亲离，却仍不甘心，干脆将吕新亮与赵曼曼作为共同被告一并起诉到法院，要求确认吕新亮与赵曼曼的婚姻无效。很快，法院开庭审理了这起离奇的案件，在庭审过程中，夏朦拿出自己与吕新亮的结婚证，说道："我们是领了结婚证的，虽然我离开家了，但并没有和吕新亮办离婚手续啊，我才是吕新亮的合法妻子，这是谁也改变不了的事实，所以赵曼曼才是第三者，她应当退出。"面对她的主张，吕新亮却坚决不同意，他气愤地说："夏朦出了车祸，两年多杳无音信，我完全有理由认为她已经死了，而且连她父母都认为她死了，我这才与赵曼曼结婚的，而且我们是到民政局登记了的，所以我们才是合法夫妻啊。"

听起来，这两个人说得似乎都合乎情理，那么我国法律对此是如何规定的呢？

律师说法：宣告死亡>>>

现实生活中，有些人会因意外事故或其他原因失踪，致使其家人以及与其他利害关系人处于尴尬境地。对于这些人的合法权益将如何保护呢？宣告死亡制度的设立为我们提供了有效的法律保护途径。

根据民法通则第23条规定，本案中吕新亮与赵曼曼认识时，夏朦失踪已满两年，且是因为交通事故，符合宣告死亡的条件，此时吕新亮应该向人民法院申请宣告夏朦死亡。公民宣告死亡的法律后果等同于自然人死亡的法律后果。这样，吕新亮与夏朦的婚姻关系不复存在，与赵曼曼的婚姻关系亦不会因为涉及重婚而被宣告无效。

法条链接>>>

●《中华人民共和国民法通则》

第二十三条　公民有下列情形之一的，利害关系人可以向人民法院申请宣告他死亡：

（一）下落不明满四年的；

（二）因意外事故下落不明，从事故发生之日起满二年的。

战争期间下落不明的，下落不明的时间从战争结束之日起计算。

律师说法：宣告死亡撤销对婚姻效力的影响>>>

宣告死亡是一种法律的拟制状态，现实生活中被法院宣告死亡的人可能并没有死，一旦“亡者归来”那么对于他目前婚姻状态所处的法律效力如何，法律都作出了明确的规定。

根据民法通则第24条的规定我们可以得出结论：宣告死亡被撤销后，配偶尚未再婚的，婚姻关系自行恢复；配偶已再婚的，再婚效力不受撤销宣告死亡的影响，即使再婚后离婚的，婚姻关系也不一定恢复。

所以本案中，如果吕新亮向法院申请了宣告夏朦死亡，那么即使夏朦回来，吕新亮与赵曼曼的婚姻依然有效。

法条链接>>>

●《中华人民共和国民法通则》

第二十四条　被宣告死亡的人重新出现或者确知他没有死亡，经本人或者利害关系人申请，人民法院应当撤销对他的死亡宣告。

有民事行为能力人在被宣告死亡期间实施的民事法律行为有效。

可见，在一方活不见人、死不见尸的情况下，只能通过到法院申请宣告一方死亡，而法院经过审查相应证据，最终作出是否宣告其死亡的判决，一旦一方被法院宣告死亡，其法律后果则与自然死亡的法律后果是相同的，即夫妻关系自宣告死亡时终止，另外一方可以再婚。

但本案的情况是，夏朦的家人及丈夫都误认为她死亡了，但却没有通过法律程序予以认定，所以夏朦与丈夫的夫妻关系并没有自动解除，最终法院判决吕新亮与妻子夏朦的夫妻关系仍然存在，所以吕新亮与赵曼曼的夫妻关系无效。

但是强扭的瓜不甜，在法院判决后，吕新亮又立即起诉夏朦，坚决要求离婚，尽管夏朦不同意，可由于夏朦背叛丈夫有明显过错，丈夫又不能谅解，属于婚姻法所规定的夫妻感情破裂的法定情形，故法院判决准予二人离婚。同时，法院经过审理认为，由于小月与吕新亮并无血缘关系，因此夏朦才是小月唯一的法定监护人。故判决小月归夏朦抚养，吕新亮则无须支付抚养费用。

律师说法：误帮他人养子索要赔偿问题>>>

在现实生活中，很多父亲通过DNA的鉴定发现原来与他们朝夕相处，一直拿其当亲生子抚养的孩子并非自己亲生。此时他们不论在经济与精神上都承受了巨大的打击。对于此种情况，他们的合法权益受到了侵害，法律该如何救济呢？

根据我国婚姻法的规定可以得出结论：父母仅对未成年的亲生子女和形

成抚养关系的养子女或继子女负有法定的抚养教育义务。根据我国民法通则第92条关于不当得利的规定，本案中夏朦在夫妻关系存续期间，与他人生育一子，吕新亮与其之间没有法定抚养教育义务。吕新亮在基于错误的父女关系对其抚养教育，在夏朦失踪期间原告不仅支付了小月的抚养费用以及医疗费，而且在精神上遭受损害。故本案中如果吕新亮想向夏朦讨个说法并向法院起诉的话，可以要求夏朦支付抚养费、鉴定费，请求赔偿精神损害，根据相关法律以及司法实践是可以得到支持的。

法条链接>>>

●《中华人民共和国婚姻法》

第二十一条　父母对子女有抚养教育的义务；子女对父母有赡养扶助的义务。

父母不履行抚养义务时，未成年的或不能独立生活的子女，有要求父母付给抚养费的权利。

子女不履行赡养义务时，无劳动能力的或生活困难的父母，有要求子女付给赡养费的权利。

禁止溺婴、弃婴和其他残害婴儿的行为。

●《中华人民共和国民法通则》

第九十二条　没有合法根据，取得不当利益，造成他人损失的，应当将取得的不当利益返还受损失的人。

后来，小月无意当中看到了这份离婚判决书，这才知道吕新亮不是自己的亲爸爸，以前只是朦朦胧胧知道因为妈妈走了，爸爸才恨妈妈而不喜欢自己。此时她才真正了解了原因，所以当夏朦来接小月与爸爸告别时，她哭着说："爸爸，您以前那么爱我，后来却那么讨厌我，我真的好难过，我知道都是因为妈妈不好，可爸爸，我真的真的一直都很爱您，希望你也别忘了我，因为在我心里，你永远是我最最可爱的爸爸。"吕新亮听到女儿的这番话，泪流满面，他一下抱住小月："好女儿，是爸爸错了，是爸爸太糊涂，正是因为爸爸太爱你了，所以才会受不了这一切，爸爸以后一定经常去看你，你也永远都是我的好女儿。”就这样，吕新亮与女儿虽然是哭着道别的，但却约好了再见面的时间。而吕新亮也终于恢复了自由身，迫不及待地又向赵曼曼家走去，因为他已经决定要重新向赵曼曼求婚，此生一定要和她成为真正的夫妻。

婚姻的稳定，需要三分爱与七分责任，因为它容不得背叛、欺瞒，更不允许以爱的名义纵容个人的私欲。夏朦放弃了为人妻、为人母的责任，也丢失了爱与被爱的权利。相反，没有私欲的爱，却能释放无限的温暖：赵曼曼对患病的小月如亲生女儿般的爱；没有血缘的父亲，与小月重拾父女情。其实，在道德与法律的看护下，得失从未违背公平，只要我们经受住人性的考验。

借腹生子酿悲剧

关键词 事实婚姻　故意伤害罪　重婚罪的构成

2011年8月的一天，一个很平常的工作日。早上八点，人们像往常一样匆匆忙忙地赶往自己的单位，同样急匆匆地蹬着自行车的还有木匠张军，可他赶去的方向不是工厂却是家。张军刚到家门口，突然传来一声撕心裂肺的哭喊，张军忍不住打了一个冷战，脱口而出“糟了!”也来不及多想，三步并作两步飞奔进屋，可里屋门却被反锁了，他用尽全身力气踹开了门。然而眼前的一幕把他吓傻了。刚刚45天大的宝贝儿子身上插着一把大剪刀，满身是血。此时孩子的哭声已经很微弱了。一个40来岁的妇女瘫坐在地上，目光呆滞，手上还带着血迹。张军的妻子艾琴哭着抱起孩子递给张军，上气不接下气地说：“快，快去医院。”张军也顾不上别的，抱起孩子踉踉跄跄向医院跑去……

这究竟是怎么一回事？谁会对这么小的婴儿下此毒手？那坐在地上的妇女又是谁？难道她与这家人有什么深仇大恨吗？

原来，瘫坐在地上的那个妇女就是行凶者，但她不是外人，正是张军的表姐陈晓玲。陈晓玲是昨天晚上刚来张军家的。张军似乎和他表姐之间有些矛盾，一晚上两人都别别扭扭的，而且二人还不停地用家乡话争执着什么，张军的妻子也听不懂，不过当晚倒也相安无事，再说了姐弟之间能有什么解不开的结呢？可是没想到，今天一早张军刚出门，陈晓玲就走进艾琴和孩子的屋里，悄悄地反锁上门。正在给孩子换尿布的艾琴一回头，不禁吓了一跳。只见陈晓玲愤怒地盯着她。“表姐？你怎么了？昨晚看你和我家张军不太高兴，是不是出什么事了?”艾琴关心地问道。可是表姐却咄咄逼人地说：“你家张军？他是我的……”艾琴不禁有些糊涂，可还没等她缓过神来，就见陈晓玲猛地向她扑来，掐住她的脖子，嘴里还嘟囔着：“你算个什么东西，看我不教训你……”艾琴被掐得脸色发紫，用脚使劲地蹬开了陈晓玲，没想到怒火攻心的陈晓玲顺手捡起放在桌子上的剪刀，扑向了那个45天大的孩子。当艾琴意识到孩子有危险，要去阻拦的时候已经晚了。只听孩子哇的一声尖叫，锋利的剪刀，已经插到了那幼小孩子的身上，鲜血直流。艾琴疯了一样怒吼：“我的孩子!”她冲向陈晓玲，用尽全身力气将陈晓玲甩到了地上。张军进屋看到的正是这样骇人的一幕。

可陈晓玲和张军夫妻之间到底有多大的仇恨，她会用如此残忍的手段伤害一个孩子?

要说起来，这表姐陈晓玲和夫妻俩的关系原本是非常亲密的，而且二人能结为夫妻还是表姐介绍并撮合的呢。

一年半之前，陈晓玲通过朋友认识了艾琴，了解到艾琴已经离异，没有孩子，一个人在这个城市打工。陈晓玲对艾琴特别热情，直夸艾琴人长得水灵，做事麻利，并推荐说自己有个表弟叫张军，也是离了婚，比艾琴大5岁，是个木匠，人能干手艺也好，说两个人特别般配，并找个时间撮合两个人认识了。刚见面时，张军对长相姣好、温柔大方的艾琴一见钟情。可艾琴对身材瘦小，性格内向的张军却是有一搭无一搭的。一看这样，张军的表姐陈晓玲着急了。她不时在艾琴面前给张军说好话，背地里还告诉张军如何讨女人开心。这当姐姐的为了弟弟的人生大事还真是煞费苦心。也多亏了陈晓玲，艾琴也慢慢发现了张军的优点，虽然身材瘦小，性格内向，但是还挺能干的，还会做一手好菜。艾琴心想，找个合适的也不容易，能好好过日子就行呗。于是两人走到了一起。由于张军的户口本丢了，两人也没办登记手续，而且又是二婚也没办什么仪式，两人住到一起就算是夫妻了。

律师说法：事实婚姻>>>

随着社会的发展，人们的思想观念亦发生了变化。许多年轻人不登记结婚就以夫妻名义生活在一起，同时也有一些缺少法律常识的人认为只要办了婚礼，得到大家的认可就算是夫妻了，那么事实真的如此吗？我国法律是如何规定的呢？

事实婚姻是指没有配偶的男女，虽未进行结婚登记，但以夫妻名义同居生活，法律也予以认可的情形。相反，如果法律不予以认可，则仅属于同居关系。事实婚姻是相对于合法登记的婚姻而言的。也就是说，国家对未办理结婚登记而以夫妻名义同居生活的男女之间的关系，有条件地予以认可：

对于1994年2月1日以前同居生活的，法律是予以承认的，认定为事实婚姻；但是对于1994年2月1日之后同居生活的，法律不认可，按照同居关系处理。本案中，艾琴与张军未办理结婚登记，且张军根本未离婚，所以二人并非登记的婚姻关系，也非事实婚姻，仅是同居关系。

法条链接>>>

●《中华人民共和国婚姻法》

第八条　要求结婚的男女双方必须亲自到婚姻登记机关进行结婚登记。符合本法规定的，予以登记，发给结婚证。取得结婚证，即确立夫妻关系。未办理结婚登记的，应当补办登记。

●《最高人民法院关于适用〈中华人民共和国婚姻法〉若干问题的解释（一）》

第五条　未按婚姻法第八条规定办理结婚登记而以夫妻名义共同生活的男女，起诉到人民法院要求离婚的，应当区别对待：

（一）1994年2月1日民政部《婚姻登记管理条例》公布实施以前，男女双方已经符合结婚实质要件的，按事实婚姻处理；

（二）1994年2月1日民政部《婚姻登记管理条例》公布实施以后，男女双方符合结婚实质要件的，人民法院应当告知其在案件受理前补办结婚登记；未补办结婚登记的，按解除同居关系处理。

再婚后的二人都希望能早点有个孩子，毕竟年龄都不小了。也真是天公作美，三个月后的一天，艾琴轻轻地将张军的手放在自己的肚子上，温柔地说："大军，你要当爹了！"张军似乎不敢相信自己的耳朵："你说什么？真的吗？""我还能骗你吗。我怀孕了！我们有孩子了。"艾琴红着脸说。张军兴奋得紧紧搂住艾琴，竟然高兴地哭出声来："真是太好了，我终于可以当爹了，老天厚待我呀。"这当爹至于这么激动吗？

原来张军和"前妻"结婚10年，没有孩子，到处求医，民间方子也没少用，可就是没动静，他是做梦都想要个孩子呀！也正是为此，他才与"前妻"离婚的，所以现在听妻子说有孩子了，他别提有多高兴了。

和他们一样开心的还有张军的表姐陈晓玲，一听说艾琴怀孕了，第一时间提着水果和营养品就来到了张军家。"小琴呀，你可真争气呀，这么快就怀上了，这真是大喜啊。"陈晓玲盯着艾琴的肚子，脸上笑开了花，就像自己怀上了似的。眼看着艾琴的肚子一天比一天大，陈晓玲来看艾琴的次数也一天比一天频繁，这表姐当得比亲姐姐还体贴呢。张军和表姐一直以来的细心照顾，让来自外地的艾琴感到无比的幸福和温暖。

这样看来，作为表姐的陈晓玲还真是够热情细心的，可她后来怎么会做出那么残忍的事情呢？难道这中间发生了什么变故吗？

在艾琴怀孕七个多月时，一天傍晚，张军下班回来沉着脸说："小琴，我这边和一个客户闹了些纠纷，待不下去了，正好有个老乡叫我去他那帮忙，离这不远坐火车四个多小时，明天咱们就走。"艾琴有些不情愿："多大的事呀，不能商量商量吗？这有表姐照顾挺方便的，现在挺着大肚子，行动也不方便，万一磕着碰着了怎么办。"谁知道一向听媳妇话的张军这次却特别坚决："实在是商量不了，非走不可，你就别问了，总之我会照顾好你的，一会儿收拾下东西，我都订好车票了，明天早上5点的车。"丈夫决定的这么突然，艾琴有些疑惑，但她没多想，丈夫肯定有他的难处，也就答应了。可再怎么样，也该和表姐道个别呀，就提出来请表姐吃顿告别饭，可张军却说他已经和表姐打过招呼了，而且表姐最近遇到些事，太忙了，不好打扰她。就这样夫妻俩匆匆忙忙去了另一个城市。

两个月后，艾琴生下了个胖小子，张军天天捧着他的大儿子，别提多幸福了。很快孩子已经长到1个月了，满月这天夫妻俩喜气洋洋地屋里屋外忙活着，床上小宝宝也很听话，不哭不闹的。这时，张军的手机突然响了，接起电话的一刻张军的笑容僵在了脸上，“听说孩子生出来了，恭喜呀！该把孩子给我抱回来了吧！”对方阴阳怪气地说。为了回避妻子，他立刻走进卫生间，并带上门，对着电话说：“这是我和艾琴的孩子，我不能给你！”对方一下子恼了：“你以为你跑得掉啊，我既然能问出你的电话来，就能找到你的人！再不把孩子交出来，我可什么事都做得出来！”“别，别，你冷静点，这事我们慢慢商量，别激动！”张军一再央求着对方。“没什么好商量的，给你10天时间，必须把孩子抱回来，否则，别怪我无情！”还没等他回复，对方已经把电话挂断了。

这是怎么回事啊，那个人是谁？为什么向张军要孩子呢？孩子身上难道还有什么隐情吗？

自从张军接到恐吓电话后，一直坐立不安，而且从此之后，张军几乎隔两天就能收到恐吓者的信息，内容就是要孩子。张军当然不能轻易把自己的心肝宝贝给别人，可看得出来，他的确很怕对方，但他又心存侥幸，觉得对方就是吓唬他。这期间作为妻子的艾琴也发觉张军有些反常，可是问张军，他却说没事。

可这件事真的能风平浪静吗？张军没想到一场劫难已经在酝酿中了。

事发前一天傍晚，张军下了班刚到家门口，就看到门口站着一个人。仔细一瞧，张军惊恐得往后退了一步，打了个趔趄，差点没摔倒。“你，你怎么来了？”张军几乎是颤抖地问。

那是一个女人，体态微胖，走近张军，看起来比张军还要魁梧一点儿。她恶狠狠地瞪着张军：“我说过，你跑得了和尚跑不了庙，时间已经到了，你还没把孩子给我送去，非要等我来接是吗？”“那是我的孩子，我不能给你！”张军小声说道。“你的孩子？连你都是我的，你忘了吗？怎么有了新人忘旧人，你后悔了？”那女人瞪圆了眼睛，涨红了脸，一脸杀气。张军看她如此激动，也不敢继续顶撞。“好，好，你别冲动，我们以后慢慢商量。”“都这么晚了，我也没地方去，晚上就住你这儿了，正好看看孩子。”那女人不容反驳地说道。没有办法，张军只得带着她走向自己的家门。张军与这个女人到底是什么关系？她为什么会来要孩子呢？

那女人一进屋，艾琴先是一惊，随即笑脸相迎：“表姐！你怎么来了！好久没见了，真想你呀。”表姐？原来一直恐吓张军要孩子的人竟然是张军的表姐陈晓玲。张军和他表姐到底有什么约定？张军的表姐要这孩子干什么呢？

面对艾琴的热情，陈晓玲却冷冷地没说什么，直接奔着孩子去了。看到孩子才说道：“这孩子还挺像张军啊。”“嗯，可不是吗，要不是像他爹，还能更好看点。”艾琴开玩笑似的说道。陈晓玲却瞪了她一眼，艾琴不知怎么回事，回头看了看张军也是一脸严肃的样子。于是便不作声去准备饭菜了。张军和陈晓玲一直争执着什么，然而在艾琴面前却用家乡的方言，似乎有意避着艾琴。艾琴也听不懂，问张军和表姐是怎么回事，两人都不说。艾琴只有劝张军让着点儿表姐。这一晚相安无事。而善良的艾琴却不知道危机正一步步向她靠近。

事发当天，张军一早去上班了，但他在路上不停地想昨晚陈晓玲说的话，再想想早上她那愤怒的眼神，越想越觉得不放心，干脆又折了回来。可没想到，张军进屋便看到开头时那惊人的一幕。

张军抱着孩子以最快的速度来到当地一家权威医院。孩子立刻被送进了抢救室，张军和艾琴焦急地在外面等着。张军走向艾琴想要抱住她安慰她，可艾琴甩开他的胳膊，用恐惧和怨恨的眼神看着张军。张军顿时泪流满面，蹲在地上哽咽地说：“是我对不起孩子，对不起你们娘俩，都是我的错！”艾琴没说话，默默地流着泪，眼睛死盯着抢救室的门。艾琴现在担心的只是孩子。那边，陈晓玲已经被警车带走了，到了公安局她倒是很快交代了事实的真相。

“你是张军的表姐吗，你们有矛盾吗。”办案人员严厉地问道。“我？他表姐？”陈晓玲呵呵苦笑了两声说：“我是他妻子啊！”这个回答让办案人员大吃一惊。是呀，她怎么会是张军的妻子呢？

可她说得的确是实话，原来陈晓玲和张军根本就不是姐弟关系，而是夫妻，并且还没有离婚。

10年前经人介绍，张军和邻村的陈晓玲结婚了。陈晓玲性格粗犷，是个很能干的女人，下地干农活都能顶得上个男人。张军性格内向不爱吱声，但很顾家，两个人还真是过了一段幸福的小日子。可有一件事，却一直困扰着他们。两人一直想要个孩子。可是两年了一直没有动静。后来两人去做了检查，发现陈晓玲受孕机会很小。从那开始，陈晓玲到处寻医，用尽了各种方法，家里的钱大部分都用来给陈晓玲看病，可是5年、7年过去了，陈晓玲的肚子依然什么动静都没有。陈晓玲的婆婆更是着急，成天在陈晓玲面前唠叨，谁谁家生了个胖小子，谁谁家的鸡又下蛋了。我们家这是作了什么孽呀，怎么找了个不下蛋的……陈晓玲的脾气，哪听得了这些，经常和婆婆争吵，甚至破口大骂。后来，陈晓玲就提出到外地生活，而张军想也许换个环境没准还能要上孩子呢，于是两个人离开家乡，来到县城打工。到了县城后日子过得倒是挺清净，两人一直都想要个孩子的事也一直心照不宣。陈晓玲曾提出要领养个孩子，可是张军不同意，说别人的孩子不会和自己一条心的。可张军又特别喜欢孩子，一见邻居家谁抱个孩子就走不动道，看也要看上半个小时，还时不常地喝些闷酒，嘴里不时念叨着：“我这是要断子绝孙呢！”话里话外透露出想离婚再找一个，要个孩子。陈晓玲越来越扛不住了，所以她就想着怎么能如了丈夫的愿保住这个家呢？

有一天，陈晓玲神秘地和张军说：“要不然咱俩找个女人替咱们生个孩子吧。”“找女人替生，你什么意思？”张军一头雾水。陈晓玲又解释说：“咱们都10年夫妻了，我也信得过你，你呢找个条件差不多的女人。和你生个孩子。然后咱们养这个孩子，实在不行，给她点钱也行。”“这也太荒唐了！”刚开始张军还不同意，可后来妻子陈晓玲不断做他工作，他要子心切也就同意了。

所以陈晓玲才会主动撮合艾琴和张军，并骗艾琴说自己是张军的表姐。可是她事先和张军说好了，要完孩子，就得找个理由和艾琴分开。

原来一切都是计划好的，可她没想到，计划不如变化快，事情出现了意料之外的变化。

张军和艾琴交往后，谈到了结婚的事，可张军和陈晓玲根本就没有离婚，哪里还能办得了结婚登记。张军谎称户口本丢失，等户口本办好了再补证。艾琴也没想太多，两人就以夫妻的名义住到了一起。善良温柔的艾琴和粗犷暴脾气的陈晓玲形成了鲜明的对比。原来在家经常被陈晓玲呼来喝去的张军，在温柔体贴的艾琴面前真正体会到了作为一家之主的感觉。张军竟然渐渐爱上了艾琴，加上艾琴怀上了自己的骨肉，两人常在一起向往一家三口的幸福生活，张军的心越来越向艾琴靠拢了。

而这边，一听到艾琴怀孕了，陈晓玲就以照顾艾琴的名义经常来监视他们。可看到别的女人和自己的丈夫恩恩爱爱，那滋味可真是不好受呀。为了孩子，陈晓玲忍耐着，克制着，她也怕张军变心，所以每次来都要和张军说孩子的事。张军刚开始还答应得好好的，可看到艾琴怀孕那么辛苦，张军开始犹豫了。陈晓玲也隐约意识到了这些，开始来得越来越频繁，每次都要提醒张军，甚至还带着点威胁："你要是不把孩子给我，后果自负。"

经过几天几夜的辗转反侧，张军终于下定决心要和艾琴在一起，于是在艾琴怀孕七个多月的时候，张军又联系了一个外地老乡，匆匆带着艾琴投奔了那个老乡。并为躲避陈晓玲换了电话号码，想彻底摆脱陈晓玲。

在张军和艾琴突然消失以后，陈晓玲简直疯了一样，这不是偷鸡不成倒蚀把米吗，孩子没要到，连丈夫也丢了。她满城找人，到处托人打听。没有不透风的墙，她很快打听出张军的去向，又千方百计托人问出张军的电话号码后，就不停地打电话、发短信威胁张军，没想到张军仍然没有回心转意，可她实在咽不下这口气，就干脆坐车来到了张军的住处，于是就上演了本文开头的那一幕。

张军和艾琴还在抢救室门口焦急地等待，医生出来了，长舒一口气：

“这孩子真是命大啊，性命保住了，只是肺部受伤严重，以后可能会有呼吸方面的障碍，还有就是会留下永远的疤痕。”不一会儿孩子被推出来了，小小的身躯上插着各种管子。艾琴哭着扑上去：“我的孩子呀，这么小就遭这么大的罪。”接下来的几天张军一直陪在医院，看着孩子一天天好转，艾琴的情绪也稳定了许多。张军才将事实真相陆陆续续告诉了艾琴。

听到这些艾琴哭着说：“原来你们是拿我当生孩子的工具？你们骗我也就罢了。怎么能这样对那么小的孩子！”

陈晓玲自然得到了应有的惩罚，法院以故意伤害罪判处陈晓玲有期徒刑7年。

律师说法：故意伤害罪>>>

故意伤害罪要求行为人在客观上实施了伤害行为并且造成轻伤以上的后果，在主观上具有犯罪故意，且无正当防卫、紧急避险等正当化事由。本案中陈晓玲怒火攻心，刚开始掐住艾琴的脖子，实际在客观上已经实施了故意伤害的行为，主观上具有故意伤害的故意，但是艾琴的伤情并未达到轻伤标准，故这个行为中陈晓玲不被追究刑事责任。但是陈晓玲拿剪刀刺伤婴儿的行为，造成了婴儿重伤的结果，已经构成故意伤害罪。所以，最终陈晓玲以故意伤害罪被定罪处罚。

法条链接>>>

●《中华人民共和国刑法》

第二百三十四条　故意伤害他人身体的，处三年以下有期徒刑、拘役或者管制。

犯前款罪，致人重伤的，处三年以上十年以下有期徒刑；致人死亡或者以特别残忍手段致人重伤造成严重残疾的，处十年以上有期徒刑、无期徒刑或者死刑。本法另有规定的，依照规定。

本以为这件事就这样告一段落，可是没有想到的是，陈晓玲以张军构成重婚罪向人民法院提起了诉讼。在庭审中，陈晓玲说："我们还没离婚，我还是他妻子，他又与别的女人生活还生了孩子，应当构成重婚罪。"张军却一百个不服："这件事从始至终都是原告陈晓玲一手策划的，我是按她的意思和别的女人共同生活，怎么还能构成重婚罪呢。"

最后法院以重婚罪判处张军有期徒刑一年，缓期两年执行。

律师说法：重婚罪的构成>>>

重婚行为包括如下情形：有配偶的人与他人登记，或虽未办理结婚登记，但以夫妻名义同居生活的情形；明知他人有配偶而与之以夫妻名义同居生活的，仍应按重婚罪处理。本案中张军与陈晓玲并未办理离婚手续，就与艾琴以夫妻名义共同生活，张军作为完全民事行为能力人，要对自己的行为负责。综上所述，张军的行为构成重婚罪。

法条链接>>>

●《中华人民共和国刑法》

第二百五十八条　有配偶而重婚的，或者明知他人有配偶而与之结婚的，处二年以下有期徒刑或者拘役。

经过了这些事之后，陈晓玲和张军也深知两人是不可能再生活下去了，诉讼结束后，两人协商办理了离婚手续。虽然陈晓玲做出如此恶毒的事情，但张军假戏真做也难辞其咎，所以张军决定净身出户，将财产都留给了陈晓玲。随后张军找到艾琴，恳请她的原谅。艾琴回到家后，日夜以泪洗面，看着孩子身上的疤痕，再想想如果自己和张军分开，孩子又面临没有父亲的局面，但是自己内心的伤害就像孩子身上的疤痕一样永远抹不去。这样的心情让他们如何走下去呢？她真是左右为难。最后艾琴能否接受张军，我们不得而知，但是本案给人们带来的启示却是意味深长的。

一个新生命的到来，原本应充满无尽的欢乐和希望，而本案中，这个小生命却不得不用他的鲜血给我们敲响警钟。本案中的成年人，并非遇到什么无法解决的生活难题。如果张军和陈晓玲能够跳出传统束缚，认养一个孩子，他们的生活可能会平静如常；如果他们两个人正视现实，和平分手而不是波及他人，也许会多出两个幸福的家庭；甚至如果本案中的艾琴，哪怕有起码的法律意识，及时办理结婚登记，也不会出现让人心痛的一幕。可惜，任何的如果也没能阻挡现实的残酷，不学会用法律在生活中自我保护，则可能遍体鳞伤。

妈妈出轨之后

关键词 隐私权 绑架罪 犯罪既遂 未遂的标准

2011年冬季的一天，一个十四五岁的男孩，头上裹着厚厚的围巾，鬼鬼祟祟跟在一对中年男女后面。这对男女进入一家咖啡厅后，那孩子就掏出手机，在窗外偷偷地开始拍照。

男孩连续拍了几张照片后，收起手机，走进了咖啡厅，径直来到这对男女面前。男人见到孩子，愣住了："你怎么来了？""爸，这就是你的'二奶'吧？"男孩直截了当地说。男人"啪"一个巴掌抽在了男孩的脸上，那个女人和服务生赶忙拉住了愤怒的男人。"别拦着我，我今天要好好教育教育这个臭小子，竟敢跟我这么说话！""好，你够狠，为了她，你赶走我妈又来打我。"孩子哭喊着，伤心地跑开了。

这是怎么回事啊？难道这对男女真是婚外情人吗？男孩又是怎么找到他们的呢？

这事儿还得从两天前说起。男孩名叫刘亮，正念初三，由于中考在即，所以父母将他送到了江北的重点学校住校，每周末才回家一次。两天前，他从学校返家，刚到家门口，就听见屋内激烈的争吵声："你就没错吗？"屋内传来男孩妈妈的声音，还带着哭腔。随后又听到爸爸愤怒地吼道："你还要不要脸，好意思说我有错？"过了一会儿，妈妈缓和着语气，怯怯地说："不离不行吗？""少废话，非离不可。"这是怎么了，父母一直很恩爱啊，很少吵架，即使吵架，也一向是妈妈数落着，爸爸基本上耷拉着脑袋只管听着，按他自己的说法那是“好男不和女斗”。可今天怎么一反常态，而且怎么还提到离婚，一定是出什么大事了。刘亮推门进屋，看到妈妈满脸泪水，爸爸也是脸红脖子粗的。见儿子回来了，夫妻二人的争吵戛然而止，妈妈背过身拭去泪水。

原本刘亮每次回家，家里都要准备一桌好吃的，可今天却是这样一个场面。“你们怎么了?”刘亮问，可半天谁也不吱声。过了一会儿妈妈哽咽着说：“儿子，你别问了，大人的事你不懂。”边说边从里屋拎出个大皮箱，走到刘亮身边说：“儿子，妈妈要去姥姥家住一段时间，你在家听爸爸的话，好好学习，知道吗?”“妈，你拎皮箱干吗?你不回来了吗?你们是不是要离婚?”听到儿子这样说，妈妈的眼泪更止不住了，却什么都不说。“妈，你别走。”刘亮虽然不停地央求，可妈妈还是头也不回地冲出了家门。

屋里只剩下了刘亮和爸爸。“吃饭吧，儿子。”“我不想吃，爸，你到底跟我妈怎么了?我妈为什么非走不可?”刘亮追问，爸爸却不回答，而是径直进了自己的房间。

刘亮的爸爸刘大伟今年 47 岁，自己开了一家公司，一年收入几十万元，也算小有成就。他的妻子肖阳阳比他小 8 岁，原本是企业白领，自从刘亮上初中，为了照顾儿子学习，就辞职在家做起了全职太太。丈夫主外，妻子主内，夫妻恩爱，儿子又懂事好学，这样的一家人，真是让人羡慕。可如今这是怎么了，是什么让夫妻突然反目呢?

刘亮怎么也想不通，为什么妈妈那么伤心?一定是爸爸犯了错。可会是什么错呢?爸爸平时总说忙，就算是周末，也难得见一面。会不会是爸爸外面有人了?人家都说男人有钱就学坏，爸爸是个大老板，恐怕也不会例外吧?这个念头在刘亮的脑中不断闪现。于是刘亮决定要查个明白。

功夫不负有心人，通过两天的跟踪，刘亮居然真的看到爸爸和一个年轻女人进了咖啡厅，还有说有笑的。刘亮想：“她一定就是爸爸的‘二奶’。”所以刘亮才用手机拍下了那个女人，然后径直走了进去。也就发生了开始那一幕。

想着爸爸为了“二奶”当众打自己，刘亮又气又恨。他打通了妈妈的电话，约她见面。一见到妈妈，他像发现新大陆似的汇报："妈，我找到了。""你找到什么了?""爸爸的'二奶'啊，你看，这是她的照片。你们不就因为她才吵架的吗?"刘亮一边把手机递给妈妈，一边说道："妈跟我回家。我给你撑腰，爸爸背叛了我们，凭什么你走!""儿子，你错怪你爸爸了。""妈，你就别替我爸打掩护了，我什么都懂。""你确实误会了，这个女人，妈妈认识，只是你爸的一个生意伙伴。"妈妈仍旧站在爸爸一边。"那你为什么非走不可，你们究竟怎么了?"听儿子这么问，肖阳阳满脸通红，好一会儿才艰难地说："哎！是妈妈错了，我总打麻将，又总不按点回家，你爸说我这是赌博，太不像样了。"肖阳阳想了想又请求儿子："要不，你回家替妈妈求求情吧，就说我改，以后都听你爸的。"

"这事包在我身上。"刘亮一听爸爸没情人，妈妈也一心想和好，很高兴，一心想撮合父母和好。

刘亮回到家，见到了爸爸，两个人见面后忍不住相视一笑，就算尽释前嫌了。"还疼吗，儿子？爸爸一时冲动……""爸，是我不对，我妈说了，那个女人她认识，她还批评我了。"

刘亮见爸爸笑了，就又说道："爸，你原谅我妈吧！我妈说她会改的。"刘大伟一听，脸一下沉了下来说："别说了，大人的事你不要管。"说完就回房间了。

刘亮见爸爸不听自己的，就使出浑身解数，劝爷爷、奶奶、姥姥、姥爷分别去做爸爸的思想工作，希望他能原谅妈妈。可刘大伟面对双方老人的轮番劝说，却更直接地回绝，而且不多说，就三个字"没法过"。刘亮见都不奏效，就又逼着妈妈自己去求爸爸，可没想到仍然被拒之门外。

刘亮真生气了，他恨爸爸太小气，太不近人情，也太不为这个家考虑了。没办法，他只能用杀手锏——冷战、绝食，以前用过一次，立马就见效了。"我就不信了，当爸的能瞅着儿子挨饿?"于是他把自己一个人关在房间里，一句话没有，一口饭不吃，急得爸爸团团转。坚持到一天半的时候，刘大伟实在挺不住了，央求刘亮："儿子，既然你非逼我，我就和你说实话

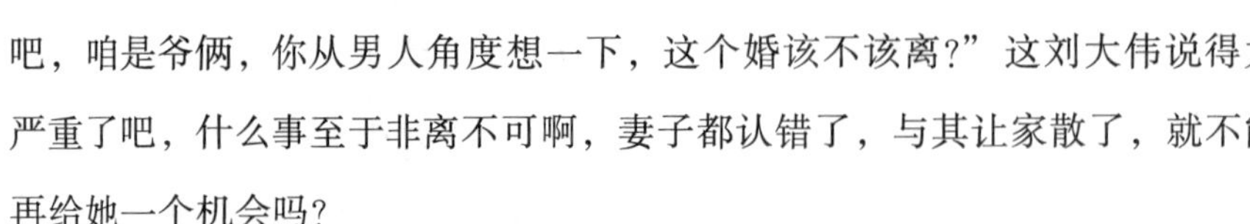

吧，咱是爷俩，你从男人角度想一下，这个婚该不该离？”这刘大伟说得太严重了吧，什么事至于非离不可啊，妻子都认错了，与其让家散了，就不能再给她一个机会吗？

可是，当刘大伟把离婚的真正理由告诉儿子以后，刘亮居然沉默了，不再劝爸爸不离了。这是怎么回事呢？

原来，自从刘亮住校后，肖阳阳不用再照顾儿子了，刘大伟忙着挣钱，回来的时候少，肖阳阳一下子成了闲人，就这么在家待着。刘大伟看到年轻的妻子整天宅在家里，也觉得不是个事儿，别再憋出病来。于是就特意叫上几个朋友的妻子，来家里陪肖阳阳打打麻将、逛逛街。很快，在朋友们的带动下，肖阳阳的日子充实起来了。每天健身、打牌、逛街、做美容，忙得不亦乐乎。刘大伟看到妻子这样，也就放心了。由于公司正处于上升阶段，所以他经常要应酬、出差，夫妻二人总是聚少离多。

大约半年前，刘大伟偶然发现妻子撒谎。那还是去年10月末的一天，正在外地出差的刘大伟接到妻子的电话：“老公，晚上回来吗？”刘大伟看了看表说：“太晚了，开车到家也得后半夜了，我就不回去了。你晚上锁好门，早点休息。”“哦，那我去小云家打牌，就不回家了。”“好，别太贪玩，早点休息。”

也真是无巧不成书。第二天，刘大伟就在酒会上碰到了小云的丈夫。小云的丈夫见到刘大伟就说：“大哥，你咋还不让嫂子去我家玩牌了呢？都快俩月没去了。”刘大伟心里咯噔一下，昨晚不是刚去过吗？难道小云丈夫不在家，不知道妻子去他家打牌了？他不知该怎么回答，敷衍着：“她身体不太好，所以我让她少玩。”虽然刘大伟尽量往好了想，可却总觉得心里别扭，放不下这事。而且越想越没底！

刘大伟左思右想，终于下决心找了一个自称专管调查的人，支付了高额的费用，委托对方调查一下妻子最近的行踪。他想：“花钱买个放心吧，没事不是更好吗。”可如果真有事，怎么办，他不敢想。很快，刘大伟收到了调查方的快递，袋子里面的一张张照片，让刘大伟彻底崩溃了。袋子里面装的都是妻子和一个“肌肉男”的亲密照片。并且调查的人告诉他，这个“肌肉男”就是妻子常去的一家健身房的一名健身教练，二人的确来往密切。

怎么办？正在他不知该如何是好的时候，又接到肖阳阳电话，问他晚上回不回家，他想都没想就说道：“我晚上要出差，你一个人注意安全。”等到夜里 11 点，刘大伟的心狂跳着，朝家门走去，他拿出钥匙，却怎么也打不开门。刘大伟急了，用力地敲门，与其说敲，不如说砸更恰当。“哐、哐、哐”，还是没反应，他又打妻子的手机，在门外都听到了手机响，就是没人接。正当他准备打电话报警时，门开了。可眼前的一幕几乎让他发了疯，那个照片上的男人从室内走了出来，而肖阳阳穿着睡衣，低着头，躲在门后。刘大伟气得说不出话，挥拳就向那个男人打去，没想到的是，那个男人也不甘示弱，竟然还起手来。要知道，他可是健身教练啊，刘大伟哪是他的对手，反倒被对方给打了。等到邻居、警察来了好多人的时候，那个男人早跑了，只留下羞愧的刘大伟和泪流满面的肖阳阳。

俗话说：“好事不出门，坏事传千里。”这事像刮了一阵风似的，很快就尽人皆知了。刘大伟这次丢人可丢大了，恨不得找个地缝钻进去。“儿子，你知道吗？这次，我可彻底栽了。几天前，我去参加一个招标会，有个生意场上的对手，一直和我较劲呢，这次他可有把柄了。你知道他怎么说吗？他说：‘刘哥，您现在真是火大发了，连后院都着了吧？’我恨不能立刻消失掉。这还不算，现在这人到处毁我，不论是朋友、生意伙伴，但凡认识我的，都知道我刘大伟戴了绿帽子了！儿子，你让我这脸往哪放啊！”

看着爸爸痛苦、消沉的样子，刘亮不知道该说什么，默默地走开了。本想劝爸爸不离婚，可现在他说不出口了。他恨妈妈，更恨那个健身教练。是她和他毁了爸爸，毁了这个家，毁了他们的幸福生活！

两天后，一身疲惫的刘大伟回到家，看到桌上有张字条，是儿子留下的，可一看上面的内容，刘大伟腿都软了。字条上写着：“爸，我去做我该做的事，为了你，为了这个家。儿子刘亮。”这话可吓坏了刘大伟，想到几天前父子间的谈话，刘大伟恨自己说得太多了。他立刻给儿子打手机，可却是关机。他又立刻联系肖阳阳："儿子跟你联系了吗?""没有啊，怎么了?""他留了张字条就走了，还有他房间的那把匕首也不见了，我担心他办蠢事。""你怎么看孩子的啊！我才回娘家几天，就出了这档子事!""还不都是因为你！行了，赶快回来吧，咱们一起找，不行就报案!"

肖阳阳火速开车回家，夫妻二人又发动了所有亲戚朋友，一起找儿子。孩子毕竟还小，这要是遇到什么坏人可怎么办！他可别真做什么傻事，这一辈子不就毁了吗？他们找遍了所有可能的地方，问遍了所有的老师、同学，可是没有任何消息。"我还是给小李打个电话问问吧。"肖阳阳小声地说。"小李是谁?""还能是谁？小亮最可能去找的人。""你早干什么了？现在才想起来。快打快打。"虽然刘大伟心里恨透了这个小李，可是为了儿子，他能怎么办。"怎么关机啊，这可怎么办?"肖阳阳着急地说。"报警吧!"就在这时，刘大伟的电话响了起来，竟然是刘亮的手机打来的！"儿子你在哪?"刘大伟激动地听电话。"想要你儿子平安的话，一天内给我凑够50万，等我电话。"对方快速撂了电话，刘大伟马上回拨了过去，可是儿子的手机又关机了。

"大伟，出了什么事?"肖阳阳问道。"不知道啊，让我准备50万，就什么都没说。""怎么会这样?"肖阳阳差点昏过去。"我看还是报警吧。"肖阳阳建议道。"不行，儿子一定是去找小李报仇了，会不会是儿子想杀小李不成，反被人家给扣了，借机再敲咱们一笔？如果这样，报警不就等于把儿子送进了监狱吗!"刘大伟冷静地分析着。"那咱们怎么办?""怎么办？赶快凑钱吧!"

于是，两个人很快到银行取出了50万元现金，接下来就是等待。儿子的处境怎么样？会不会有危险？各种各样的问题，各式各样的假设，不停地纠缠着他们。好不容易，熬过了一天，可是始终没有等到绑匪的电话，就在两个人被折磨得快崩溃时，电话终于又响了。

"钱准备好了吗?"对方开门见山地问。"齐了，齐了，我儿子怎么样，你一定要保证他的安全。""爸爸快救我。"电话那头传出来儿子的呼救声。可还没等刘大伟说什么，儿子的声音就消失了。“兄弟，听见了吧，你儿子还活着呢，哥们儿我改主意了！再给你一天时间，凑200万来！”“你太过分了！你是不是小李？我儿子要有个三长两短我跟你没完！”刘大伟怒吼着，但电话的另一头依旧很平静，“别跟我废话，我是谁不重要，要想你儿子平安，要想见儿子，快点把钱准备好。”说完，就又挂断了电话，这不明摆着吗，儿子可比什么都重要，对方怎么说，就怎么做吧！可夫妻俩的现钱也有限啊，只能向别人借了。可动静大了又怕惊动警方，别再让儿子进监狱。俩人一合计，一定不能让任何人知道这件事，就说生意上需要钱，于是刘大伟找到两个要好的朋友，在一天之内就凑够了钱，就等绑匪电话了。可是一天、两天、三天过去了，却没一点消息。第四天一大早，电话响了，一个陌生的号码。

“你好，我们是公安局的。”“公安局的?”“是，我们核实一下，你儿子是叫刘亮吗?”“是，是，是。”“他在我们这里，你们快过来吧!”

儿子找到了？不是被人绑架了吗？不过听说儿子在公安局，总算松了一口气，可再一想，这心又提起来了，他不会把人给杀了吧？“完了，全完了，儿子一定出事了。”两个人提着心，驱车前往那个城市的公安局。

几个小时后，刘大伟和肖阳阳赶到了公安局，一眼看到儿子刘亮，只见儿子浑身是土，头发老长，狼狈不堪，人也瘦了好多。刘大伟腿一软，扑通一声跪在刘亮面前：“儿子，你太傻了！你怎么能去杀人啊!”肖阳阳也抱住儿子，一边哭一边说：“儿子，是妈妈不好。”警察看着这对父母，忍不住笑了：“你们误会了，刘亮没杀人，他是被绑架了。”“绑架？我知道他被绑架了，那个小李还敲诈我们，我这些日子一直在等他的电话呢。”听刘大伟这么说，警察也被弄糊涂了：“什么小李？什么敲诈？你儿子是被一个犯罪集团绑架的!”什么？不是小李，那是谁？没和谁结仇啊！刘亮到底被谁绑架了？警察又是怎么找到绑匪的呢?

原来，刘亮听了爸爸的话，恨透了那个教练，一心想教训他，就真的去健身房找他报仇。可谁知那个教练早换地方了，刘亮扑了个空，就想到外地姥姥家找妈妈去。于是只身一人，上了火车。

可是在列车上，他碰到了两个中年男子，他们见刘亮一个人，就有意搭话，并给他吃的喝的，刘亮毕竟还是个孩子，没什么戒心，加上这几天没怎么吃饭，还真有点饿了，就也没客气，大口大口地吃起来。可吃着吃着刘亮就觉得特别困，他只是感觉迷迷糊糊地被几个人带下了车，坐着汽车去了一个不知道的地方，他想张口问，可是却又说不出话来。

当刘亮醒来的时候，发现自己被绑了起来，而且绑匪用他的手机给父亲打了电话，索要赎金。而这两名犯罪分子，因另一起绑架案件，早被警察盯上了，所以在刘亮等父母来解救自己的时候，警察将这两个犯罪分子全部抓获，刘亮也就获救了。

听到儿子离奇的遭遇，刘大伟和肖阳阳都惊呆了。看着儿子身上伤痕累累，心疼极了，一个劲地向办案人说："一定要严惩这几个坏蛋。""是啊，不能轻饶了他们。"办案人安慰道："你们放心吧，法律会给你们一个公正的交代。"

那些绑匪将会受到怎样的处罚呢？案件侦查过程很顺利，检察院很快将绑匪以涉嫌绑架罪向法院提起了公诉。

庭审过程中，控辩双方展开了激烈的辩论，公诉方认为：被告人用麻醉的手段，将被害人迷晕，又将其劫持，其行为已经构成了绑架罪。而被告人的辩护律师则认为，被告人虽然劫持了被害人，但并未实际得到财物，故犯罪行为没完成，应当按绑架未遂给予从轻处理。

律师说法：绑架罪以及犯罪既遂与未遂的界定>>>

绑架罪的行为人为已满16周岁，具有控制辨认能力的自然人。行为人实施的绑架行为，是具有强制性的行为，即使用暴力、胁迫或者麻醉的方法控制他人，对于缺乏或者丧失行动能力的被害人，行为人采取偷盗、引诱等方法，也可成立绑架罪。

被告人绑架刘亮的行为构成绑架罪无疑，那么争议点在于被告人的行为是否为绑架未遂。根据刑法的规定，绑架罪要求行为人具有利用绑架人的近亲属或者其他人对被绑架人安危的忧虑，以勒索财物或者满足其他不法要求为目的。而这种勒索并不需要现实化，即不要求目的实现。因此，只要行为人开始实施以暴力控制他人的行为，就是绑架罪的实施；一旦控制住他人，绑架罪就已经既遂。

法条链接>>>

●《中华人民共和国刑法》

第二百三十九条　以勒索财物为目的绑架他人的，或者绑架他人作为人质的，处十年以上有期徒刑或者无期徒刑，并处罚金或者没收财产；情节较轻的，处五年以上十年以下有期徒刑，并处罚金。

犯前款罪，致使被绑架人死亡或者杀害被绑架人的，处死刑，并处没收财产。

以勒索财物为目的偷盗婴幼儿的，依照前款的规定处罚。

第二十三条　已经着手实行犯罪，由于犯罪分子意志以外的原因而未得逞的，是犯罪未遂。

对于未遂犯，可以比照既遂犯从轻或者减轻处罚。

法院最终没有采纳辩护律师的观点，认为被告人属绑架罪既遂，但考虑到没有造成严重后果，在量刑时予以从轻。两被告人分别被判处有期徒刑八年和六年。

这起绑架案结束了，犯罪分子得到了应有的惩罚。刘亮又回到了父母身边，但想到儿子的遭遇，刘大伟和肖阳阳都心有余悸，他们决定暂时不离婚，但不知道这对夫妻，这个家，还能回到往日的温馨吗？希望所有的父母、夫妻，做事时能多考虑考虑，也问问自己，这么做，家人能接受吗？孩子能接受吗？你的良心能接受吗？

一位母亲的出轨，背叛了丈夫，也可能葬送孩子的幸福。从道德层面讲，身为父母有义务有责任去坚守道德底线，否则，孩子会失去对父母和家庭的信任，甚至误入歧途。从法律层面讲，未成年人保护法明确规定，父母或者其他监护人应当创造良好的、和睦的家庭环境，以健康的思想、良好的品行和适当的方法教育和引导未成年人。保护未成年人，预防未成年人犯罪需要学校、全社会的关注，但最关键、最有效的环节还是在于家庭关怀。因此，给予孩子一个健康向上的家庭氛围，就是给予他一笔幸福一生的财富。

卖子闹剧

贩卖亲生子女亦属于拐卖妇女　儿童罪　收买被拐卖的妇女儿童无罪的情形　收养的条件

2010年的一天上午，北方城市的公安局里，突然，跑进一个哭哭啼啼的妇女，只见这女人蓬头垢面，近40岁的样子，看打扮不像是本地人，她一进屋就大声哭喊着："我的孩子没了，快救救我的孩子吧！""怎么了？出什么事了？您先别激动，把话说清楚。"一个女干警走过来，一边安抚着这个中年女人，一边拿过来把椅子。那女人一屁股坐在椅子上，擦了一下眼泪又接着说道："我儿子刚半岁，就被卖了，他的命可真苦啊！""被谁卖的？卖给谁了？什么时候的事？"女干警提出一连串的问题。"我丈夫，是我丈夫给卖的。他这挨千刀的，心太狠了！"说着又是一阵号啕大哭。

这究竟怎么回事啊，她丈夫不就是孩子的爸爸吗？这当爸的怎么会舍得把亲生儿子给卖了呢？这女人说的是真的吗？

干警们又问了好一会儿，这女人断断续续地总算说清楚了事情的原委：原来，这女人叫刘翠兰，今年33岁，家住在外省的一个农村里，丈夫叫李大龙，五年前就到这座城市来打工。一年前，刘翠兰生孩子前期，为了方便丈夫照顾自己，才来到了这个城市与丈夫一起居住。后来她生下个男孩，她负责在家照顾孩子，丈夫则在外打工挣钱。两个月前，丈夫好不容易休假一天，她就上街转转，买些孩子要用的日用品，孩子就交给丈夫带。可回来就发现孩子不见了，她问丈夫孩子哪去了，丈夫就说："我上趟厕所的工夫，回来孩子就没了，一定是被人偷了。"

听到这儿，办案人有些不解，就问道："你说丢孩子是在半年前，怎么你现在才想起来报案。”那女人赶紧辩白道：“是他不让我报案，说孩子都已经丢了报案有啥用？可谁知道，后来他又非要和我离婚。我这婚也离了，可前几天，我偶然听朋友说，孩子是被我丈夫给卖了。他太缺德了，我这才来报案，你们可一定得给我做主啊。”刘翠兰又开始号啕大哭起来。

天底下真有这样的事，有这么狠心的爸爸？办案人真是义愤填膺，立刻传唤了在当地一家工厂上班的李大龙。可李大龙的回答却又让办案人大吃一惊。

李大龙听办案人说妻子举报他把孩子卖了，立刻满脸涨得通红。“我把孩子卖了？她是不是疯了，她这是看我跟她离婚了，存心想报复我。”李大龙矢口否认道。“那孩子是不是丢了？怎么丢的?”办案人又问道。李大龙一下愣了，半天没说话，然后耍赖似的说道：“丢了就是丢了，我哪知道怎么丢的?”

这夫妻俩真是绝了，妻子说孩子半年前丢的，她半年后才报案；丈夫说丢了就是丢了，不知道怎么丢的。他们装糊涂可不行，办案人决定一定要把这事查个水落石出。

那么孩子究竟哪去了？查明孩子的去处才是这起案件的关键。办案人开始在外围调查，包括李大龙一起来打工的老乡，他们周围住的邻居，并又与刘翠兰家当地的警方取得联系，要求他们协助调查。然而反馈回来各方面的信息，着实让办案人吃惊不小。

各方面消息汇总的结果是，他们夫妻二人对外宣称孩子送人了，包括收养孩子的是什么人家都说得清清楚楚的。而这两个人似乎突然有钱了，以往的债都结清了，尤其这李大龙父母家是当地有名的困难户，年年有陈欠。债主们都直犯愁，啥时能还清，可最近却全还了。大家伙也都在背后议论他们是不是把孩子给卖了呢。

看来，这两个人都没说实话。于是办案人再次分别传唤了刘翠兰和李大龙。在众多的证据面前，二人都不那么理直气壮了，可却全都一口咬定，孩子的确是卖了，但不是自己卖的，而是对方卖的。刘翠兰说：“孩子是我丈夫卖的，我是知道这件事，可我管不了啊，而且钱都被他拿走了。”而李大龙却说：“联系人家，谈价钱都是刘翠兰谈的，我只是在最后送孩子的时候陪她去过一次。”

这是一个什么家庭啊，夫妻俩彼此指认对方把孩子卖了，但却似乎并不急于找回孩子。

两个人还是各说各的，完全是两个版本。看来只能找其他证据、其他知情者才能把事情调查清楚。于是办案人决定必须先找到收养孩子的那家人，才能查清楚。

对于收养孩子那家人的地址，两个人都像是商量好了似的，都说不知道、不清楚。这个障碍当然难不住办案人，办案人又调取了两个人的通话记录，经过逐个排查，终于查出了抱走孩子那家人的电话号码。又通过特殊侦查手段，办案人很快找到了买孩子的这家人。办案人来到了本市郊区一个普通家庭，当办案人来到这家时，看到男、女主人正抱着个小婴儿坐在自家院子里给孩子喂小米粥。男的抱着孩子，女的则边吹着粥边小心地喂着，而那个男人怀里的小男孩不时咧开小嘴笑着，倒是一家三口其乐融融的温馨场景。可是办案人的到来，显然破坏了原本的气氛，男、女主人立刻站了起来，变得惊慌失措。“你们别慌，我们只是来了解一下情况。”办案人忙安抚着他们，并示意他们坐下。在随后的调查当中，办案人又了解到了重要信息，案件也越来越清晰了。

这家男主人说，他们夫妻俩原本有个小男孩，可刚出生不久就得急症死了，所以夫妻俩一直想再收养一个孩子。半年前，一个中年女人经别人介绍找到他们。“是她主动找我们的呀。”男主人特意强调着，“她说她自己有个半岁的儿子，因为家里穷，养不起，想送人。我们觉得她不是人贩子，是把自己的孩子送给我们。这你情我愿的，我们才同意收养的。”

听到这儿，办案人惊讶地问：“你是说一个女人吗？请你看一下这张照片，是这个人吗？”随后，办案人将刘翠兰的照片递了过来。“是她，肯定是她，因为我们前前后后共见了三次面，我认得她。只有最后一次交接时，是她和她丈夫一起来的，那天，她们把孩子抱给我们，我们则给了他们5万元。”

通过这次调查，看来事情已经很清楚了。这卖孩子的事，无论是当妈的刘翠兰，还是当爸的李大龙都是心知肚明的，现在两人倒都揣着明白装糊涂了。可既然两人都参与了卖孩子，这刘翠兰为什么还要来报案呢？这不是往枪口上撞吗？

令办案人没想到的是，在接下来的侦查中，竟然又牵出了一起刑事案件，这又是怎么回事呢？

办案人再次分别询问刘翠兰与李大龙，开始两个人还都重复着以前的谎话，可当办案人说出了抱走孩子那对夫妻的姓名、家庭住址、电话号码时，二人全都老实了，收起了原先抵赖的样子，不得不交代了实情。李大龙突然说了句：“我根本不是孩子的爸爸。”他不是爸爸，那这孩子是谁的呢？这又是怎么回事呢？

原来刘翠兰与李大龙是一个村的，五年前经人介绍相识，觉得各方面条件都相当，于是在相处半年后就结婚了。可是两个家庭都不太富裕，婚后两个人的生活也过得很困难，两个人就商量着怎么能多挣点钱。正好有几个同乡要一起到外地打工，于是李大龙也跟着来到这个城市打工了，倒是很快找到了一个纸箱加工厂做工人，收入不算高但也比在家强。李大龙从不乱花钱，每月定期往家汇款，逢年过节，别人往家赶时，李大龙却很少回家。一是这个城市离他们的家乡比较远，回趟家要倒两趟车，走上近24个小时，短暂的假期几乎都在路上了；又考虑到每次回去费用也比较大，而且假期如果留在单位值班就会挣到平时两倍的工资，所以李大龙每年回家，都是有数的一次两次。夫妻两个虽聚少离多，但感情一直还不错，经常通过电话沟通。

还是一年前，眼看要过年了，李大龙已经好久没回家了，所以特意请了假早一点回来。可一进村子，就发现别人看自己的眼神都有些不对劲儿，他不知道出了什么事，可到家，他就一下子明白了。

一进家门，他大声喊道：“媳妇，我回来了，看我给你买什么好吃的了。”

可等了半天，刘翠兰才磨磨蹭蹭地走出家门，而且居然挺着个大肚子。李大龙一下子愣在那，指着刘翠兰的肚子："你……你怀孩子了？"李大龙已经很久没回家了，所以这孩子显然不可能是他的，难道妻子背着他怀了别人的孩子？

刘翠兰没说话却开始哭起来。"别哭了，这孩子究竟是谁的？"李大龙愤怒地问道。"我，我不知道。""你，你不知道，你挺着个大肚子，居然告诉我你不知道孩子是谁的。好，不管是谁的，肯定不是我的，对吧？我们离婚，明天就离。"李大龙简直怒不可遏。"我，我不离婚，你打死我也不离。"

既然连别人的孩子都有了，为什么又坚决不同意离婚呢？在刘翠兰的哭诉当中，李大龙终于了解了事情的真相。

几个月前的一天晚上，刘翠兰已经睡着了，迷迷糊糊当中，似乎屋里有人，她被惊醒了。只见面前站着一个彪形大汉，手里还拿着一把菜刀，对她低声恐吓道："你敢出声，我就白刀子进，红刀子出。""大龙，我没办法啊，我被他给糟蹋了啊。""可你在电话里为什么不和我说。""我怕你嫌弃我，我不敢说，我以为这事过去就算了，可谁知道……开始我也没在意，你也知道，以前我的生理周期就不太正常，所以两个月没见红，我也没理会。谁知道等发现怀孕就已经晚了，做不掉了，我只能留着了……"

听到这些，李大龙真是一肚子气，可事已至此，能怎么办呢，想发火都找不到人。想冲妻子发，可毕竟妻子也不愿意这样。他原想认命吧，和妻子还得好好过，可打算得好，却做不到。一出家门看到别人指指点点，听到别人窃窃私语，一回到家呢，又看见妻子的大肚子，这别提有多难受了。终于有一天，他借着点儿酒劲，再一次和妻子提出离婚："我知道这事儿不该怪你，可我实在受不了别人的议论。"妻子刘翠兰则心平气和地说道："这事我也替你考虑过了，我知道这样对你不公平，你看这样行不行，这次你出门打工我和你一起走，等我把孩子生下来，就卖了他。卖点钱到你那儿做个小本生意，以后咱们再要个自己的孩子。"

听妻子这么说，李大龙觉得这也是个办法，一方面避开了村里人的议论，一方面也妥善处理了孩子，不至于让自己替别人养一辈子孩子。就这样，夫妻俩一拍即合，都同意这么做。于是刘翠兰和李大龙一起来到了这个城市，租了间小房子住了下来，而刘翠兰自打搬到这，就开始到处打听谁家想要孩子，并最终联系到了现在这家人。

刘翠兰提出："我们家挺困难，要不也不至于把孩子送人，外面欠了不少债，你看你们能不能帮我还还债。"对方则问道："钱我们肯定要给的，毕竟生孩子也不是那么容易的，你看拿多少合适吧？"这双方最终谈妥，给刘翠兰5万元补偿。前期一直由刘翠兰与对方联系，只是在最后交易时，她才和丈夫李大龙一起与对方见面，一手收钱，一手给孩子。

可既然如此，刘翠兰又为什么要来报案呢，夫妻二人又是怎么反目成仇的呢？

当办案人问到这个问题时，刘翠兰又哭了起来，接着说道："他太没良心了，我提出卖孩子就是想和他好好过日子，可到最后他还是把我给甩了，我当然不能就这么便宜他。"

刘翠兰这么说，似乎也在理，她的确是为了不离婚才出此下策的，李大龙不是也答应与妻子重新开始吗？又怎么出现了变故呢？

的确，孩子卖了以后，李大龙再也看不到孩子，也没先前那么"堵心窝子"了，可是与他一起打工的几个老乡也都从家里人那听说了刘翠兰怀了别的男人的孩子，经常用这件事来取笑他："李大龙，你小子行啊，自己没费力气，就白得一大儿子。""是啊，是啊，还是你小子有本事啊。"然后是一阵哄堂大笑。

李大龙是又气又恨，同时他才意识到，自己戴得这顶绿帽子根本摘不下去，而且夫妻俩因为这件事没少吵、没少骂。所以，他违背承诺又一次提出离婚。而刘翠兰虽然是个受害者，可在潜意识里她一直觉得是自己理亏，觉得是自己让丈夫在人前抬不起头，所以她只好同意离婚了。而丈夫又提出那5万元，要还账，再拿出一部分弥补他的精神损失，最后只给了刘翠兰7000元钱。等刘翠兰稀里糊涂地离婚了，两手空空回到老家时，家里人全都责怪她："自己的孩子没了，钱也没得着，你脑子是不是有问题啊？这可真是赔了孩子又赔钱啊!”

听别人这么一说，她也越想越不对劲，于是又回来找李大龙要钱，而李大龙却一大堆理由等着她，最后就变成了“要钱没有，要命一条。”这不是耍无赖吗？刘翠兰实在咽不下这口气，一气之下，她才会跑到公安局来反告李大龙。

通过这一调查，公安局了解到在这起卖子闹剧中还隐藏着一起强奸案，如果这个色魔不除，还不知道要有多少妇女受害。所以当地公安局又立刻将情况通报给刘翠兰所在地的警方，两地警方决定联合侦破此案。

由于刘翠兰看到了那个色魔的样子，所以很快绘制了嫌疑犯的虚拟头像。经过一个月的排查，警方就锁定了刘翠兰邻村一个符合基本特征的男子，外号叫虎子。经刘翠兰指认，果然是他，而虎子也交代了整个犯罪事实。原来，这个人平时就游手好闲，有点小偷小摸的毛病。事发当天，他刚跟几个哥们喝完酒，在外闲逛时偷偷溜进了刘翠兰家。“我本来就想看看有什么值钱的东西拿两样，可我进去一看，家里边就躺着一个女人。我，我就起了歹意，再借点酒劲……”“那你当时是不是还带着凶器?”办案人严肃地问道。虎子又吞吞吐吐地回答道：“我，我是怕她喊叫，就从她家厨房顺手拿了把菜刀吓唬她的。”

这起案件很快查清楚了。虎子也很快被提起公诉，最终法院判决虎子构成强奸罪，判处有期徒刑五年。

虽然刘翠兰是强奸案的被害人，可她与李大龙共同卖孩子的行为，也已经涉嫌拐卖儿童罪，被批准逮捕，并很快开庭审理。法庭上，公诉机关认为，刘翠兰虽然是被害人，可她也无权将自己的孩子卖掉，谋取利益，而李大龙虽然不是提意人，但他却同意并支持刘翠兰的想法，伙同其一起将孩子卖掉，故二人构成拐卖儿童罪的共同犯罪。刘翠兰为自己辩解道，我自己的孩子，我说了算。再说了是我被强奸有的孩子，我丈夫又不接受这件事，我能怎么办，自己没能力养还不如给别人养着啊。李大龙则辩解道，我们是收钱了，可那钱是收养孩子那家愿意给的，我们没强迫啊。

那么，这两个人的辩解能成立吗，亲生母亲卖儿子算不算犯罪呢？法律对此是如何规定的呢？

律师说法：贩卖亲生子女亦属于拐卖儿童罪>>>

众所周知贩卖拐骗儿童构成拐卖儿童罪，可竟然还有些无良父母，为了获取金钱，贩卖自己的亲生子女，那么贩卖亲生子女是否也构成犯罪呢？

拐卖儿童罪的犯罪构成，在主观上是以出卖为目的，在客观上则是使用各种手段让未满14周岁的儿童脱离家庭和监护人。

其所侵犯的客体则是儿童的身体自由权和人格尊严权。本案中，刘翠兰与李大龙以获利为目的，将孩子以送养为名贩卖给他人获利的行为，符合最高人民法院、最高人民检察院、公安部、司法部关于依法惩治拐卖妇女儿童罪的意见第16条的规定，构成了拐卖儿童罪。

法条链接>>>

● 《中华人民共和国刑法》

第二百四十一条　拐卖妇女、儿童的，处五年以上十年以下有期徒刑，并处罚金；有下列情形之一的，处十年以上有期徒刑或者无期徒刑，并处罚金或者没收财产；情节特别严重的，处死刑，并处没收财产：

（一）拐卖妇女、儿童集团的首要分子；

（二）拐卖妇女、儿童三人以上的；

（三）奸淫被拐卖的妇女的；

（四）诱骗、强迫被拐卖的妇女卖淫或者将被拐卖的妇女卖给他人迫使其卖淫的；

（五）以出卖为目的，使用暴力、胁迫或者麻醉方法绑架妇女、儿童的；

（六）以出卖为目的，偷盗婴幼儿的；

（七）造成被拐卖的妇女、儿童或者其亲属重伤、死亡或者其他严重后果的；

（八）将妇女、儿童卖往境外的。

拐卖妇女、儿童是指以出卖为目的，有拐骗、绑架、收买、贩卖、接送、中转妇女、儿童的行为之一的。

●《最高人民法院、最高人民检察院、公安部、司法部关于依法惩治拐卖妇女儿童罪的意见》

第十六条　以非法获利为目的，出卖亲生子女的，应当以拐卖妇女、儿童罪论处。

最终，法院采纳了公诉人的意见，判决二人均构成拐卖儿童罪，但考虑到本案的实际情况，毕竟不同于人贩子，其主观恶性相对较小，故从轻判决，判处刘翠兰有期徒刑六年，因李大龙是从犯，判处其有期徒刑五年。

那么收买孩子的人应不应当受到处罚呢？

律师说法：收买被拐卖的妇女儿童无罪的情形>>>

根据刑法规定，用金钱、财物买回被拐卖的儿童也构成收买被拐卖儿童罪。本案中，买孩子的那对夫妇给了刘翠云、李大龙5万元钱，但是在办案机关调查的时候，夫妇二人配合调查，并未出现虐待或者阻拦公安机关解救的行为。按照刑法第241条的规定，不需要追究其刑事责任。

法条链接>>>

●《中华人民共和国刑法》

第二百四十一条　收买被拐卖的妇女、儿童的，处三年以下有期徒刑、拘役或者管制。

收买被拐卖的妇女，强行与其发生性关系的，依照本法第二百三十六条的规定定罪处罚。

收买被拐卖的妇女、儿童，非法剥夺、限制其人身自由或者有伤害、侮辱等犯罪行为的，依照本法的有关规定定罪处罚。

收买被拐卖的妇女、儿童，并有第二款、第三款规定的犯罪行为的，依照数罪并罚的规定处罚。

收买被拐卖的妇女、儿童又出卖的，依照本法第二百四十条的规定定罪处罚。

收买被拐卖的妇女、儿童，按照被买妇女的意愿，不阻碍其返回原居住地的，对被买儿童没有虐待行为，不阻碍对其进行解救的，可以不追究刑事责任。

那么就本案来看，买孩子的这对夫妇曾经有过失子之痛，是想再收养一个孩子，却因为不懂法，没通过正规的收养程序，不小心踩了雷区，但基于以上可不追责的相关规定，他们没有被追究刑事责任。

律师说法：收养的条件>>>

基于种种原因，有些人想要收养别人的孩子，但是并非将孩子抱来抚养就算收养，收养必须符合法定的条件。根据收养法的相关规定，收养孩子需要收养人、送养人及被收养人达到法定条件，并且按照规定办理相关手续。本案中，收养孩子的夫妇双方均有收养孩子的意愿，且满足收养人的其他条件，送养人双方均进了监狱，也无力抚养孩子，属于有特殊困难无力抚养子女的情况。但是，双方并未到民政部门办理收养手续，欠缺形式要件，如果能补办手续，就完全符合法律所规定的收养要件，双方的抚养关系自登记时正式确立。

法条链接>>>

● 《中华人民共和国收养法》

第五条　下列公民、组织可以作送养人：

（一）孤儿的监护人；

（二）社会福利机构；

（三）有特殊困难无力抚养子女的生父母。

第六条　收养人应当同时具备下列条件：

（一）无子女；

（二）有抚养教育被收养人的能力；

（三）未患有在医学上认为不应当收养子女的疾病；

（四）年满三十周岁。

第十条　生父母送养子女，须双方共同送养。生父母一方不明或者查找不到的可以单方送养。

有配偶者收养子女，须夫妻共同收养。

第十五条　收养应当向县级以上人民政府民政部门登记。收养关系自登记之日起成立。收养查找不到生父母的弃婴和儿童的，办理登记的民政部门应当在登记前予以公告。

收养关系当事人愿意订立收养协议的，可以订立收养协议。

收养关系当事人各方或者一方要求办理收养公证的，应当办理收养公证。

那么孩子又究竟怎么样了，亲生父亲因为强奸罪进了监狱，亲生母亲因为拐卖儿童罪也进了监狱，他该由谁抚养呢。经过当地政府协调，收养他的夫妻俩也希望能继续抚养孩子，而孩子的父母也都表态同意送养，故双方重新办理了收养手续。

在这起案件当中，我们看到刘翠兰由于不懂法，被强奸后本应用法律维护自己的权益，可她不但不维权反倒为摆脱困境又成了违法者。而李大龙呢，在妻子遭遇不幸时，不但不帮助妻子渡过难关，反倒嫌弃她、抛弃她，充当着一个不光彩的角色。而那个强奸犯当然是罪有应得，只是那个无辜的孩子，一出生就注定是罪犯的儿子，但幸运的是，他总算找到了一处好归宿。

刘翠兰遭人强奸后在屈辱中生下了强奸犯的孩子，然而，噩梦并未结束。作为受害者的她，面对非议与侮辱，尤其是丈夫的无情与冷漠。愚昧的她，却将这一切苦果都归罪于孩子。为了重拾旧爱，她竟然卖掉孩子，荒唐地认为孩子的消失，所有的不幸就灰飞烟灭，不承想，最后等来的不仅是丈夫的离婚，还因卖掉孩子面临法律制裁。刘翠兰遭人强奸是不幸的，但是她最大的不幸，是对亲情的漠视，对法律的无知！所以，女人除了要学会保护自己，更要懂得在面对伤害与挫折时，能自立、自强，因为命运从来都掌握在自己手中！

亲子之争

关键词 离婚时夫妻共同财产的处理　夫妻财产约定制　共同送养原则

2010年某日下午3点多，南方某城市一家宾馆的会议室内座无虚席，大家都在听专家的学术报告。张小光也在其中，他正听得认真，电话突然响了起来，他看了一眼来电显示是妻子的，应该没什么要紧的事，张小光把电话挂断，又回了个短信：学习呢……可手机再次响起，出什么事了？这么急。没办法张小光只好接通电话，压低声音说道："学习呢，过会儿再打不行吗？"可电话那头妻子却带着哭腔说道："不好了，儿子丢了。""什么？儿子丢了？"张小光竟一下子喊出声来，可一抬头，发现四周的人全都看着他，他赶快走出会议室，急促地问道："你刚才说什么？怎么回事？儿子怎么了？"张小光实在不愿相信他所听到的。

是呀，这怎么回事啊？孩子多大了？真丢了吗？又是怎么丢的呢？

张小光今年30岁，虽说不上特别帅，但长得白白净净的，也算是"小白脸"吧。在两年前的一次朋友聚会中，他认识了长相甜美的李萌萌。二人初次见面对彼此印象就都不错，交往当中，了解到李萌萌在银行工作，比张小光小两岁。两个人都是性格开朗外向的那种，重要的是共同爱好还真不少，总能说到一处，玩到一起去，所以很快成了恋人。不久二人就同居了，半年后李萌萌怀孕了，当张小光得知这个消息，高兴极了，抱着李萌萌直转圈，兴奋地说："你看，咱儿子来给咱们报喜来了，他一定在说：'爸爸妈妈你们快结婚吧，我都等不及了。'"于是两家人开始张罗着见面、装修新房。经过紧锣密鼓的准备，两个有情人带着肚子里的小宝宝一起走进了婚姻的殿堂，并在一年前生下个大胖小子，起名叫张欢乐。

张小光别提多高兴了，他特别喜欢孩子，也特别疼爱自己的老婆，是模范爸爸兼模范丈夫。他下了班就围着儿子转，喂水、喂饭、换衣服、哄睡觉几乎都由他来做。妻子一来帮忙，他就说："老婆大人，你把我儿子生下来，已经够辛苦了，这些小事都让我来做吧。"便立刻将妻子推到旁边休息。

可是一周前，单位通知他到外地进行一次为期一周的专业培训，机会难得，因为张小光工作业绩突出，单位才特意选送他来参加培训的。他本来还有些犹豫，既不放心儿子也不放心妻子，可妻子李萌萌劝他："你还是去吧，自从有了儿子，你也够辛苦的了，正好出去学习带休息一下。""这儿子留给你一个人，能行吗?"张小光有些担心地问，"你放心吧，我一定照顾好宝贝儿子。"妻子调皮地保证着。可张小光临走时，还是好一番嘱咐妻子，什么"三注意八谨慎"之类的。

可谁能想到，他刚到外地第三天，家里就发生了这么大的变故。儿子丢了，这不如同挖他的心一样吗？他也顾不得什么学习了，便乘当晚的飞机飞回了家。到家时都已经半夜了，他一进家门，看到妻子也没睡，正坐在沙发上，眼睛红肿着，满脸焦虑。见丈夫回来了，妻子一下子扑到他怀里，哭诉着："对不起，老公，我太不小心了。""到底怎么回事，你别光顾着哭，快给我说清楚。"此时的张小光已经顾不得安慰妻子，他的心都已经被揪成一团了。

妻子说，她今天上午抱着孩子去医院打预防针。打完针后，她突然肚子疼，想上厕所，可又抱着孩子，她急得直冒汗。这时两个穿白大褂的人走过来，一男一女，问怎么了，是否需要帮忙。"我看他们都穿着白大褂，以为肯定是这医院的，就没想太多，我就说让他们帮我抱会儿孩子，我两分钟就好。我就把孩子交给那女人了，可等我出来却怎么也找不到那两个人了。""你，你，我说你什么好呢，那是咱儿子，不是包、不是衣服可以随便让人保管。"张小光还想发作，可一看妻子脸色煞白，只好强忍着，安慰着妻子："吉人自有天相，儿子一定会找回来的!"

"对了，你别光顾着哭，你报警了吗?""报警？我没有啊，我当时吓晕了，就赶快给你打电话，你也没说让我报警啊，就说让我等你回来。"这话把张小光气得差点背过气去。他也没力气再说什么了，立刻拉着妻子去报警。到了公安局，办案人询问一些基本情况时，妻子李萌萌一问三不知，抱走孩子那两个人长什么样、个多高、有什么明显特征都说不出来。"我当时肚子疼得要命，就没顾上那么多，就知道是一男一女两个人，都穿着白大褂。"

这不如同大海捞针吗？一天、两天，一个月、两个月过去了，公安局一点线索也没有。而这边，张小光也没闲着，只要一有空，他就跑到丢孩子那家医院，他几乎问遍了所有的医生、护士，把孩子的照片给每个人看，可他得到的回答除了摇头还是摇头。

自从孩子丢了以后，家里就再没有过笑声，以前一家三口其乐融融的日子一去不复返了。可张小光从没放弃过，只要有机会，他就把儿子的照片拿给别人看。

这有用吗，张小光能找到自己的儿子吗？孩子的命运又会怎么样呢？

半年后的一个周末，张小光去参加同事父亲的七十大寿生日宴，宴会上他找了个角落坐下来，然后就挨桌看。只要看到有两岁左右的婴儿，他就仔细端详，这是他半年以来养成的毛病了，妻子说他都快走火入魔了。看着看着，突然他的眼睛盯着一个小孩子不动了。那圆眼睛、小鼻子还有那樱桃一样红的嘴唇像极了自己的儿子。可是这么小的婴儿，五官特征还都很模糊，他实在不敢断定。他找个机会走了过去，假装喜欢孩子的样子，问那个抱孩子的女人："这小宝贝是男孩还是女孩啊?""是小子。""这孩子有两岁吗?""一岁半了。"张小光的心一阵狂跳，情况与自己儿子完全吻合，他又仔细端详着，突然他看到这小孩的后脖子上有块指甲大小的红色胎记，自己儿子身上也有同样的特征啊！他再也按捺不住，立刻拨打了报警电话，"我找到我儿子了，你们快点来吧，来晚了这偷孩子的就跑了。"

半个小时后，那抱孩子的女人还有张小光一起被带到了公安局，为了确认孩子的身份，张小光把妻子也喊来了。可妻子来了之后，只瞟了一眼孩子就一口断定："这根本不是咱们的儿子，我知道你想儿子，可也不能瞎认亲啊。"她埋怨起丈夫来。"不对，你看这孩子的后脖子，还有胎记呢，和咱们儿子一模一样啊！"张小光有些急了。可妻子却不以为然地说："长胎记的有的是，几乎是个孩子就长胎记，还能都是咱们儿子啊。我说老公，你别找不着儿子，再得什么病啊。咱们还年轻，还可以再要一个啊！"

可无论怎么样，张小光一口咬定这就是他儿子欢乐。办案人为慎重起见，对当事人进行必要的审查。

"这孩子与你是什么关系，说一下基本情况。"办案人问这抱孩子的女人。"这孩子是我半年前抱养来的呀。"这句话一下子让整个房间鸦雀无声，这也太巧了吧，一个说丢孩子，一个说这孩子是自己从别人那抱来的。张小光的眼睛都红了，哆哆嗦嗦地问："大姐，这……这孩子是你从谁那抱来的呀？""是我一个远房亲戚啊，他知道我们夫妻没孩子一直想抱养一个就送给我了。"办案人也觉得事情太凑巧了，就让这女人把送养她孩子的那个亲戚找来，协助调查。

等了足足一个小时，一个中年男子终于慢吞吞地走进公安局。只见这男人个子中等，但身材魁梧，面色黝黑，看上去倒是很有男人味，但却显得很紧张。而李萌萌一见到这个男人，却吓了一跳，脸都白了，而这个男人则有意躲避着李萌萌夫妻俩。

办案人问道："你叫什么名字？这孩子是你送给这个女人的吗？""我叫陈名扬，孩子是我送她的。""那请你说一下，这孩子和你是什么关系，为什么要送人。""我，我不认识这个孩子，是我在一家医院门口捡的，我看着怪可怜的，可我又没法养，所以我就送人了。"听到这儿，李萌萌突然冲了上来，边用拳头打这个男人，边哭喊着："是你，就是你偷了我的孩子。"

这个举动，把在场的人都吓坏了，连办案人也都被吓了一跳。张小光和办案人一起拉着李萌萌，好一会儿才让她安静下来。办案人意识到问题的严重性，立刻找来其他办案人，将所有当事人员分开，分别进行询问。

难道这个孩子真是李萌萌和张小光丢了的儿子吗？而这个陈名扬就是那

个偷孩子的人吗?

办案人将李萌萌带到另外一个房间，问道:“你认识那个叫陈名扬的男子吗，为什么你说是他偷了你的孩子?”李萌萌此时已经不像刚才那么激动，但仍看得出刚受过刺激的样子，她回答道:“我隐约想起来了，当时抱我孩子的一男一女当中，就有这个男人。”“你能确定吗?”“能，就是他。”李萌萌咬牙切齿地说道。办案人觉得有些疑惑，又问道:“你以前来报案时，说没注意那两个人长什么样，也说不清楚他们特征，怎么现在又这么肯定了呢?”李萌萌吞吞吐吐地说道:“我，我一见到人就全想起来了。”

与此同时，另一个房间里，办案人正在询问陈名扬:“这孩子你是哪一天捡的?从哪捡的?当时附近有什么人吗?”“半年前的一个早上，我在儿童医院门前捡的。”“你去儿童医院干什么?”“我去看一个朋友的孩子。”“你朋友叫什么名字?他孩子得了什么病?”办案人步步紧逼。“我，我不记得了。”陈名扬被问得有些招架不住，干脆就说不知道、不记得了。

当办案人对所有相关人员询问完毕后，发现陈名扬明显在说谎，他说的前言不搭后语，漏洞百出。难道这孩子真是他偷的?他是有意隐瞒自己的罪行。可问题是人贩子偷孩子是为了卖钱，而陈名扬是把孩子送给了远房亲戚，一分钱都没要。

难道偷孩子就为了送人吗?这不合逻辑呀。还是他们有金钱交易，故意隐瞒呢?

另外办案人发现，李萌萌也有些不大对头，如果她能肯定陈名扬就是偷孩子的人，又怎么会在以往报案时一问三不知呢?

而且细心的办案人从这两个人的眼神中看出，这两个人似乎早就认识，于是办案人决定就从这两个人入手。而接下来的侦查结果，着实让办案人吃惊不小。

办案人通过查明两个人的身份发现，这两个人实际上同在一家商业银行工作，只是陈名扬是省行的，而李萌萌则是下属支行的。由于工作关系，他们早在几年前就打过交道，也就是说，这两个人不仅认识而且还很熟悉。可为什么非要装成陌生人呢?

经过进一步的走访，办案人了解到，这两个人的关系还真不简单。原来，早在李萌萌结婚之前就已经给当时有家的陈名扬当过情人。当时略有耳闻的领导还劝过陈名扬注意影响。好在后来李萌萌有了男朋友，又很快结了婚，二人的情人关系才慢慢结束。

难道是由爱生恨，陈名扬故意偷走曾经情人的孩子吗?

办案人再次分别传唤了陈名扬和李萌萌，当办案人将同事的证言、单位的证明摆在二人的面前时，两个人终于低下了头，说出了实情。

陈名扬说："我没偷孩子，这孩子是李萌萌亲自送给我的。""送给你的?她好好的把孩子送你干吗?"

在接下来的询问当中，办案人终于了解了事情真相：原来，李萌萌的确曾经充当了"小三"的角色，与陈名扬保持了两年多的情人关系。可是在相处中，李萌萌发现"小三"并不好当，凡事总得偷偷摸摸，总也见不得光，无论幸福还是痛苦，既不能与人分享，也无人与她分担。在她与陈名扬妻子之间，她永远要隐身，要让行。这种相处，痛苦远远多于幸福，后来她遇到了张小光，也就是她的丈夫，她发现任何时候自己都不用躲、不用藏，光明正大的，而且她可以独占这个男人，这个男人也专属于她，这种感觉真好，所以在她与张小光相处一段时间后，终于下定决心与陈名扬一刀两断了，她想重新开启自己的生活。

可谁想到事与愿违，她与陈名扬分手不久，就发现自己怀孕了，更糟糕的是她无法确定这个孩子是谁的。她本想将孩子做掉，可是张小光太喜欢孩子了，说什么都不同意她做流产，当时她觉得，没准就是张小光的呢，所以还是把孩子生下来了。

孩子生下来后，李萌萌还是不放心，就找到陈名扬让他与孩子做了亲子鉴定，结果确定孩子居然就是陈名扬的。尽管谁都不希望得到这个结果，可事实就摆在面前。

李萌萌反反复复问自己："怎么办，该怎么办?"可她越想越觉得这孩子不能让张小光养。一方面她的确想要一个和丈夫的孩子，否则她觉得太对不起丈夫了，而另一方面，孩子一天天长大，肯定不像张小光，迟早会露馅，到时候她的家就全毁了。可陈名扬呢，也不想养，他说："我突然抱回家一孩子，我没法和我媳妇交代啊，要不然还是送人吧。""你敢！"一听说陈名扬要把孩子送人，李萌萌急了："你怎么和你媳妇说我不管，你是说捡的，还是领养的，怎么说都行，但你不能不养，孩子不能既没爹又没妈！你是孩子爸爸，你就得负责任。再说了，放你那里，我也可以随时看看，你要是敢送人，我就找你媳妇把咱俩的事都说出来，让她和你离婚。我再找单位领导说，你不是想升官吗，我看你怎么高升。"就这样，陈名扬只好同意孩子由他养，可怎么给他呀？张小光特喜欢孩子，怎么和他说呀？思来想去，李萌萌就想趁丈夫出差，把孩子送给陈名扬，再和丈夫说孩子丢了，于是才会发生本案开头那一幕。

可谁能想到，天底下还有这么凑巧的事，张小光居然还能再碰到孩子。

"既然是你和陈名扬联合起来骗你丈夫，为什么你又要诬陷陈名扬偷了你的孩子呢？"办案人又问道。

李萌萌气愤地说："我生气，他答应我养我们的儿子，至少他是孩子的亲生爸爸啊，可谁知道他居然骗我，背着我又把孩子给送人了。要不是今天这么巧，我一辈子都被骗，所以刚才我就故意说是他偷了我的孩子。让你们好好治治他，也好解我心头之恨。"

事情终于查清楚了，原来这都是李萌萌一手策划的。头一次报假案，说孩子丢了，第二次做假证，说是陈名扬偷了自己的孩子，简直太无视法律了。但鉴于她认错态度较好，公安局最终没有追究她的刑事责任，但根据治安管理处罚法对李萌萌拘留五日并处500元罚款。

可这场闹剧下来，最受伤的就是张小光了。他当作心肝宝贝、日思夜想、牵肠挂肚的儿子居然和自己一点关系都没有，这么久以来，所受的折磨居然全是枉然。他实在无法忍受这一切，坚决要求与妻子离婚。李萌萌百般辩解："求求你，老公原谅我吧，我知道我错了，可我这么做也是希望能和你要一个咱们的孩子啊！"张小光有气无力却异常坚定地说："哀莫大于心死，我对你已经彻底失望了。如果你真想弥补我，就和我离婚吧！”话都说到了这种地步，李萌萌还能怎么样呢，于是夫妻最终以离婚告终。两个人在办理离婚手续之前，对夫妻财产进行了协商，并最终达成一致意见。

律师说法：离婚时夫妻共同财产的分配>>>

离婚时如无特殊约定，夫妻共同财产一般平均分配，但本着民事行为自愿的原则，双方也可以协议约定如何分配。

根据婚姻法第30条的规定，男女双方自愿离婚的，应当到婚姻登记机关办理离婚手续。本案中张小光与李萌萌双方都已经同意离婚，那么只需要携带相应证件以及结婚证书，即可到登记的民政局去办理离婚手续。

根据婚姻法第39条，双方的共同财产可以协议处理，协议不成的，可以请求人民法院判决。本案中张小光与李萌萌因达成财产分配的协议，所以到民政部门就可办理离婚手续。

法条链接>>>

● 《中华人民共和国婚姻法》

第三十一条　男女双方自愿离婚的，准予离婚。双方必须到婚姻登记机关申请离婚。婚姻登记机关查明双方确实是自愿并对子女和财产问题已有适当处理时，发给离婚证。

第三十九条　离婚时，夫妻的共同财产由双方协议处理；协议不成时，由人民法院根据财产的具体情况，照顾子女和女方权益的原则判决。

夫或妻在家庭土地承包经营中享有的权益等，应当依法予以保护。

与此同时，陈名扬的日子也不好过，他把孩子送人就是想瞒着妻子，可没想到最终还是露馅了。妻子与他好一番吵闹，双方父母、亲友全都出面了，经过再三协调，家是暂时保住了，可妻子提出，将现有家产全都变更到妻子一人名下，并约定如再发现陈名扬出轨，就让他净身出户。

律师说法：夫妻财产约定制>>>

一方面，法律规定了夫妻财产权属的确定，但是本着民事自治的原则，我国法律同时规定，夫妻财产权属的确定可由双方自行约定，这种约定是合法有效的。

根据婚姻法对于夫妻财产约定制的规定可知，本案中陈名扬与妻子约定将全部家产变更到妻子名下的行为是有效的。如果夫妻双方想对财产权属作出约定，那么法律要求要采用书面形式，否则视为没有约定，仍依照法律规定予以分割。

法条链接>>>

● 《中华人民共和国婚姻法》

第十九条　夫妻可以约定婚姻关系存续期间所得的财产以及婚前财产归各自所有、共同所有或者部分各自所有、部分共同所有。约定应当采用书面形式。没有约定或者约定不明确的，适用本法第十七条、第十八条的规定。

夫妻对婚姻关系存续期间所得的财产以及婚前财产的约定，对双方具有约束力。

夫妻对婚姻关系存续期间所得的财产约定归各自所有的，夫或妻一方对外所负的债务，第三人知道该约定的，以夫或妻一方所有的财产清偿。

陈名扬当然只有服从的份儿了，可关键是，妻子十几年以来对他的信任已经荡然无存了，这个出轨的男人还能赢得妻子的心吗？

事已至此，李萌萌又成了孤家寡人，可她提出想要回自己的孩子，因为这段时间她也备受折磨，非常想念自己的儿子。可抱养孩子的夫妻俩却怎么都不同意，这段时间他们也与孩子建立了深厚的感情。双方僵持不下，李萌萌一纸诉状将孩子的养父母及送养孩子的陈名扬一起告到了法院。在法院开庭时，李萌萌说道：“我是孩子的亲生母亲，我最有权抚养我的孩子。”被告却反驳道：“当初是你把这孩子抛弃的，再说了这孩子是他的亲生父亲送给我们的，也应当有效啊。并且这半年以来，我们对孩子视如己出，完全尽到了父母的职责，而如今你又离婚了，如果把孩子给你，你也是单亲妈妈，不利于孩子的健康成长，所以从孩子的角度考虑，也是由我们抚养，对孩子更好。”听起来，被告说得是条条在理，法院又会如何裁决呢？

法院最终判决，陈名扬知道孩子母亲的下落，也知道孩子母亲指定交由本人抚养他们共同的儿子，在这种情况下，他却一个人偷偷将孩子送给他人抚养，该送养行为无效。判决收养人将孩子交由其母亲李萌萌继续抚养。而孩子的爸爸陈名扬则要按月支付孩子的抚养费。

律师说法：共同送养原则>>>

在现实生活中，有些父母由于种种原因，无法抚养自己的孩子，需要将孩子送给别人抚养，但是并不是说只要想送而又有人愿意养就行，送养在满足法定送养条件的同时还应当遵循共同送养原则。

因父母均为子女的第一监护人，在生理上是最亲近的人，所以在法律上享有排他的第一位的抚养孩子的权利，同时这也是为人父母的第一要务。

在本案中，李萌萌虽然导演了“丢孩子”的闹剧，可其本意也是让孩子的父亲本人来抚养，而并非无选择地由第三方来收养。

所以可以判断，其作为孩子母亲在主观上没有希望由他人抚养孩子的意愿，在客观上也不存在无能力抚养孩子的情形。至于孩子的养父母，虽然他们也真心喜欢孩子，对孩子好，但在法律上也不能违背孩子母亲的意愿。所以最后法院判决孩子由其生母李萌萌抚养。

法条链接>>>

●《中华人民共和国收养法》

第十条第一款　生父母送养子女，须双方共同送养。生父母一方不明或者查找不到的可以单方送养。

很多时候，人做了错事并不可怕，毕竟大多数的错误最初还是可以挽回的，可怕的是错误发生，不敢承认，不敢担当，自欺欺人，从而走进死路。本案中的陈名扬、李萌萌，幸福的生活也曾向他们挥手，可惜，错误出现后，他们所做的却是制造新的错误来欺骗和掩盖。于是一场荒诞剧才像化学反应一样，被他们不断推进……最终导致了无法挽回的结局。

当爱已不再

他们曾经是青青子衿的校园情侣；曾经是同舟共济的依靠；曾经是情投意合、浓情蜜意的夫妻。如果一切都可以如初恋时美好，便不会有往事随风去。在大千世界里，每一对夫妻、恋人都会面临忠诚的考验。当爱已成往事，无力回到原点，那就应让它绚丽地开始，平静地结束。

在本专题中，律师为你列举生活中的经典案例。刻画人性的贪婪与伪善。描述婚姻背叛者欲想跳出婚姻时，借用何种手段道貌岸然地化身君子。对此行径，婚姻中无辜的受害方又该怎样拿起法律的武器，揭去伪善的面纱，保护自己的合法权益！

间谍保姆

关键词 诈骗罪　敲诈勒索罪　诈骗罪与敲诈勒索的区别　犯罪中止

2010年夏季某天早上九点多，北方城市的一个居民区里，一个20多岁的姑娘，拎着满袋的青菜，走进了一单元301号房间。她放下手中的菜，走进客厅，刚坐到沙发上想要休息一下，突然听到后面有响动，她吓了一跳，赶紧转过身轻手轻脚地朝传出响声的卧室走去。她随手拿起地上的拖布，刚走到门口，门突然开了，出现一个中年男子，姑娘被吓得叫了起来！可是很快，那姑娘用手捂住嘴巴，叫声戛然而止。只听那姑娘问道："张哥，你刚才不是上班走了吗？怎么又回来了，我还以为家里进贼了呢！"

这怎么回事啊，那男子究竟是谁呀？

原来，这个男的叫张劲，是这家的男主人，而这个小姑娘是这家请的保姆叫小田。小田买菜刚回来，被上班又折回来的男主人吓了一跳。

男主人也没回答小田，而是坐在沙发上，点燃了一根香烟，表情严肃地说："小田，你在我家也做了两年了吧？"小田点点头。"你说平时我对你怎么样？"小田连忙道："您对我很好啊。"张劲满意地点点头："我现在有一件很重要的事想让你帮忙，你看怎么样？""可是张哥，除了家务我还能做什么呢？"张劲缓缓地说："哎，家丑啊！"他停了一下又接着说："我妻子外边肯定有情人了，可她又反过来找我的毛病。"这张劲和保姆说这些干什么啊？张劲见小田有些发慌，就又说道："我没别的意思，就是想让你帮我暗中调查一下，帮我找些证据出来，你看怎么样？"小田大吃一惊说："这个我可做不了，我只管做家务，别的事我不行，再说了小兰姐挺好的，不是你说的那种人。”见保姆不同意，张劲又温和地说：“小田，你看，我每天很晚回家，只有你和我妻子待的时间最长，只有你能帮我这个忙啊！你放心，我不会让你白忙的，这段时间，我每天多给你加50元，怎么样？”这钱对小田来说的确不算少，几乎快和工资一样多了，但小田不愿意做这种事，她觉得那样太对不起女主人，就坚持不同意做这事。张劲看她这个样子，有些生气了，说道：“保姆对于我们家来说，是可用可不用的，如果咱们相处得不愉快，保姆我就打算辞了。我想我妻子再怎么样，也不会因为外人和我过不去的。”小田听明白了这句话的意思，她不愿意失去这份工作，每个月她都得把一半的工资邮回家，爹妈就指着她这点钱供弟弟上学。如果没了收入，一时再找不到工作，没钱往家里寄，家里一定手忙脚乱了。她想了想，如果调查一下，查明刘小兰没有情人，也能解除张劲的疑心，两人感情没准会变好的，自己也算做了件好事，何况还有报酬，所以小田就同意了。见她同意了，张劲笑了，就将手里的一支录音笔递给了小田，说：“我回来就是想放这支录音笔，也没找到合适的地方，正好你回来了，你找个合适的地方把它放好，我妻子不会怀疑你的。”

男主人竟然让保姆暗中监视他妻子，是他疑心病太重，还是女主人真的对丈夫不忠呢？随着小田的暗中调查，谜底渐渐被揭开！

小田除了把录音笔放到了一个隐秘的地方，也开始格外注意女主人刘小兰的一举一动。她发现，刘小兰每晚回家，吃完饭，没说几句话就回到自己的房间，把门关得紧紧的。小田也不知道她在里面干什么。这让小田产生了怀疑，难道房间里面有什么秘密吗？一天，小田假借卧室没打扫干净，打开了房门，顺势往屋里瞥了一眼，结果发现刘小兰正在和一个男人在网上视频，而视频当中的那个男人看上去很面熟。小田想起来了，一次刘小兰醉酒就是这个男人送回来的。小田又找机会听了录音笔，结果里面全是刘小兰和一个男人暧昧的情话，这让涉世未深的小田实在无法接受，女主人平时知书达理的，私下竟然做出这种事，单纯的她甚至有些生气，觉得女主人不该欺骗自己的丈夫，小田不禁开始同情男主人了。

男主人张劲看到小田帮他拿到了这么多证据，非常高兴，并且让小田继续暗中观察，正当她紧锣密鼓地替男主人调查时，却没想到，又发生了一件意想不到的事！

一天晚饭后，男主人还没回来，女主人刘小兰反常地没有马上进卧室，而是坐在沙发上，叫小田说："小田妹妹你过来，我有几句话和你说。""什么事啊？兰姐。"刘小兰严肃地看着小田说："小田，咱们相处的时间也不短了，你觉得姐对你怎么样？"小田一听这话，紧张极了，是不是背后调查她的事被发现了。见小田不说话，刘小兰接着说："实话和你说吧，其实张劲一直在骗我，这些我都知道，我只不过睁只眼闭只眼罢了。"完了完了，肯定是露馅了，小田紧张得心脏都快蹦出来了。刘小兰拍着小田的手说："我虽然心里清楚得很，张劲外边早有人了，可我没证据啊，一旦离婚，他还会倒打一耙说是我的错。所以姐求求你，帮我查些证据好吗？"

听到这儿，小田长吁一口气，原来是虚惊一场，可她马上又觉得很生气，心想："明明是你有外遇，还怀疑别人。"刘小兰看她犹豫，又央求道："好妹妹，如果你帮我，我一定会好好奖赏你的。"说实话，小田真不愿意做，她总觉得这种偷偷摸摸的事不光彩，可在刘小兰软磨硬泡下，她也只好答应了，她想：这样也好，这对他们两个反倒公平了。

这可有意思了，夫妻俩都委托保姆调查对方，这夫妻俩葫芦里卖的什么药啊？保姆小田不是成了双面间谍了吗？这次小田又会查出什么呢？

张劲是做梦也不会想到，自己找的小间谍，又会反过来调查自己。所以他一点警惕都没有，小田调查起来也格外顺当。小田按刘小兰指示跟踪张劲。令小田大吃一惊的是，没费太多力气，她就发现张劲频繁地和一个女孩约会，这是一个比张劲小好多，看上去和小田同龄的女孩子。小田拍到了二人一起看电影、一起吃饭的照片，也拍到他们拉手、拥抱的照片。她终于明白了，原来张劲也有情人。

小田不禁有一种上当受骗的感觉，原来这对夫妻全是当面一套、背后一套。她不愿意再为这样的人家工作了，于是她将这些照片交给刘小兰后，就向夫妻俩提出了辞职。而这夫妻俩呢，是各怀心事，觉得小田知道了自己的秘密，走了倒也好。所以很快小田拿到了男、女主人各自承诺的酬金，离开了这个让她倍感失望的地方。

拿到证据的刘小兰，得意极了，她今晚就要和丈夫摊牌了，她心想："看你面对这些不堪的照片，还嘴硬不！"正想着，张劲进屋了，刘小兰笑着说："老公，你回来了。"张劲愣了一下，因为妻子已经好久没露过好脸色了。刘小兰接着说："老公，快过来啊，我有好东西要给你看！"说完甩了一个大档案袋到茶几上。张劲好奇地走过去，打开一看，不禁愣住了：原来都是他和他的情人小曼各种不堪入目的照片。刘小兰看到他呆若木鸡的模样，讥讽地说："你们够甜蜜的，遗憾的是，总是偷偷摸摸的。"张劲缓缓地抬起头："你很喜欢这种照片吗？我也有好东西给你。"说完拿出一个录音笔，开始播放，刘小兰惊异地听到，自己和情人之间亲密的称呼和暧昧的语言。

两个人都呆住了，"你……你怎么拿到照片的？""那你又是怎么给我录音的？"两个人一对质，这才明白，原来他们都找了同一个人，小田竟然是双重间谍！

话说回来，夫妻二人为什么不好好过日子，要各自找情人，又为什么相互搜集对方的证据呢？

想当初，刘小兰和张劲是大学同学。张劲来自十分贫困的农村家庭，但他酷爱文学，文笔了得，而且口才也是超级棒，同学们都称他为才子。而刘小兰则家境殷实，她被张劲的与众不同深深吸引，于是经常找各种理由接近他。虽然张劲更喜欢内敛温柔的女孩，但他的确非常看重刘小兰的家境，如果能找这样一个妻子，自己将脱离困境，生活水平也将上一个大台阶。于是，很快地两个人恋爱了。

一转眼，大学毕业了。刘小兰的爸爸老早就给女儿打点好一切，在当地找到一家事业单位任职，而张劲却被分配回原籍。痴情的刘小兰当然不愿意和自己的白马王子分开，就和家人摊牌，请求爸爸也帮男友联系个好工作，但小兰父母坚决反对，理由很简单，门不当户不对。可是刘小兰已下定决心非张劲不嫁，和父母说："要么你们娶个上门女婿，要么我就和他一起回农村，你们自己选。"没办法，最后刘小兰的父母还是妥协了，同意了这门亲事，也帮着张劲进了一家国企。一切安排妥当，两个人如愿以偿走上了红毯，婚后二人住进了刘小兰家宽敞明亮的大房子里。

两个人的幸福人生就这样开始了，可是两个家庭背景的巨大差异，却让两个人面对生活的态度截然相反。刘小兰父母都是爱讲排场、好面子的人，看不习惯女婿那么仔细，待人接物不大方；也嫌他穿着不讲究，参加活动没面子，平时难免话里话外带出来，让张劲的自尊心屡屡受挫。尤其让他不能容忍的是，岳父母包括妻子对自己的父母都不尊重，自己父母从农村过来看孙子，这不行，那不许，导致父母没住多久就走了，张劲是看在眼里，气在心里。

虽然在家里不如意，可张劲在工作上却是顺风顺水，由于他文笔好，成了领导的得力助手，在单位的地位越来越稳固了。而刘小兰个人能力也很强，加上有爸爸老朋友照顾，占据了单位的重要岗位。两个人都成了单位的小领导，心气儿是越来越高，可是在家里，两人看问题的角度方法总不一样，却又谁也不服谁。刘小兰最经常说的一句话就是"农村人，没见过世面"，而这也是张劲最不愿意听的，两人矛盾也就越来越深了。

三年前，张劲单位新分配来一个女大学生小曼。小曼年轻漂亮，而且对张劲十分崇拜，让张劲终于找到了被依赖、被重视的感觉。在一次出差中，两个人终于冲破道德底线，成了情人。这让张劲对刘小兰更加冷淡，回家也越来越晚。刘小兰渐渐察觉到丈夫的变化，甚至有一天发现丈夫的脖子上有一大片吻痕，刘小兰顿时声嘶力竭地说："你背着我干了什么好事？你太不要脸了。"说完对着张劲一顿厮打。没想到张劲狠狠地把她推倒在地："我就是跟别人好了，你能把我怎样？这么多年我忍够你了，你爸妈对我、对我父母怎么样，你不知道吗？"刘小兰号啕大哭。隔壁的父母立刻赶来助阵，每次这两个救兵一到，张劲就会败下阵来，求妻子原谅。可这一次，却完全不同，面对岳父母的责骂，张劲吼道："你们管得太宽了吧？我受够了。"说完扬长而去。

从此之后，家庭战争开始不断升级。刘小兰万分伤心，在家中找不到温暖，开始到外边找安慰。刘小兰工作中经常接触的一个上级领导，名叫金波，已经离异两年了，一直对刘小兰有好感，见她这段时间总是魂不守舍的样子，就格外关心她，陪刘小兰聊天、喝茶、吃饭。一次金波病了，在家休养，刘小兰自然投桃报李，买些营养品去金波家中探望，从那天开始，两个人就从好同事，变成了情人。

就这样，张劲与刘小兰夫妻两个人都各自过起了家外家的生活。但这种人前一面、人后一面的生活，都让二人疲惫不堪。何况张劲的小情人，一次次地下达最后通牒："你要是再不离婚，我们就分手，我的青春有限，不能老和你耗着。"而刘小兰的情人虽然不明说，可话里话外也都透露出想要有个家。因此，两人都想离婚。可为什么谁都不明说呢？

因为两个人在各自单位都是重要岗位，如果因为自己有情人离婚，不但升职无望，就怕现在岗位都难保。所以，二人都希望由对方提离婚，自己则扮演一个受害人的角色。所以二人才会分别委托家中保姆当间谍，找出对方的过错。

可是现在，当夫妻两个摊牌了，两个人这时才知道，他们都雇佣了小田做间谍。"坏了坏了，咱们俩的秘密小田都知道了，会不会说出去啊。"张劲非常担心，他这么一说，刘小兰也慌了："是啊，是啊，同时调查咱们两个，又同时拿两份酬金，她都不露声色，她可不简单啊！"此时的两个人空前团结，正当两个人都如坐针毡时，张劲的电话响了："张哥你好，我是小田，你也知道我因为家里困难，没钱供我上大学，我高中毕业就到你家做保姆了，可现在我还是想上大学，差 10 万元，你和小兰姐一起帮我想想办法吧。""你什么意思啊？""我不是说得很清楚吗，我差 10 万上学钱，当然我也可以不要钱，我把这些录音、照片分别邮到你们两个人的单位去，并且附上说明，是你们分别委托我这个保姆调查的结果。”这小田讲起条件来，是一点也不含糊啊，看来是早有准备啊！

两个人惊慌失措，一边拖延时间，一边想办法！可没过几天，二人又都收到小田短信，说钱不要了，她要做她该做的事。二人急了，不知道小田的真正意图，立刻轮流给小田打电话，可电话关机再也联系不上了。

正当二人摸不着门道时，三天后二人的手机又同时收到了一个陌生号码发来的短信：24 小时内把钱汇到这个银行账号，否则后果自负，小田。二人这下可慌了，没办法，保住前途要紧啊。于是，第二天一大早二人就立刻把钱汇到了指定账号。唉，花钱买平安吧，两个人互相安慰着。

本以为，这场闹剧到此结束了，可万万没想到，这件事会再起波澜。

半个月后，二人单位领导分别收到二人有婚外情，并委托保姆做间谍的举报信，随后，二人都因这封举报信从重要岗位被调离了。

“这小田也太缺德了，收钱还检举咱们。既然已经这样了，咱们不能就这么便宜了她。”张劲气愤地和妻子商量。于是，二人一商量，共同来到公安局，举报小田敲诈勒索他们夫妻 10 万元。

警方立刻展开调查，终于找到了小田。到了公安局，办案人问：“是你写的举报信，检举张劲和李小兰吗？”“对，信是我写的。”“你为什么要这么做。”“我觉得，我做得没错，他们这样的人根本不该当领导。”小田并没有丝毫后悔的意思。办案人又问：“你是不是向他们夫妻俩要了 10 万元？”小田听完仍旧很平静地说道：“我原本想，他们俩在外边把钱都花在情人身上，还不如给我上学用。可是后来我妈知道这事，她警告我说，我们祖祖辈辈都是干干净净的人，绝对不允许要这种钱。她说得对，我就是得了这钱，也不会好受的，所以我就放弃了，我不要钱了。”“你没拿这 10 万？”这回轮到办案人惊讶了！见办案人这么问，小田赶快声明：“我没要啊，我给他们发短信告诉他们我不要钱了。怎么了，难道他们诬陷我？”

这是怎么回事啊，是小田太狡猾，故意不承认？还是张劲夫妻俩报假案，还是另有原因呢？

办案人立即调取了银行取款的监控录像，能看出取款人的确是个女子，年龄和小田也吻合，外形和小田也很像。难不成真是小田抵赖吗？办案人突然发现取款人右手背上露出一个文身图案，这个图案似乎在哪见过。对了，办案人突然想起是在从小田提供的那些偷拍的照片里，张劲和小情人小曼在一起的亲密照，张劲的小情人手上就有这样的图案。

这是怎么回事，难道是张劲伙同他小情人做的，监守自盗？

办案人立刻传唤了张劲和他的情人小曼。张劲仍坚持称，这钱肯定是给小田了。但当小曼看到银行录像后，她的回答却让人出乎意料。原来，张劲将自己派小田做间谍，妻子也派小田做间谍，后来又被小田敲诈的过程全都告诉过小曼，小曼对这一切也都了如指掌。当她得知小田发来短信，放弃要钱时，就突然想，不如冒用小田名义给张劲夫妻俩发短信，料他们夫妻俩也会给钱，这样神不知鬼不觉就能白得10万元。可她没料到，后来小田真发了举报信，张劲夫妻俩因为丢钱又丢官，干脆报案。如今落入法网的小曼悔恨地低下头。

听到这个结果，张劲瞠目结舌，和吞了冰块似的，心里冰冰凉！

那么小田会被追究责任吗？小曼又会受到什么样的处罚呢？

公诉机关认为，被告人小曼以非法占有为目的，以隐瞒事实真相冒充小田的方法，向被害人索要钱财，故应当构成诈骗罪。但被告人的辩护人却认为，保姆小田最初是以不给钱就检举张劲夫妻俩为要挟，迫于这种压力张劲夫妻二人才会同意给钱，而被告人恰恰是利用了这点，才能拿到钱，故不应当构成诈骗罪，而应当按敲诈勒索罪进行处罚。

那么，诈骗罪与敲诈勒索罪究竟有什么区别呢？被告人的行为究竟构成哪一种罪名呢？

律师说法：诈骗罪>>>

根据刑法第266条的规定，可以看出诈骗罪要求行为人实施了欺骗行为，欺骗行为使对方陷入错误认识，进而基于错误的认识处分自己的财产，欺骗行为与被害人处分财产之间具有因果关系，并且达到数额较大。根据《最高人民法院关于审理诈骗案件具体应用法律若干问题的解释》的规定，个人诈骗公私财物2千元以上的，属于“数额较大”；个人诈骗公私财物3万元以上的，属于“数额巨大”；个人诈骗公私财物20万元以上的，属于诈骗数额“特别巨大”。

法条链接>>>

● 《中华人民共和国刑法》

第二百六十六条　诈骗公私财物，数额较大的，处三年以下有期徒刑、拘役或者管制，并处或者单处罚金；数额巨大或者有其他严重情节的，处三年以上十年以下有期徒刑，并处罚金；数额特别巨大或者有其他特别严重情节的，处十年以上有期徒刑或者无期徒刑，并处罚金或者没收财产。本法另有规定的，依照规定。

律师说法：敲诈勒索罪>>>

根据刑法第274条的规定，可以看出敲诈勒索罪要求行为人实施了威胁对方的敲诈行为，该行为使对方产生了恐惧心理，对方基于恐惧心理处分了财产，敲诈行为与处分财产之间具有因果关系，并且达到数额巨大或者多次敲诈。根据最高人民法院、最高人民检察院联合发布的《关于办理敲诈勒索刑事案件适用法律若干问题的解释》，敲诈勒索公私财物价值二千元至五千元以上、三万元至十万元以上、三十万元至五十万元以上的，应当分别认定为刑法第274条规定的“数额较大”“数额巨大”“数额特别巨大”。各省、自治区、直辖市高级人民法院、人民检察院可以根据本地区经济发展状况和社会治安状况，在前款规定的数额幅度内，共同研究确定本地区执行的具体数额标准，报最高人民法院、最高人民检察院批准。

律师说法：诈骗罪与敲诈勒索罪的区别>>>

通过上文对诈骗罪与敲诈勒索罪犯罪构成的分析，可以看出这两种犯罪都是以非法占有为目的，区分点在于行为性质不同。

因此，区分两罪的时候先判断行为性质是欺骗还是敲诈，即如果是在要挟之下使对方陷入恐惧心理而被迫给钱是敲诈勒索罪，但如果是欺骗使对方陷入错误认识而自愿给钱就是诈骗罪。

本案中，如果小曼只是冒充了小田的身份，并不会得逞，被害人之所以给钱归根结底是个怕字，害怕被举报，被告人终究是利用对方的恐惧心理而获得钱财的。所以，被告人的行为构成敲诈勒索罪。

法条链接>>>

●《中华人民共和国刑法》

第二百七十四条　敲诈勒索公私财物，数额较大或者多次敲诈勒索的，处三年以下有期徒刑、拘役或者管制，并处或者单处罚金；数额巨大或者有其他严重情节的，处三年以上十年以下有期徒刑，并处罚金；数额特别巨大或者有其他特别严重情节的，处十年以上有期徒刑，并处罚金。

因此最后法院判决被告人小曼构成敲诈勒索罪，因数额巨大，判处小曼有期徒刑七年。

再说保姆小田，虽然也敲诈过被害人，但因其及时中止犯罪，情节显著轻微，公诉机关对其免予起诉。

律师说法：犯罪中止>>>

根据刑法第24条的规定，本案中小田在开始利用手中所掌握的刘小兰和张劲出轨的证据，敲诈夫妻二人10万元，属于敲诈勒索的行为已经着手。但是后来由于母亲的劝说以及自己的良心发现，小田在夫妻二人给其汇款也即犯罪达到既遂状态前，自动放弃了犯罪，并且未造成任何损害。所以公诉机关并未处罚小田。

法条链接>>>

●《中华人民共和国刑法》

第二十四条　在犯罪过程中，自动放弃犯罪或者自动有效地防止犯罪结果发生的，是犯罪中止。

对于中止犯，没有造成损害的，应当免除处罚；造成损害的，应当减轻处罚。

事后张劲和刘小兰，已不必再考虑谁是过错方了，最终二人协议离婚，各奔东西。可是，我们看到的这场闹剧的始作俑者不正是这夫妻二人吗？我们说，当夫妻间爱已不再时，也应当珍惜彼此间曾经的情分，好聚好散，不要像这对夫妻一样，互出狠招，结果弄得两败俱伤。而小曼呢，因过于贪婪，让她始终充当着一个不光彩的角色，最终被法律的枷锁套牢！小田本来是个单纯的女孩，无意间被搅进这场战争，虽然想上学的迫切愿望让她一时糊涂，但良知最终让她悬崖勒马。

所以，善待别人就是善待自己!!

一段名存实亡的情感，却被无法放弃的仕途所羁绊，夫妻二人为“鱼”和“熊掌”兼得，一致地选择揭发对方自保乌纱，却不想这份“险恶”竟为自己埋下了陷阱。当他们遍体鳞伤之后，是否会明白，我们都有美好的希望和憧憬，但人生不能尽如人意，该懂得“有得必有失，无失便无得”的道理，希望今天这份失去，能如一盏明灯，照亮他们下一段人生路！

双面丈夫

故意毁坏财物罪　夫妻共有财产的范围　共同共有人擅自处分共有财产的效力

2009 年 10 月的一天中午，北方城市一家豪华饭店，客人络绎不绝，生意兴隆。突然，一个中年妇女怒气冲冲地走了进来。她个子不高，身材微胖，肤色偏黑，穿着很是朴素，却有一股势不可挡的劲头。这女人走进饭店，不管三七二十一，见什么扔什么，拿什么砸什么，嘴里还大骂着："你这个两面三刀的，我让你装穷……"看着这位莫名其妙杀出来的"程咬金"，服务员都吓傻了，半天没人去拦。只有一个机灵的领班，马上去通知老板。老板闻讯跑了出来，见到这个"发疯"的女子，先是愣了一下，随后对服务员嚷道："你们都站那干什么，还不拦住她。"几个男服务员一下缓过神来，一起上前，拽住了那个女人。那个女人虽然手脚不能动了，但嘴也没闲着，破口大骂："你这个损人，早晚要遭报应的。"

围观的客人七嘴八舌，议论纷纷，老板觉得很没面子，怒斥女人："你来闹啥，不怕给公安局抓起来。"

那个女人听了这话，情绪更加失控，一屁股坐在地上号啕大哭。

这女人究竟是谁呀，和老板有什么深仇大恨？为什么会有这种过激的行为？

这个女人叫孙秀，正是饭店老板李明的妻子。他们是夫妻？既然是夫妻，有事在家说就好了，干吗要跑到饭店里来闹，众目睽睽的？事情并不那么简单，这还真得从头说起……

孙秀和李明是 10 年前结婚的，住在一个小村里。婚后第二年生了个女儿。李明一心想要儿子，并不欢迎这个小女孩，喝点小酒就会唠叨："我李明真是命苦啊，连个续香火的都没有。"而妻子孙秀，却从来不和他计较，只是说："女儿是小棉袄，多贴心啊。"在妻子的包容之下，日子虽然谈不上浪漫，倒也过得风平浪静。直至5年前，李明的单位经营不善，一大批员工下岗，李明就是其中之一。更不走运的是，孩子5岁那年，经常无缘由的面色苍白，嘴唇发紫，到医院检查，竟被确诊为先天性心脏病。

真是祸不单行啊！没办法，为了多挣点钱，夫妻二人一商量，李明便收拾了行李，背井离乡，投奔了远在外地开饭店的朋友。可是到外地打工谈何容易，他刚到这里不久，朋友就因为债务纠纷，不仅饭店停业，人也不知去向了。这人要不顺的时候，是喝凉水都塞牙！李明说不出的懊恼，可是人既然从家乡出来了，也不能灰头土脸地回去啊！何况回家也没有更好的选择。于是他就坚持着，在这座城市零零散散地打些杂工。为了节省路费，他只有逢年过节才回趟家，一年也就回去两三次，平时就靠打电话和妻子沟通。电话里，李明最常说的就是："挣俩钱太不容易了，这一天从早忙到晚，累个半死，可一个月下来，却一点没结余。"妻子呢，从不责怪他没本事，反倒很心疼他，这么大岁数了，还要东奔西走地挣点生活费。就劝他："你还是回家来吧，找份工作，守家待地的，虽然挣得少，但不用那么辛苦啊。"可李明就是不甘心："我不能这么灰头土脸地回去，一定得挣大钱给女儿治病，不能被别人瞧不起。"于是，一家人就年复一年，日复一日地过着这种两地分居的生活。

一晃10年过去了，去年年底，已经是阴历腊月二十八了，丈夫才到家，女儿甜甜地喊了声"爸爸"。可李明倒好，阴沉着脸，没好气地说："别烦我，都累死了。"妻子孙秀见他一脸疲惫，耷拉着脑袋，赶快接过背包，一边让女儿去同学家玩，一边给丈夫张罗饭菜。孙秀顺口说道："一年到头也见不上几面，你就不能对女儿好点。""好什么好，我这么多年都翻不了身，一定是这臭丫头克的。"妻子刚想反驳他两句，抬头看见他从头到脚没一件像样的衣服；从包里掏出一盒烟，居然还是那种最廉价的，就强压着没发火。半晌，妻子又唠叨着："过完年，就别再走了，在家找个活算了。"李明一听"腾"就火了："你也看不起我是不是，嫌弃我了吧！"这次孙秀实在是压不住火了，于是你一言，我一语，夫妻俩就吵起来了。俗话说，吵架没好话，两个人都越说越难听。到最后李明嚷起来："离了算了，早离早好。"这一家人过日子，哪有舌头不碰牙的，孙秀虽然生气，但也没当真。

可谁知道，孙秀没当回事，李明却不依不饶。第二天一大早，李明拿着包就走，谁拦也拦不住，临走时还说了句："过完年咱们就离婚。"这大过年的，一家人就是赌着气度过的。过完年，孙秀正琢磨着给李明找个什么台阶，缓和一下，却没想到突然收到一封快递。谁会给自己来信啊，难道是李明不好意思直接道歉，邮个礼物来？可当她打开信件时，差点气炸了。原来里面是法院的传票和李明的离婚起诉状，并且诉状中要求分割家中唯一一套住房。

孙秀很委屈，自己忍辱负重这么多年，却换来这样的下场。亲戚朋友们听说了，都替她鸣不平，七嘴八舌的，说什么的都有。有人就说："会不会是外边有人了，不然干吗非要离婚。"说者无心听者有意，孙秀以前从没这么想过，可经人一提醒，也犯起嘀咕来。

是啊，夫妻俩也没什么大矛盾，李明干吗非要离婚？难不成真是外边有人了？不是说男人有钱才变坏吗，他李明要啥没啥的，还有精力找女人？

此时的孙秀既委屈又不甘心，她倒不是图李明将来能挣多少钱，就是想能给有病的女儿一个完整的家。她思来想去，决定要查一查这件事，不能糊里糊涂地就把婚离了。可她应该怎么查，又从何查起呢？

李明起诉离婚之后，再没给家里打过电话，但法院审理也需要一个过程。李明年前离开家时，走得也比较匆忙，几乎什么都没带，就打电话来，说要回家里取东西，孙秀一想机会来了，自己要采取行动了。

孙秀想要怎么做呢？她也没什么高招，就是用笨法子——偷偷跟着。这个办法有用吗？还真别说，孙秀这一跟，还真有意外收获！

孙秀偷偷跟着李明上了火车。到了城里出了站台后，她居然看到，李明坐上一辆轿车走了。

怎么会有轿车接他？孙秀满脑子问号，赶快叫了辆出租车，跟着轿车左拐右拐，最后就停在了一个高档饭店门口。孙秀下了车，远远地望着，只见李明大摇大摆走进这家高档饭店。孙秀很奇怪，他怎么会到这么高档的饭店里来，是来吃饭的？不可能，抽廉价烟的人会有钱到这儿来消费？会不会是到这儿来打工的？可那轿车是怎么回事啊？

孙秀没敢轻举妄动，她想他总有出来的时候，到时候看他还去哪儿，总能查出蛛丝马迹。

守株待兔般在那儿转了三天，孙秀竟然看到了她做梦也想不到的事儿：李明每天频繁出入这个饭店，而且完全换了个样，要不是自己亲眼所见，她根本不敢相信这是真的。李明回家常穿的那套旧衣服，早已不见踪影，取而代之的是气派十足的西装，皮鞋擦得锃亮，回家时的弯腰塌背与这里的昂首挺胸形成鲜明对比。出入车接车送，而且每次进出大门，都有专人开门，嘴里还喊着：“老板好！老板慢走。”她恍然大悟，李明根本不是来这里吃饭的，而是这里的老板。

天啊，李明不是一直抱怨生不逢时吗？不是一直说没钱，没钱，还是没钱吗？难道这都是在做戏？他伪装得未免也太好了吧？

孙秀是又惊又气。惊的是李明家里家外竟然如此反差；气的是10年的夫妻情分，竟被他如此捉弄，不但提离婚，不要孩子，甚至还要抢自己和女儿栖身的唯一住房。

她再也按捺不住内心的愤怒，这才冲进饭店一通砸。上演了本案开头那一幕。

孙秀坐在地上不肯起来。李明看着自己的老婆在饭店里闹，是又气又急。现在这种情况，孙秀肯定不会听他的话。可要是真找警察来吧，这家丑又不好外扬。

李明赶紧对孙秀说起软话来：“别闹了，都是我不好，走，咱俩找个安静地方单独说。”说着，他立刻把孙秀连拉带扯地弄进了单间。他说：“你别误会，我是这个饭店的经理不假，但我也是给人打工的。真正的老板是个老富婆，她看我能吃苦，就聘我当经理。可饭店开销大，一个月也给我开不了几个钱，别看我人前光鲜，那是工作需要，离开饭店我就啥都没有，啥也不是了。你瞧瞧，这饭店的营业执照上，业主也不是我的名字啊！”

孙秀抬头看了下营业执照，发现业主的名字叫吴红，听了李明的话，她有些半信半疑。“那女老板对你也太好了吧，怎么还车接车送呢？”“她看好我老实能干，平时给的工资又不高，所以在衣食住行上关照我，就算是补偿吧。”听到这里，孙秀觉得也许李明说的是真话，自己没有搞清楚就来闹，有些莽撞了，“那咱俩离婚的事怎么办？”“咱俩好商量，过两天我回去，咱俩再说这件事。”就这样，李明让人开车，他和孙秀一起回了家。

看到孙秀夫妻俩一起回来的，还坐着轿车，邻居们都羡慕极了，有的说：“哟，李明发了。”有的说：“孙秀这回可享福了。”孙秀也觉得特有面子，腰板也比以前直了，头也比以前抬高了。心想，这回是没白闹，不仅家保住了，还在人前露了脸，争了面子。她美滋滋地在家等李明再开着轿车回村，拉着女儿和自己在村里好好转一转。

可令孙秀没想到的是，事情完全不是她想的那样，而是比以前更加糟糕。糟糕到什么程度？只能用雪上加霜来形容。

一个月后的一天，突然来了一位不速之客——李明所在饭店的王律师。王律师说：“今天我来有两件事，一是转告你，无论你是什么态度，李明离婚的主意已定，至于分割房产的事儿可以商量，他的那一半可以抵作女儿的抚养费，包括上学、治病，以及任何意外花费，无论花费多少，都不能再向李明索要。二是如果你不接受李明的意见，饭店老板将会追究你的刑事责任。”

“刑事责任？我？”“对，因为你一个月前砸饭店，损坏了价值5000余元的财物，已经涉嫌故意毁坏公私财物罪，简单地说，就是让你坐牢，究竟走哪条路，你自己选吧。”

听到王律师的这番话，孙秀傻眼了。这盼星星，盼月亮的，却盼来了这么一个追杀令。律师走后，孙秀是茶不思，饭不想，整整一天都在发呆。懂事的女儿劝孙秀："妈，你也找律师问问吧。"孙秀恍然大悟，第二天她就来到了律师事务所。

听完孙秀的介绍，律师问："饭店女老板为什么肯下这么大的力气帮李明离婚呢？"一句话点醒梦中人。是呀！这的确很蹊跷，孙秀一下子找到了方向。

孙秀找到的方向是什么呢？接下来她又会做什么？

一周后，李明所在的大饭店侧门前，多出了一个修鞋的地摊。一个灰头土脸的男人从早到晚，低着头守着地摊给人修鞋。这个人不是别人，正是孙秀特意找来的一个远房大表哥，李明不认识。一天晚上，饭店关门后，大表哥递给饭店更夫一根烟，与更夫聊了起来。"你们老板真有派头哇！""那当然，人家何止是有派头，还相当有福气呢！""怎么个有福气法呀？""我们老板有一个漂亮的女人，还有一对龙凤胎儿女。""他那个女人是不是这个饭店的老板？"更夫摇摇头，说道："那我说不准，谁知道她究竟算是老板呢？还是老板娘呢？""听说这女人是个老富婆？"更夫又立刻摇头："瞎扯，人家可年轻了，原来是这个饭店的服务员，因为漂亮又会来事，被李老板看上了。现在这个女人不常来，都是老板在管理，这个女人专门在家里照顾孩子。"

以上打听来的消息立刻传到了孙秀耳朵里。听了大表哥的"汇报"，她再也坐不住了。她又风风火火地来到了这家饭店。正当她在饭店门口徘徊不定时，眼前发生的一幕彻底把她激怒了。

又出什么事了呢？只见饭店门口缓缓驶来一辆白色的宝马车，车停下之后，下来一个身材高挑、皮肤白皙的漂亮女人，随后，又下来一对 3 岁左右的金童玉女。这时，李明从饭店走了出来，两个孩子先后扑了上去，竞相喊着爸爸。天呢！孩子都这么大了，他瞒了我们娘俩这么多年。一直盯着看的孙秀忍无可忍，猛地冲上前去，给了李明重重一记耳光，大骂道："你这个白眼狼。"李明愣了，那个年轻女人也愣了，饭店保安随即冲了过来，将孙秀推倒在地。孙秀半天缓不过劲来。此刻的李明，却躲进了饭店门里。

年轻女人拨打了110，不到五分钟，警察就赶到了。年轻女人对警察说：“一个月前，就是这个女人砸了我的饭店，她太猖狂了，今天又要来砸，我要求对她严惩。”“你叫什么名字?”“我叫吴红，是这个饭店的业主。”

原来这个漂亮女人就是饭店业主吴红，她就是李明在外面的情人。

孙秀被带到了公安局，将经过一五一十地道了出来，并喊道：“他们重婚，连孩子都有了，他们不犯法吗？你们不管吗？”办案人很理解孙秀，但是告诉孙秀说：“法律是公正的，他们构不构成重婚罪，我们会依法侦查的；但你故意毁坏财物的行为，如果数额较大，也要被追究刑事责任。”同时对孙秀采取了取保候审的措施，让她回家等候结果。

此时的孙秀如热锅上的蚂蚁，她多么希望通过公安局能查到李明与吴红重婚罪的证据，来惩治这个白眼狼啊，也多么希望被她砸坏的财产，价值小一点，她可不想坐牢啊！孙秀的愿望能够实现吗？

一周后，公安局通知孙秀：经我们调查，李明与吴红虽然长期同居，但对外并未以夫妻名义相称，所以不涉嫌重婚罪，不能立案。而你砸坏饭店的财物，经评估价值5500元，已经涉嫌故意毁坏公私财物罪。接到这一通知的孙秀，不禁悲叹：“老天对我太不公了。”束手无策的孙秀，立刻找了位律师，律师接受孙秀委托后，经过认真的调查取证，半个月后，律师对孙秀说：“你放心吧，我已经掌握了对你有利的证据。”

真的会这样吗？律师为什么如此有把握呢？很快，孙秀的案件进入庭审环节。法庭之上，公诉人指控：“孙秀砸坏饭店的桌椅、餐具等物共计价值5500元，构成故意毁坏公私财物罪，应按照刑法第275条追究刑事责任。”而孙秀的辩护律师反驳道：“孙秀砸毁饭店财物不假，但该饭店的财产，实际上属于孙秀与李明的共有财产，换言之，孙秀砸毁的是自己的财产，因而不构成犯罪。”

律师这个观点对吗？我们不妨看一下，我国刑法关于故意毁坏公私财物罪是如何规定的。

律师说法：故意毁坏财物罪>>>

本案中，孙秀的确毁坏了李明酒店里的财物，并且在主观上具有毁坏的故意，且在数额上也确实达到了《最高人民检察院、公安部关于公安机关管辖的刑事案件立案追诉标准的规定》第33条中规定的5000元的标准，应当构成故意毁坏财物罪。

但是孙秀的律师提出如果孙秀毁坏的财产是归自己所有，那么她的行为就不应当构成犯罪。因为，故意毁坏公私财物罪，虽然没有明确规定毁坏的是他人财物，但不难理解这是该罪的应有之义，因为毁坏自己的财物，等于是在行使处分权，并不侵犯他人合法利益，因此当然不构成犯罪。

法条链接>>>

●《中华人民共和国刑法》

第二百七十五条　故意毁坏公私财物，数额较大或者有其他严重情节的，处三年以下有期徒刑、拘役或者罚金；数额巨大或者有其他特别严重情节的，处三年以上七年以下有期徒刑。

●《最高人民检察院、公安部关于公安机关管辖的刑事案件立案追诉标准的规定（一）》

第三十三条　故意毁坏公私财物，涉嫌下列情形之一的，应予立案追诉：

（一）造成公私财物损失五千元以上的；

（二）毁坏公私财物三次以上的；

（三）纠集三人以上公然毁坏公私财物的；

（四）其他情节严重的情形。

通过此番分析，我们不难发现本案的焦点就在于饭店财物究竟是归谁所有？

律师向法庭提交了一份重要证据，什么证据？就是这家饭店的工商档案，律师说："这份证据能证明，饭店已经注册五年了，业主一直是李明的名字，而就在李明起诉离婚的三天前，才将业主更成了吴红。”也就是说，饭店的所有财产原本是属于李明的，而基于他与被告人的合法婚姻，此财产当然属于与被告人孙秀共同所有。而李明将夫妻共有财产单方赠与吴红的行为无效。所以孙秀砸的是自己与李明的夫妻共有财产。

律师说法：夫妻共有财产的范围及共同共有人擅自处分共有财产的效力>>>

夫妻财产，哪些能确定为共同所有呢？那么如果被确定为夫妻共同财产，一方未征得对方同意而擅自处分了共有财产，这种行为是否有效呢？

根据婚姻法第17条的规定，我们可以看出在婚姻关系存续期间的生产经营收入属于夫妻共同财产。本案中，李明经营饭店并取得高额收益是在其与孙秀婚姻存续期间，那么李明经营的饭店应当为夫妻共同财产。既然饭店及其经营产生的收益为夫妻共同财产，那么李明在处分共同财产时应当与孙秀协商并征得她的同意，本案中李明将财产赠送给情人显然并未得到孙秀的承认。那么法律规定，此种情形下，处分财产是无效的，但善意第三人除外。那么善意第三人，要求具备三个条件：1. 出于善意；2. 支付相应对价；3. 已办理登记等手续。而李明的情人，这种特殊身份，显然就并非出于善意，更没有支付对价，所以该赠与行为应当认定为无效。

法条链接>>>

● 《中华人民共和国婚姻法》

第十七条　夫妻在婚姻关系存续期间所得的下列财产，归夫妻共同所有：

（一）工资、奖金；

（二）生产、经营的收益；

（三）知识产权的收益；

（四）继承或赠与所得的财产，但本法第十八条第三项规定的除外；

（五）其他应当归共同所有的财产。

夫妻对共同所有的财产，有平等的处理权。

●《最高人民法院关于贯彻执行〈中华人民共和国民法通则〉若干问题的意见（试行）》

89. 共同共有人对共有财产享有共同的权利，承担共同的义务。在共同共有关系存续期间，部分共有人擅自处分共有财产的，一般认定无效。但第三人善意、有偿取得该财产的，应当维护第三人的合法权益；对其他共有人的损失，由擅自处分共有财产的人赔偿。

律师提供的这份证据，终于力挽狂澜，法院认为：被告人辩护律师提交的证据能够证明被砸财产是被告人与李明共同所有，故当庭宣判孙秀无罪。

孙秀喜极而泣，与女儿抱头痛哭。但经过这一劫，孙秀变得更加坚强，她决定要为女儿、为自己争取她们的合法权益，越是面对李明的冷酷越不能退缩。于是她又委托律师代理自己与李明的离婚诉讼，在这起离婚案件当中，终于查清了李明的双重嘴脸。

原来，早在 7 年前，李明就开办了这家饭店，从小饭馆一路变成大酒楼，生意做得越来越好。他一直想要个儿子，就很快与年轻漂亮的饭店服务员吴红同居，而且第二年吴红就生下了龙凤双胞胎，这下李明再也不想见到农村的糟糠之妻和拖累自己的病女儿了。原本他想早点把婚离了，可又担心自己好不容易积累的财富白给了孙秀母女，就一直等待时机，并导演了穷汉离婚的闹剧。而且在提起离婚诉讼之前，将他名下一辆价值 100 多万的宝马车、一套住房和饭店都转移到吴红名下。一切真相大白之后，孙秀的律师据理力争。最后法院判决李明与孙秀离婚，现孙秀居住的房屋全部归孙秀所有，认定李明恶意转移 100 多万财产的行为无效，由李明支付给孙秀车、房折价款 70 万。此外，饭店的物品总价值的一半，扣除孙秀毁坏的 5500 元后，也由李明支付给孙秀。

这场异常艰苦的离婚大战终于落下了帷幕，孙秀历尽挫折争取到了大笔财产，但她能算是真正的赢家吗？心灵的创伤唯有她自己能体会！

牛顿说：我能测算出天体的动行轨道，却无法算出人性的贪婪。李明的每一步都可谓在注解贪婪的含义。他有一个贤淑的妻子、懂事的女儿，本该算是美满的三口之家，李明对此却不屑一顾，而是再觅新欢，再建一个家外家；李明生意成功，由穷变富，却不感激在家操劳、始终支持他的结发妻子，反倒视妻子和女儿为包袱、累赘，更怕她们在他的财富当中分走一杯羹。他为此竟做“双面人”，回到家中就是时运不济、穷困潦倒的打工仔；在婚外却是资产上百万的富老板。但这样的苦心经营，还是没能保住他的假面具，正所谓机关算尽也枉然，法律自有公道。

守不住的承诺

民事诉讼中的地域管辖　离婚的程序与准予离婚的情形　刑法中的“零口供”制度

2007 年冬季的一天，骑着自行车的邮递员，顶着北风，艰难地前行。他来到围着铁丝网的高墙下停住了，按了几下自行车铃，高墙下的铁门开了，走出来一位荷枪实弹的武警，武警与邮递员很有默契地交接了邮包。这高墙里就是东北某城市的第二监狱，这里羁押的都是刑期比较长的服刑人员，因此安全戒备非常森严。

中午时分，狱警开始分发信件，走到第三监舍时喊道：“李旭明。”“到!”一个肤色较黑的中年男子站了出来，狱警边递过去一封信，边说道：“你的信。”看到对方嘴角掠过的笑意，看守打趣道：“行啊，李旭明，咱们监狱属你的信最多。”对方有些不好意思，赶紧躲到角落里看信去了。同监舍的老赵故意凑过去说：“我看看，弟妹咋那么多好听话，一封接一封的写不完。”

来信的确实是李旭明的妻子，她在丈夫服刑后不间断地给丈夫写信。李旭明的刑期是 15 年，刑期差不多的其他人，多半一进监狱，妻子也好，女朋友也好，就离的离、散的散，有的干脆就杳无音信了。可李旭明服刑一年来月月都收到妻子的信，而每次收信时也是他最幸福的时刻；看完信更是喜笑颜开，就差哼小曲了，等高兴的差不多了又该收下一封信了。这种幸福的时光大概持续了一年半左右，渐渐地，来信的周期越来越长，从一个月一封到两个月一封，再后来是三四个月一封，信上的字也越来越少了，信中的内容也越来越平淡，从想啊念啊的浓情蜜意，到家中一切都好的生活汇报。李旭明虽然有点不太是滋味，但能理解，该说的都说得差不多了，也不能总写信啊！

三年后的一天，正在参加劳动的李旭明突然听到狱警喊：“李旭明，你的信。”太好了，都半年没有信了，总算又来了。当李旭明看到信封，觉得挺奇怪，以前都是白皮的平信，可今天却是蓝皮的特快专递。是不是家里出什么事了？李旭明赶紧撕开信封，可一看到里面的内容，他气得脸都紫了。

究竟发生什么事了？为什么李旭明反应如此激烈？

原来这封信不是妻子邮的，而是当地法院邮来的，里面是一张应诉通知书，还有一份起诉状，是妻子起诉他，要求离婚。

律师说法：民事诉讼的地域管辖>>>

当夫妻感情出现问题，一方想向法院提起离婚诉讼时，该向哪一个法院起诉呢？这就涉及一个管辖权问题。如果当事人双方有一方被监禁的情况，管辖法院如何确定呢？

根据民事诉讼法，离婚诉讼的管辖法院，基本上为被告住所地的法院。但也有特殊情形，即第22条所规定的，夫妻一方被监禁时，提起离婚的诉讼由原告所在地人民法院管辖。本案中，李旭明的妻子季晓平起诉李旭明离婚的管辖法院即为季晓平住所地的人民法院。

法条链接>>>

● 《中华人民共和国民事诉讼法》

第二十二条　下列民事诉讼，由原告住所地人民法院管辖；原告住所地与经常居住地不一致的，由原告经常居住地人民法院管辖：

（一）对不在中华人民共和国领域内居住的人提起的有关身份关系的诉讼；

（二）对下落不明或者宣告失踪的人提起的有关身份关系的诉讼；

（三）对被采取强制性教育措施的人提起的诉讼；

（四）对被监禁的人提起的诉讼。

“这怎么可能？这不可能，这绝不可能。”李旭明很激动，嘴里不停地唠叨着。同监舍的老赵在一边安慰他："你都进来三年多了，她等不及了和你离婚也正常，咱们这地方进来就离婚的哪是你一个，几乎是十之八九啊，你有啥想不开的呀？""你不知道，我犯事的时候她发过誓的，绝不和我离婚。"李旭明非常气愤地说。"我知道你们夫妻感情好，刚进来那会儿大家都看出来了，可此一时彼一时，你得看开点。"老赵不停地劝慰李旭明，可他什么也听不进去，一心想当面质问妻子，为什么违背承诺，提出离婚？

一个月后，法院开庭了，对于这种一方在押的离婚案件，法院一般将法庭临时安排到服刑人员在押的监狱，主审法官和另外一方当事人直接来到监狱。于是法官带着李旭明的妻子季晓平一起来到第二监狱。总算能当面对质了，李旭明一见到妻子，劈头盖脸就问："你当初怎么说的，你保证的不离婚都不算数了吗？"季晓平怯怯地说 ："你在这已经待三年多了，还要再待上十多个年头，我一个人带孩子，实在吃不消啊。咱俩离婚了，我再找一个老实巴交的也可以帮我带带孩子啊。"李旭明"腾"就火了："你的良心让狗吃了？我是怎么进来的，还不是为了你，为了孩子？现在你却说受不了了，当初你是怎么和我保证的？"对面的季晓平倒也不反驳，只是低头不作声，还不停地流眼泪。法官制止李旭明说道："请你稳定一下情绪。我们能理解你在这儿服刑，希望得到家人的安慰和支持，但你也应当理解你妻子，她也有难处。"还没等法官说完，李旭明嚷起来："法官同志，我们夫妻的事你根本不了解。现在我就一句话，不同意离婚。对了，季晓平你给我听着，要是你真不仁就别怪我不义。"说完，再无二话，转身就走了。法官虽然也审理过这类案件，但还真没见过抵触情绪这么大的，临了还放下狠话，这不是威胁女方吗，也太嚣张了。奇怪的是女方季晓平也不像其他人那样，或者是满腹委屈或者是异常气愤，倒像是个做错事的孩子，缩在角落里，不敢多说一句话。这种情景让法官更加同情女方了。很快，法院下达了判决书。

判决书送到了李旭明手里，他看到判决书中写着："被告长年服刑，双方沟通不畅，且女方一人抚养孩子生活困难，感情确已破裂，判决双方准予离婚。"

律师说法：离婚的程序与准予离婚的情形>>>

向法院提起诉讼离婚势必要经过一定的诉讼程序，法院是否判决准予离婚也要有一定的标准。

根据婚姻法的有关规定，我们可以看出诉讼离婚的，在法院调解不成的情况下，法院要根据夫妻双方感情是否确已破裂，才能判决准予或不准予离婚。而认定感情破裂的法定情形共有四种，而四种以外的情形，法院要根据实际情况综合判断，基本原则还是“结婚自由”与“离婚自由”。本案中，李旭明因长期服刑，季晓平独自一人抚养孩子生活困难，法官认定他们二人感情确已破裂。所以法院最终判决准予二人离婚。

法条链接>>>

●《中华人民共和国婚姻法》

第三十二条　男女一方要求离婚的，可由有关部门进行调解或直接向人民法院提出离婚诉讼。

人民法院审理离婚案件，应当进行调解；如感情确已破裂，调解无效，应准予离婚。

有下列情形之一，调解无效的，应准予离婚：

（一）重婚或有配偶者与他人同居的；

（二）实施家庭暴力或虐待、遗弃家庭成员的；

（三）有赌博、吸毒等恶习屡教不改的；

（四）因感情不和分居满二年的；

（五）其他导致夫妻感情破裂的情形。

一方被宣告失踪，另一方提出离婚诉讼的，应准予离婚。

李旭明虽然很生气，但一提起孩子，一想起妻子那副委屈的面孔，也有些于心不忍。是啊，她一个人带孩子的确挺难的。我在这里什么忙都帮不上，我父母怎么不帮帮她们娘俩？对了，想想父母有一年多没来看自己了，难不成把我给忘了？如果父母肯答应自己，多照顾照顾她们娘俩，没准还有些转机。于是他急着托狱警给父母带信，让他们赶紧来一趟。几天后，李旭明见到了父亲，而见到父亲的那一时刻，他的心猛地抽了一下。这才一年多没见，父亲老了那么多，头发全白了。他有些愧疚，轻声地问："我妈怎么没来?""在家照顾宝宝呢。"宝宝是李旭明和季晓平儿子的昵称。"宝宝没和他妈在一起吗?"李旭明有点奇怪。"她写信没告诉你吗?"父亲惊讶地问。"告诉我什么，到底怎么了?"李旭明迫切地想知道家里究竟发生了什么。妻子在信里多次说，她一个人带孩子，如何艰难，还说不愿意给自己父母增加负担？怎么宝宝会在自己母亲那呢？难道离婚了就不管孩子了吗？

父亲的一番话远远超出了他的想象。父亲说，一年多以前，李旭明的妻子季晓平就和邻村的一个男人好上了。开始李旭明的父母还拦着，可季晓平说，这事我都写信告诉李旭明了，他都同意了，你们还有什么可说的？后来，季晓平干脆将他们 4 岁的儿子扔给孩子的爷爷奶奶，自己和邻村男人到外地打工了，对儿子不闻不问，也不给生活费。还是去年过年的时候，季晓平勉强和孩子待了两个半天，并且一再和两位老人说："李旭明说了，孩子放我这儿他不放心，还是放你们二老这儿比较好。""这不，孩子从小就身体弱，三天两头闹病，你妈身体也不好，我们两个人照顾宝宝都挺吃力的，才一直没来看你。"

听完这些，李旭明气得差点没背过气去，原来这一年多她都在骗自己，还写信说儿子如何可爱，照顾孩子如何辛苦，全是编的。回到监舍，他几天都没和别人说过一句话，总是一副若有所思的模样。突然有一天，李旭明神神秘秘地把同监老赵叫到一边说："老赵，我当年打死一个人才被判刑的，你知道死的是什么人吗?"

你别说，这个事，老赵还真不知道，按理说，一个监舍的，待得时间长了彼此早就"底清了"，可李旭明，大家只知道他因为打死人了被判刑 15 年，却从来没听他说是因为什么，打死的又是什么人。有几次问他，他也都没吱声，今天怎么主动说起这个啊？

“今天我也不瞒你了，受害人是我亲弟弟，以前我一直没敢说，怕你们说我太没人性了。”听到这儿，老赵的确有点吃惊。因为李旭明性格比较内向，不像那种凶神恶煞、点火就着的主儿，听说他打死的是自己的亲弟弟，真是挺意外的。老赵怕李旭明多想，装作很轻松地说：“唉，进这里的哪有好人啊，还不都是一个比一个坏，你也想太多了。”听老赵这么说，李旭明稍稍松了口气，又问道：“老赵，你说如果我被抓那会儿，没如实交代，说了点儿假话，会不会罪加一等啊？”“那倒也不一定，要看具体是什么事啊。”老赵委婉地说。李旭明却一下子很激动：“要不是为了我妻子，我哪至于打死自己的弟弟，也不至于落到这步田地。如今她把我和孩子都甩了，自己逍遥去了。”“究竟怎么回事啊？”老赵忍不住问道。李旭明答非所问地说道：“老赵，你凭良心讲，我现在对她做什么都不算过分吧？”老赵还真不知道该怎么回答他。李旭明看着老赵惊愕的表情似乎也没想要答案，转身走了。看来这离婚的打击是不小啊，怎么神经兮兮的，老赵心里暗想。

几天后，李旭明突然找狱警说：“我要坦白，我要揭发。”“你要坦白什么？揭发谁啊？”狱警挺奇怪，这都服刑4年多了，要是知道点什么早该揭发了，怎么才想起来要坦白、揭发？李旭明什么也没说，只是和狱警要了好多稿纸，一个多星期的时间是写了撕，撕了写。

李旭明葫芦里卖的是什么药？又要坦白，又要揭发的，难道他真知道什么大案子，想要立功、减刑？可为什么偏偏是在刚刚和他妻子离婚之后呢，难道和他妻子有什么牵扯？还是因为他妻子和他离婚，一直耿耿于怀，想设计点什么？

一个月后，季晓平正在工厂里上班，突然保卫科领着两个警察走了进来，要求季晓平到公安局配合调查：“我们想了解一下，4年前你丈夫李旭明打死他弟弟李旭亮的一些情况。”“这案子不是已经结了吗？李旭明也已经被判刑，现在还在监狱里呢。”季晓平满脸疑惑。“是这样的，我们接到举报，说你也参与了那场争斗，而且说被害人李旭亮的死和你有很大关系。”还没等办案人说完，季晓平气得满脸通红，从椅子上跳起来，嚷嚷道：“胡说，这是栽赃，是陷害，这事4年前就说清楚了，他们兄弟俩打架，我怎么会参与呢，不信你去问李旭明。”办案人对她的表现显然没觉得意外，说：“你别激动，我们接到举报，就有责任核实，如果真和你没关系我们也不会冤枉你，所以请你配合我们尽快查清。”接受完询问的季晓平回到家久久不能平静，4年前的旧账怎么又翻出来了，谁会举报我？她突然想起来在监狱审理离婚案件时，李旭明对自己说的那句狠话：“你不仁就别怪我不义。”难道真的是他，为报复自己离婚，就去举报自己？

不行，这事我一定得查清楚，不能坐以待毙。于是她立刻行动起来。第二天，她就向单位请了假，特意买了些水果，到孩子奶奶家去看孩子，顺便也好打听一下消息。可一进家门，孩子奶奶却冷冷地说：“真是稀客啊，你再不来，孩子怕是要不认识你了。”季晓平赔着笑脸说：“是呀，是呀，以后我得常来。”5岁的儿子似乎对她也没什么兴趣，躲在奶奶身后，怯生生地看着自己的妈妈。季晓平又拿苹果又拿橘子，好不容易把儿子哄到怀里，有意无意地问孩子奶奶：“孩子他爸还好吧？”“好？他好得了吗？”“我和他离婚，他是不是有些想不开啊？”“他想不开你不也照样离吗，这事能由着他吗？”孩子奶奶仍然满腹怨气。季晓平问了半天，也没问出什么来，临了央求孩子奶奶：“看在我是宝宝妈妈的分上，您就体谅我吧。要是有机会您也劝劝他爸，别太记恨我了。”季晓平还是觉得不放心，又坐了四个多小时的长途车，赶去第二监狱看自己的前夫李旭明，想要当面问个究竟。

到了监狱，她在会见室等了好一会儿，狱警走出来对她说：“李旭明说他不想见你。”“我有事要问他，麻烦你再给我说说吧。”“对不起，他本人不同意见你，我们没权力强迫。”狱警客气地拒绝了她。

费尽周折，却吃了闭门羹，事情也没弄清楚，季晓平觉得很不安，但也没别的办法，只能安心等待公安局的调查结果了。

这季晓平也是，何必这么担心呢，真的假不了，假的真不了，4年前已查清的案子，还会因为离婚就来个大翻盘吗？

一周过去了，两周过去了，什么消息都没有，应当是没什么事了吧？季晓平的心稍稍放了下来，可就在她以为风平浪静的时候，一个月后的一天，两个警察再一次站在她面前。而这一回，他们手里直接拿着拘留通知书和冰冷的手铐。

公安局是不是弄错了？李旭明已经在服刑了，为什么又要拘留季晓平？

这一次季晓平没像第一次那么激动和愤怒，倒显得很镇定，但对公安局的所有提问她一概回答“不知道”“没看见”“不是我”。尽管如此，公安局和检察院仍然凭借其他证据，以故意伤害致死罪对季晓平立案侦查并提起公诉。法庭之上，公诉机关的几位重要证人依次出庭作证，坐在被告席上的季晓平看到，第一个出庭作证的证人，就是自己刚刚离婚的前夫李旭明，这既在意料之中却也在意料之外。季晓平突然发狂一样想拼命挣脱法警，对着李旭明大喊：“李旭明，你说话不算数，你当初答应我什么了？”李旭明却冷冷地说：“你又是怎么承诺的，还不是说等我一辈子吗？你做到了吗？”“等你一辈子？说的简单，做起来有多难你知道吗？你已经这样了，干吗非拉上我当垫背的？非让我跟你一起下地狱？”季晓平带着哭腔说。李旭明恨恨地说：“你无耻都到这地步了，竟然还理直气壮？你难？是等我难、养孩子难，还是蹲大狱难？为了你这样的女人，我不值！”听到这儿，季晓平好像泄了气的皮球，一下子瘫软在被告席上。

他们之间究竟隐藏着什么秘密，彼此之间的承诺又是什么呢？

法官严肃地对李旭明说：“你要如实陈述，不得作假证、伪证，否则是要承担法律责任的。”李旭明庄重地回答：“我保证我说的全是实话……我家和我弟弟的承包地相邻，4 年前的一天早上，季晓平先去地里干活，她发现我家刚种的两垄苗被刨了，当时就我弟弟在地里，而且她和我弟弟关系一直不太好，就认准是我弟弟故意刨的，两个人就吵起来了。我赶到时，他们俩，一人拿着一把镐头已经打起来了。我挺生气的，再怎么样男人也该让着点女的，何况她是嫂子啊，我就从我弟弟身后，拿了一把铁锹，狠狠拍了他几下，结果他被拍倒了，躺在地上，没想到我妻子上来，用镐头一下打在他头上，我弟弟当时就不动弹了。后来我俩发现我弟弟死了。当时我们的孩子出生还不到一年，不能既没妈又没爸呀，我俩一合计，为了保全她，我就把事都顶下来去自首了。我答应她一辈子保密，她也答应我带孩子一直等我出去。可没想到，一年前她在外边又找人了，还把孩子扔给我父母不管，又起诉和我离了婚。她这么没良心，我凭什么还给她顶雷，所以我才又说出实情揭发她。”随后又有两位证人出庭，他们都是邻居，当时也在地里干活，看到了事发当时的整个过程。因为李旭明当时就一再央求他们保密，又承诺给他俩每人 1000 元钱，所以他们才都保持沉默，没向公安局反映情况。轮到季晓平的辩护律师发表辩护意见：“指控被告人构成伤害致死的证据不足。首先，季晓平从始至终没有认罪的供述；最后，根据证人李旭明的特定身份，他的证言不可信，一方面他是为了减轻自己的罪责，另一方面，他对被告人与他离婚的事耿耿于怀；最后，其他两位证人认可收取了李旭明的金钱贿赂，因此证言也不可信。综上，不应当认定季晓平构成犯罪。”一番激烈的辩论之后，法院庭审结束，择日宣判。

那么，法院究竟会如何判决呢？我们注意到被告人季晓平是一直不认可自己犯罪了，那么这种情况下该如何认定案件事实呢？

律师说法：零口供制度>>>

在现实生活中可能遇到这样两种情形：一种情况是犯罪嫌疑人根本否认自己实施了犯罪行为；另一种情况是犯罪嫌疑人只供述自己的行为，但否认其主观上知道他所实施的是犯罪性质的行为。这两种情况在刑法学界被称为零口供制度。

刑事诉讼法第 53 条的规定，实际上就是刑法上“零口供”制度的根源。所谓的“零口供”，不是没有口供，而是没有犯罪嫌疑人或被告人供述其实施或参与实施犯罪行为的口供。

规定这种“零口供”制度的好处是：首先，可以防止冤假错案，因口供具有易变性的特点，被告人对公安局可以这么说，到了检察院又可以那么说，如果过度依赖口供，难免会产生错案。其次，也避免了刑讯逼供，促使侦查人员不依赖被告人的口供，而是积极收集其他证据。

因此在本案当中，应当说季晓平不认罪的供述不足以影响案件的定性。

法条链接>>>

●《中华人民共和国刑事诉讼法》

第五十三条　对一切案件的判处都要重证据，重调查研究，不轻信口供。只有被告人供述，没有其他证据的，不能认定被告人有罪和处以刑罚；没有被告人供述，证据确实、充分的，可以认定被告人有罪和处以刑罚。

证据确实、充分，应当符合以下条件：

（一）定罪量刑的事实都有证据证明；

（二）据以定案的证据均经法定程序查证属实；

（三）综合全案证据，对所认定事实已排除合理怀疑。

法院经认真合议，认为，首先，三位证人在时间、地点、具体情节的陈述完全一致；其次，4 年前的司法鉴定结论就是，凶器镐头上没有被告人李旭明的指纹，只有季晓平的指纹。因为当时过于轻信李旭明的自首口供，忽视了这一重要的司法鉴定。最终法院认定被告人季晓平构成伤害致死罪，同时鉴于她为逃避刑罚故意隐瞒罪行，从重处以有期徒刑 15 年。被告人季晓平接到这份判决书时，低下了头，没有提起上诉。而正在服刑的李旭明，虽然 4 年前隐瞒了真相，但鉴于在这起案件当中他只是从犯，对于被害人的死亡不是主要责任人，重新量刑，从原来的 15 年有期徒刑改为 10 年有期徒刑。

通过这起案件，我们应当了解，承诺意味着诚信、意味着坚守，更意味着付出，而不是为了推卸责任、掩盖罪行的幌子和手段。夫妻俩守了 4 年的秘密，一朝捅破。季晓平最终也走进了围着铁丝网的高墙内，接受法律的制裁，因为任何人都要为自己的罪恶付出代价。

夫替妻顶罪，妻子许下“一直等你”的诺言，可时光荏苒，妻子抛下孩子，背叛承诺，夫怒而揭发妻子罪行，导致案件在 4 年后真相大白。在查清案件事实的过程中，警方遭遇犯罪嫌疑人的“零口供”。“零口供”即在犯罪嫌疑人没有作出其有罪的供述情况下，根据其他证据，得出犯罪嫌疑人有罪的结论。广义的“零口供”规则即口供的假定排除，使口供对案件审查起诉的影响为零。在国内就沉默权问题仍存在激烈争论的时候，这一制度将理论上的某种主张引向实践，具有重要的先导性意义。但即便“零口供”，只要铁证环环相扣，法律都必将让真凶无所遁形。

温柔的陷阱

关键词 刑事自诉案件 诬告陷害罪 共同犯罪

2010年10月初的一天，近傍晚时分，江边树林里，停着一辆白色的面包车。突然，车门被猛地拉开，跑出来一个年轻女人，上身只穿着胸罩，一边跑一边拼命叫喊："来人啊，抓强奸犯啊！"听到喊声，散步的人一下子围了过来。碰巧有两个民警在附近巡逻，他们也迅速跑过来问："怎么回事？"那女人惊恐地指着面包车说："我……我雇他拉东西，结果他把我拉到这儿，还要强奸我！"两个民警听到这儿，立刻冲过去，猛地拽开车门，车上有一个中年男子，匆匆忙忙地穿着衣服，旁边的座位上还扔着女人的衣服，看到警察，动作更加慌乱。两位民警二话不说，一左一右把他拉下车，他一边反抗一边大声咒骂："臭女人你害我，老子饶不了你！"

警察决定把他带到公安局。一路上，这个男的不停地喊冤叫屈，一会儿说那女人设圈套害他，一会儿又说自己瞎了眼。两个警察面露鄙夷之色，做了这样的事还这么嚣张。可是到了公安局之后，这个男子的交代，还真让他们觉得挺意外的。他是怎么说的呢？

"我叫大刚，是个货车司机，家有个小面包车，平时就靠给人运货挣钱。今天中午，我在一个小饭馆吃口饭，喝了点小酒，突然接了一个电话，对方是个女的，说想搬家，大件找搬家公司，一些随身带的物品让我给拉一趟。现在正好是过节，我听出来对方挺着急，就故意抬高价，谁不想多挣点？您说是吧，警察同志……""少贫嘴，交代事实。"大刚撇撇嘴接着说道："没想到这女人一点儿没犹豫，当时就答应了。我心里这个美呀，还以为该着我挣钱，谁想到她是来害我的呀，警察同志，她一定是设计好的，你们一定要替我做主啊。”大刚又开始喊起冤来。“你把事实说清楚了，自然知道你冤不冤，接着往下说。”办案人严厉地说道。大刚又接着讲述事情经过：

“一看到这女的，我就知道她不是正经人，这点儿眼力我还是有的。你看她描眉画眼，衣领开得特低，眼神还直跟我飘。这不借点儿酒劲吗，我就问她：‘您是做哪一行的呀？’你猜她怎么说？她说：‘我是做按摩的。’我一听，来精神了，就试探她：‘是保健按摩还是……’她倒一点不回避：‘什么都能做，拿手的是做特殊按摩。大哥瞧您这么辛苦，您要哪不舒服可以找我呀。’我一看她这么直接，立刻来了兴致，就谈起了那个……按摩的买卖。最后我俩谈妥了，她给我提供特殊服务。这不，我才把车开到小树林里。我脱了衣服，这女人上身也就剩内衣了。谁承想，她突然打开车门冲出去，到处喊说我强奸她。后来的事你们就知道了。”

这简直是天方夜谭，办案人听得直迷糊，为查清案件事实，问道：“你认识这个女人吗？”大刚摇摇头说：“从来没见过。”“你俩有冤还是有仇？”大刚又摇摇头说：“无冤无仇。”“那这个女人为什么要陷害你呀？”“我哪知道啊？”大刚抱怨道。办案人又问：“是不是你把她拉到避人的地方？是不是你脱了她的衣服？”大刚先点点头，又赶紧摇摇头：“不对，是她自己脱的衣服，我还没碰她呢。”这时，办案人又拿出了一个扣子说：“这是受害人衣服上掉下来的扣子，你知道哪来的吗？”大刚摇了摇头。“从你车上捡的，如果受害人是自愿的，怎么会被扯掉扣子？”看到这个扣子，大刚有点发蒙，突然想起了什么：“对了，那女人脱衣服的时候，还使劲拽掉颗扣子。当时我还挺奇怪，但也没多想，现在我明白了，她是有备而来呀。”听他这么辩解，办案人差点没笑出声来，说女人自己拽掉扣子，这话谁信呀。不出所料，大刚被刑事拘留了。

按程序，拘留得通知大刚的家人，让大刚提供联系电话。事情闹到这步田地，大刚的心都凉了，这下真要完了，怎么办呢？找谁来救自己呢？

以前有什么事，大刚首当其冲就是找妻子小平了。可今天不一样啊，出了这种丑事，哪好意思张嘴啊？何况妻子正和自己搞冷战，就是因为前些日子，妻子在大刚的内衣上，发现了几根女人的长发，便一口咬定大刚外面有女人了。现在这件事无论怎么说，都算得上是自己出轨，至少是个出轨未遂吧！这事实在是不想让妻子知道啊。要不就找父母吧！可是父母又都年老体弱，再要听说自己出事，还不得急个三长两短的，那自己可真成罪人了！他思来想去，还是找妻子吧，一日夫妻百日恩嘛！看在十多年的夫妻情分上，总不能眼睁睁看着自己去坐牢吧！于是大刚一咬牙，提供了妻子小平的电话。

第二天，大刚的妻子小平来到公安局，办案人向她简单介绍了情况。而小平的神情，似乎并没有觉得很意外。她接下了拘留通知书，并要求见大刚一面。当她看到大刚时，表情竟然非常平静。大刚指望着老婆救他，一个劲儿地承认错误："老婆，我错了，我真错了，我不该背着你找女人。可我没强奸她，我是被冤枉的，求求你帮我找个律师吧！"小平"嗯"了一声，说："我当然会找律师，你就等着吧。"说完，头也不回地离开了公安局。

大刚在看守所待了快10天了，没等来律师，却等来了批准逮捕的决定。难道妻子真不打算管自己了？他有种不祥的预感。这些天和同监舍的人聊天，他们都说，这种涉嫌强奸的案件中，在只有两个人一对一的情况下，受害人的说法，往往比被告人说的更好使。像他这样的情况，最好的结果，就是判他个强奸未遂。但那样也构成了强奸罪呀，看来坐牢是免不了了，大刚有些绝望了。

案件很快起诉到了法院，在接到起诉书的那天，大刚被提到律师接见室，警察说有律师要见他。"看来妻子还是管我的，关键时候，还是请来了律师，我想她也不能那么绝情嘛。"大刚不由得松了一口气。不一会，一个西装革履的男律师走了进来，对大刚说："我是你妻子聘请的律师，准备当你的辩护人。"大刚连声说："谢谢，我同意，我太同意了！"律师摆了摆手说："你不要谢的太早，你妻子请我为你辩护，但是有一个条件。"

“条件?”大刚心里直打鼓，会是什么条件呢?难道让我自己掏律师费?“律师同志，你放心，律师费高点无所谓，我尽快找朋友筹钱，这一点不成问题。”“你误会了，律师费你妻子已经付过了。”“啊?那是什么条件。”律师从文件袋里掏出一份文件，上面几个醒目的大字“离婚协议”。大刚顿时傻了!怪不得之前妻子的态度很平静，原来是打算好了要和自己离婚啊!

律师说道：“请你在协议上签字，否则，我只能给你提供一次法律帮助，不能上法庭为你辩护。”

看来妻子真不想和自己过了，也难怪，在这种节骨眼上，出了这么一桩丢人事，不是雪上加霜吗?签就签吧，等自己出去了，再哄哄她，没准还能和好。大刚接过律师递过来的笔和离婚协议，看了几眼，突然嚷嚷起来：“什么?她也太狠了!竟然要我把家里的全部财产全归她，把我扫地出门!她这不是乘人之危吗?算了，我不需要你的帮助，不用你替我辩护了。”此刻，大刚终于明白妻子的心思了，他失魂落魄地回到了监舍。妻子要求离婚，情有可原，谁让自己对不起妻子呢?其实在这件事之前，他就已经背叛过妻子许多次了。虽然他嘴硬，没承认过，但几次回家，身上的香水味儿都让妻子忍无可忍。之前提出离婚，他没太当回事。女人嘛，哄哄就好了。可没想到妻子一直耿耿于怀，这次竟然还要自己净身出户!而现在自己这个处境，根本没有讨价还价的资本。现在，这个婚坚决不能离，怎么也得等出去以后再说。当务之急，是请律师为自己辩护。妻子是指望不上了，还是找父母吧。于是大刚通过看守人员联系了父母，要求父母为他找律师。

大刚度日如年，盼星星盼月亮，终于盼到了父母请来的王律师。王律师仔细阅读了卷宗，听了大刚的辩解，觉得这个案件的确有疑点。但对大刚的说法，她也有很多疑问。无冤无仇的，人家为什么要陷害你啊?于是王律师决定再去调查一番。

正当大刚在看守所里煎熬时，法院又送来一份起诉状——小平起诉离婚了!大刚这个气呀。至于吗，毕竟夫妻一场，我就是再不对，你也不能在这个时候落井下石啊!可自己没法和妻子谈，而且妻子之前向他要求全部财产，也是来者不善，只能硬着头皮应诉了。于是大刚又委托了王律师作为自己离婚案的代理人。只见离婚诉状上写着：夫妻俩无存款。大刚非常生气，这不睁眼说瞎话吗！大刚对王律师说："我开车拉活，一年少说也得挣上五六万元，都交给我媳妇了。她在私企做财务，一个月5000元。这十多年下来，我俩怎么也得存上个七八十万元。半年前，她闹离婚的时候，还说同意给我30万元呢，现在说没存款，明摆着在说谎！""她说给你30万元，写字据了吗？"王律师问道。"那倒没有，因为上次我根本不同意离婚，没具体谈到财产问题，她当时也只是口头上这么一说。"

为查清财产的事，王律师申请法院到银行调取了小平的存取款明细。没想到的是，这一调查，还真有意外的收获。

这收获究竟是什么呢？这个收获又能起什么作用？答案就在大刚强奸案的审判庭上。

大刚涉嫌强奸的刑事案件终于开庭了。法庭上，公诉人出示完证据，王律师也出示了一份证据，那就是小平在银行卡上以转账方式转出1万元的凭据。

这就是那个意外收获？一个转款凭据有什么用？它能证明大刚没强奸吗？

这里还真是大有文章。转款凭据显示，在大刚出事的第二天，小平卡上的1万元，转账给了一个叫刘艳艳的人。王律师一提到个名字，在场的人都大吃一惊。因为这个刘艳艳，不是别人，正是本案的受害人，指证大刚强奸的女人！

王律师发表意见说："辩方认为，就大刚是否有犯罪行为，只有被害人的陈述，并无其他证据予以印证。而辩护人提供的证据证明，在案发第二天，被告人的妻子给刘艳艳汇了1万元钱，但刘艳艳在笔录中却称与被告人一家素不相识，毫无瓜葛。而被告人的妻子小平，也说不认识被害人，显然被害人和被告人妻子都在撒谎，那么谎言要掩盖的是什么？当然是事实真相。这样存有疑点的被害人陈述，能够作为本案定罪的证据吗？"王律师提供的证据，加上她犀利的分析，不但引起了法官的注意，公诉人也决定撤回起诉，补充侦查。

公安局再次找来了小平。小平对她的汇款行为解释说："我听说大刚的事后，虽然非常生气，但毕竟十多年的情分，不想眼睁睁地看他蹲大狱，于是，我就主动找到被害人刘艳艳，给她1万元的精神赔偿，这也是为了争取她的谅解，让她给大刚说点儿好话。"这样的说法，似乎挺合理。办案人又问："那为什么从案发到现在，刘艳艳从来也没给大刚说好话呀？"小平脸色变了一下，说："当初她答应的，我怎么知道她会阳奉阴违、不讲信用呢，我得找她问问！"

小平走后不一会儿，刘艳艳就不请自到了，说是来撤诉的，要求公安局不要追究大刚的刑事责任了。"这是公诉案件，又不是自诉案件，追不追究刑事责任不是你说了算的！"办案人回答说。

律师说法：刑事自诉案件>>>

刑事自诉案件是指被害人或其法定代理人、近亲属为追究被告人的刑事责任，直接向司法机关提起诉讼，并由司法机关直接受理的刑事案件，及直接向法院提起诉讼的案件。

刑事诉讼中，以"公诉案件为一般，自诉案件为例外"，所以法律以列举的方式，列明了自诉案件的范围，除此之外，均为公诉案件。自诉案件是由被害人直接向人民法院提起的诉讼，根据不告不理的原则，允许被害人撤诉。而公诉案件是由人民检察院代表国家提起的公诉，代表的是国家公权力，此时诉讼权利已不属于当事人，所以刑事案件一旦由公安机关立案侦查，就不允许被害人提出撤诉了。所以，本案中即使刘艳艳提出撤诉，也是不会被允许的。

法条链接>>>

●《最高人民法院关于适用〈中华人民共和国刑事诉讼法〉的解释》

第一条　人民法院直接受理的自诉案件包括：

（一）告诉才处理的案件：

1. 侮辱、诽谤案（刑法第二百四十六条规定的，但严重危害社会秩序和国家利益的除外）；

2. 暴力干涉婚姻自由案（刑法第二百五十七条第一款规定的）；

3. 虐待案（刑法第二百六十条第一款规定的）；

4. 侵占案（刑法第二百七十条规定的）。

（二）人民检察院没有提起公诉，被害人有证据证明的轻微刑事案件：

1. 故意伤害案（刑法第二百三十四条第一款规定的）；

2. 非法侵入住宅案（刑法第二百四十五条规定的）；

3. 侵犯通信自由案（刑法第二百五十二条规定的）；

4. 重婚案（刑法第二百五十八条规定的）；

5. 遗弃案（刑法第二百六十一条规定的）；

6. 生产、销售伪劣商品案（刑法分则第三章第一节规定的，但严重危害社会秩序和国家利益的除外）；

7. 侵犯知识产权案（刑法分则第三章第七节规定的，但严重危害社会秩序和国家利益的除外）；

8. 刑法分则第四章、第五章规定的，对被告人可能判处三年有期徒刑以下刑罚的案件。

本项规定的案件，被害人直接向人民法院起诉的，人民法院应当依法受理。对其中证据不足、可以由公安机关受理的，或者认为对被告人可能判处三年有期徒刑以上刑罚的，应当告知被害人向公安机关报案，或者移送公安机关立案侦查。

（三）被害人有证据证明对被告人侵犯自己人身、财产权利的行为应当依法追究刑事责任，且有证据证明曾经提出控告，而公安机关或者人民检察院不予追究被告人刑事责任的案件。

刘艳艳无功而返，办案人却觉得有些蹊跷了。

这么长时间，她都没表示过谅解被告人，怎么开庭一说有疑点，她突然跑来要撤诉呢？早不来、晚不来，小平前脚走，她后脚就来了？办案人看着刘艳艳离去的背影，好像还在打着电话，猛然间，想到了什么……

第二天，小平和刘艳艳分别又被“请”进了公安局。“你在事发之前，和被害人到底认不认识？”办案人问小平。“不认识！”“那这些通话记录是怎么回事？”原来，公安局调取了小平和刘艳艳的通话记录。“在事发前，你们之间有过六次通话记录，其中两次是手机打的，四次是你办公室电话，而且都是你打给她的。请你解释一下。”面对办案人提出的问题，小平再也没法保持平静，显得非常紧张。而此刻，在另一间房间，所谓的被害人刘艳艳，已经交代了实情：“有人花1万元雇我，让我找大刚，去演场戏。雇我的人是个女的，我之前不认识她，也不知道她为什么要这么做。她说什么都不准问，只管拿钱做事就好了。”

经过公安机关的侦查，本案终于大白于天下。原来，这起所谓的强奸案，不过是小平设计的圈套。小平因大刚之前的背叛，早就想离婚了。无奈无论怎么说，大刚就是两个字“不离”，这让小平更加痛恨大刚。而且她咨询过律师，如果到法院起诉离婚，法院会判决双方各分得一半的财产。小平越想越不平衡，自己十多年里里外外照顾家，已经熬成了黄脸婆，大刚有什么理由再分走一半财产。所以，她一心想着有什么好办法可以惩罚大刚，又能拿到全部家产。有一天，她在车站等车的时候，发现站牌上贴了好多小广告，其中就有一张，上面写着——“松骨按摩”。小平顿时眼前一亮，有办法了！小平马上拨通了广告上的电话，而电话那头的，正是刘艳艳。刘艳艳是农村来的打工妹，因为找不到工作，就在租的住房内私自经营松骨按摩生意，而她那点按摩手艺是在一个短期培训班现学的，勉强维持生计。她一听说有钱挣，想都没想就答应了。于是在小平一手策划下，刘艳艳上演了本案开始那一幕。

大刚平冤昭雪，走出了看守所。可是事情到这里并没有结束。这次，轮到他的妻子小平，还有按摩女刘艳艳，一起被请进看守所。因为她们两人合伙诬陷大刚，检察机关依据刑法第 243 条的规定，以诬告陷害罪对她们提起公诉。

再次开庭时，原来是受害人的刘艳艳，这次和小平一起，坐在了被告人席上。而大刚，却成了受害人。这样的角色转换，不免有些戏剧性。公诉人在起诉书中认为，根据刑法第 243 条对诬告陷害罪的规定，小平指使刘艳艳，捏造事实，陷害大刚，并想让大刚受到刑事追究，符合诬告陷害罪的构成要件，应当判处刑罚。而被告人的辩护律师认为，虽然小平有指使刘艳艳诬告的行为，但大刚并没有受到刑事处罚，情节也就算不上严重，因而不构成犯罪。

双方唇枪舌剑，争得不可开交。此时的大刚，看着昔日的妻子，正坐在对面因陷害自己而受审，心里不知道是什么滋味。小平走到这一步，都是因为自己总在外面拈花惹草，彻底伤了妻子的心。虽然妻子用了这么绝的手段，但说到底，还是自己对不起她。大刚正想着，法官提示，该由受害人发言了。大刚回过神来，诚恳地说：“今天的事儿，我很惭愧，说来说去都是我惹的祸，要不是我风流成性，我老婆也不至于这么做。虽然我老婆犯罪了，但她只是想离婚，又不懂法，才走了极端。我请求法官能对我老婆从轻发落。以后呢，我也得痛改前非，不再乱来了。”这一番受害人发言，倒像是自我检讨。坐在被告席上的小平，听得心头一震，禁不住落泪了。

那么小平到底会不会受到刑事处罚呢？

律师说法：诬告陷害罪>>>

分析刑法第 243 条规定的含义，诬告陷害罪可以归纳为三个条件：第一，被告人有捏造事实诬告陷害的行为；第二，行为的意图是使他人受到刑事追究；第三，情节严重。

本案中，刘艳艳先勾引大刚，又大呼强奸，制造了大刚要强奸她的假象，是在捏造事实；无论背后指使的小平还是直接饰演被害人的刘艳艳都明知这么做的结果是大刚将受到刑事追究，故使他人被追究刑事责任的意图明显；大刚因此事被采取了强制措施，属于情节严重。而且从诬陷手段来看，精心设计了强奸现场，也算得上是手段恶劣了。

通过以上分析，我们就不难得出这样的结论，本案具备了诬告陷害罪的全部法定要件。

法条链接>>>

●《中华人民共和国刑法》

第二百四十三条　捏造事实诬告陷害他人，意图使他人受刑事追究，情节严重的，处三年以下有期徒刑、拘役或者管制；造成严重后果的，处三年以上十年以下有期徒刑。

国家机关工作人员犯前款罪的，从重处罚。

不是有意诬陷，而是错告，或者检举失实的，不适用前两款的规定。

最终，法院作出判决：小平和刘艳艳串通，捏造事实，诬告大刚，使大刚受到追诉，因此诬告陷害罪成立，二人构成共同犯罪。但是由于大刚并没有被处以刑罚，且作为被害人的大刚，主动向法院求情，即被害人谅解，因此，对被告人小平从轻处罚，判处有期徒刑两年，缓期三年执行。而刘艳艳虽然贪图钱财，不计后果，但考虑到她是初犯，而且悔罪态度较好，因此法院对她，也判处有期徒刑两年，缓期三年执行。

律师说法：共同犯罪>>>

根据刑法第25条的规定，可以看出构成共同犯罪要求。

1. 行为主体为两人以上。2. 行为主体具有共同故意。共同故意包括两个内容：一是多个行为人均有相同的犯罪故意；二是多个行为人具有共同的意思联络。3. 行为人具有共同的犯罪行为。

本案中，小平在事前与刘艳艳串通，刘艳艳按小平要求，演一场强奸戏，故二人分工不同，一个出谋划策，一个一线表演，故完全具备共同犯罪的特征。故两人成为诬告陷害罪的共同犯罪。

法条链接>>>

●《中华人民共和国刑法》

第二十五条　共同犯罪是指二人以上共同故意犯罪。

二人以上共同过失犯罪，不以共同犯罪论处；应当负刑事责任的，按照他们所犯的罪分别处罚。

大刚和小平在经历了这件事后，感情上的裂痕已无法弥补。大刚明白了自己之前的不忠，对小平造成了多么深的伤害。于是，同意和小平离婚。而小平感受到大刚的悔意，又念及多年的夫妻感情，就主动拿出一半多的财产，分给大刚。法院很快下达了离婚调解书，两个人和平分手，曲终人散。

案件的结局，不免令人叹息。回顾整个过程，大刚有错在先，违背道德，而小平犯错在后，触犯法律。无论是违背道德，还是触犯法律，都会付出代价。

小平与大刚也曾有过浪漫的爱情、美好的回忆，可当大刚频频出轨，当爱已不在，该何去何从？是潇洒地转身放手，还是执着守候？小平的心中已被怨恨填满，她选择用狠狠的报复结束过往。却不知怨恨是一把双刃剑，她的阴谋不仅报复了大刚，也让自己身陷囹圄。所以，冷暖人生难免遭遇苦难。当挫折来临，更要放大心量，坦然面对，豁达处理，勇敢承担！

银行卡里的阴谋

关键词　信用卡诈骗罪　罪刑法定原则在我国刑法中的应用

北方一座城市的一家医院里，和往常一样，到处都忙忙碌碌的，就连角落里都站着病人和家属。杨梅是这里的妇产科主任，每天要面对无数的患者，但是今天她并不在门诊值班，而是难得坐在办公室里写病历。她突然想起了什么，若有所思地拨了个电话："喂，护士长吗？我是杨梅，你们脑外科是不是有个叫吴玲玲的护士，麻烦你让她到我这来一下。"

咚咚咚，一阵敲门声，没想到这小护士速度还挺快！"进来。"杨梅说道。走进房间的是一个二十四五岁的女孩，乌黑的长发，大大的眼睛，没有半点妆容，却透着青春的光彩，俨然一个白衣天使。杨梅伸手示意女孩坐下。"你知道我为什么叫你来吧？"杨梅问道，吴玲玲沉默不语，只是怯怯地看着她。"你知道你想要什么吗？你能要到吗？小三永远是小三！"杨梅越说越激动，她意识到自己有点失态，停了停，又平静地说道："你年轻、漂亮，好男人有的是？李勇能给你什么啊？如果你还不迷途知返，或许这家医院你是待不下去了。"听到这儿，吴玲玲的眼圈红了，杨梅再次缓和语气说道："我想你知道自己该做什么，不该做什么，就这样吧，你走吧！"吴玲玲站起身，强忍着没哭，仍旧没说一句话，便离开了房间。

这怎么回事啊？两个女人之间发生了什么事？李勇又是谁呀？

原来，李勇是这家医院的脑外科主任，也是杨梅的丈夫，而吴玲玲是脑外科的一名护士，半年前医院里就传出二人有私情，所以杨梅才会把吴玲玲叫来，当面说清楚，也算是警告一下吧！

当晚，杨梅的丈夫李勇战战兢兢地回了家，他料定要有一场争吵发生。可他真没想到，进了家门，杨梅像什么也没发生过一样。看他回来，还是不冷不热地说了句："老公回来啦？"然后就走进厨房做饭。

这是怎么回事，妻子葫芦里面卖的什么药？难道杨梅就这样轻易地原谅了丈夫吗？

要说，哪个女人不想自己的丈夫忠诚，可杨梅能如此淡定地对待出轨的丈夫，实在是有说不出的苦衷。要说这事，就不得不从几年前的那场意外说起。

那是三年前的一个冬天，杨梅的大学同学组织聚会，当时的杨梅已有两个多月的身孕，李勇说什么也不想让她去，担心发生什么意外。"小梅，我看你还是别去了，一来你要自己开车，二来你现在有身孕，也不适合太吵闹了。"李勇试图说服妻子，可任性的杨梅哪里肯听他的话？"我们大学同学好不容易能凑上这么多人，我能不去吗？"杨梅态度坚决，非去不可。丈母娘也在旁边声援女儿："怀孕都两个月了，没什么问题，不至于天天待在家里。"李勇是有火不敢发，无奈地说："要不我陪你去吧？""你去算怎么回事？同学们都会笑话我，再说我又不是小孩子了。"说完，杨梅就下楼开车走了。

妻子走后，李勇心里总是不安，他想打电话询问一下妻子那边的情况，可是杨梅总是不耐烦地说两句就挂断。到了晚上，睡梦中的李勇被一阵急促的电话铃吵醒，他一骨碌爬起来，接起电话，杨梅微弱的声音传来："老公，对不起，孩子没了。"李勇仿佛晴天霹雳一般："怎么回事，你在哪？"杨梅带着哭腔说："我在回家的路上，连人带车掉进了沟里，我流了很多血，怎么办啊？"就是这次车祸导致杨梅永远失去了生育能力，这对李勇来说简直是灭顶之灾。在之后的日子里，无论杨梅如何哄他，对他温柔体贴，他也不肯原谅妻子，两个人的感情越来越淡，关系越来越远。直至后来李勇和自己科室的小护士吴玲玲好上了。得知丈夫出轨的杨梅，痛苦了好长一段时间，她不愿意失去丈夫，失去这个家。可是自己生不了孩子，却是不争的事实，如果硬来，把事情闹大，她真怕丈夫弃她而去。

所以，她的原则是忍为上，希望自己的真情能挽回丈夫。也正因为这样，她直接找到小护士，想不动声色地让两个人结束婚外情，还给丈夫留足了面子，这么做也算仁至义尽了。果然，杨梅越是对李勇只字不提，李勇就越觉得心里不踏实，像是欠了妻子什么。终于有一天，李勇对杨梅说："都怪我不好，我也是一时糊涂，杨梅，即便咱们没有孩子，我也会一辈子对你好的。"杨梅听后喜极而泣，她等了这么久，终于等来了这句话。在之后的日子里，吴玲玲辞职离开了医院，李勇每天又按时回家了，对妻子也很体贴，夫妻之间就好像又回到了初恋那会儿。

看来，杨梅的心思没有白费，她暗自为自己的英明举动庆幸，可是她万万没想到，一场更大的暴风骤雨已经在等着她了。

半年后的一天，一辆警车停在了医院门口，两名警察下车后，走进了妇科楼。"请问杨梅医生在哪间办公室?"警察向值班护士问道。"哦，在203。"警察走到203门前，敲了敲门便走了进去。"请问您是杨梅吗?""是我，你们找我有什么事?""我们是公安局的，这是我们的工作证。因为一起刑事案件需要你配合调查，请跟我们走一趟吧。"杨梅的脸红一阵、白一阵，很快随着两名警察走出了医院。走廊里的医生、护士都惊呆了，杨主任犯罪?不可能啊，她有身份，自己收入又高，怎么会和犯罪联系在一起呢?肯定是公安局弄错了！大家都在小声地议论着。

原来，半个月前的一天下午，一个名叫赵磊的人来公安局报警，说自己的银行卡在取款机取款时忘了拔出来，结果再回到取款机找时，卡已经不见了，于是他将卡挂失后又补办了一张，可一查询才发现卡内的现金被人取走了2万元。看来是有人取走了钱！

警方立即调取监控录像，发现赵磊在取款机取款时，还没操作完，突然接了一个电话，没拔卡便急匆匆地走了。正巧在他之后有一名女子去取款，便取走了赵磊卡中的2万元现金。随后拔卡走了。

警方通过查询银行的监控录像，最终锁定犯罪嫌疑人就是杨梅。

难道真是杨梅取走了这2万元吗？

在警方的讯问中，杨梅沉默了好一会，终于低下头，对自己的行为供认不讳："其实，事发后，我特害怕，也特后悔，可现在说什么都晚了。"杨梅感叹道。"那你把事情经过讲讲吧。"办案人员说道。

据杨梅讲，事发当天下午大概两点钟左右，自己因为想要买个笔记本电脑，就和丈夫一起去银行取款。到了银行门口，丈夫李勇突然接了一个电话，说单位有事，得马上回去一趟就先走了。自己一个人进了银行，她走进去时，错身刚好有一个男人一边打电话一边急匆匆地走出去了。杨梅说道："我准备把卡插进取款机时，却发现屏幕上显示着账户余额5万元，这怎么回事啊，我一下子想到是刚才的那个人忘记拔卡了。"

有时错与对只在闪念之间，虽然杨梅不差钱，可是面对这白来的机会，也着实让她动了心，只需要手指轻轻一按，钱就成自己的了。正当她在取与不取徘徊时，身后一个中年妇女催促道："你取不取啊？我这边着急用钱呢。""取，马上取，别着急啊。"杨梅心想，或许这就是天意吧，杨梅直接从中提走了2万元现金。"然后，我拔下卡就走了。我原本还想用卡再取钱，可我实在是不敢了，而且拿到手的2万元一点儿也没让我高兴起来，反倒像石头一样压着我，所以我就随便把卡折了折扔掉了。"杨梅向警方诉说着。

案件查清了，警方也通知了失主及杨梅的家属。这真是祸从天降啊，杨梅父母得知女儿为贪2万元便宜，居然犯了罪，真是又气又急！可事到如今，他们只能是尽量想办法让女儿能被从轻处罚。所以老两口想找失主一家求求情。几天后，杨梅父母终于约到了被害人赵磊夫妻俩，老两口准备了4万元现金，其中2万元归还给失主，另外的2万元则算作是一种补偿，希望失主能替自己女儿说好话。失主赵磊和他的妻子小黄也都很客气，说："其实我们就是想把丢的钱拿回来，没想追究谁的责任。"他们同意帮杨梅说好话，但说什么也不肯要补偿的2万元。

杨梅的父母很感动，千恩万谢。为了表示诚意，杨梅母亲说："我老头原先是这家医院的院长，去年也退休了，如今姑娘又出了这档子丢人事，但好在我姑爷李勇是脑外科主任，有事你们尽管找他，我们肯定会全力以赴的。"

赵磊妻子听到李勇的名字，激动地说："李勇我们认识啊！他不是……"

"你认识的那个李勇是社区诊所的，人家这个李勇可是附属医院的。"赵磊满脸通红，赶紧阻止了妻子，妻子瞅了瞅赵磊，不再说什么。

两家人匆匆告辞了。可是一进家门，赵磊的妻子就忍不住问道："不就是那个李勇吗？你不止一遍和我说，人家有身份有地位，还不嫌弃你，我怎么会记错呢？"见赵磊黑着脸不说话，妻子又问："你老实说。你到底知不知道拿你钱的是他妻子？"赵磊被妻子逼问得没办法，辩解道："我哪知道，这么点事能把她抓起来，还要坐牢啊。我要是知道，说什么也不能啊……"

听丈夫这么说，妻子更觉得这里边有事，非要赵磊把事说清楚，可是赵磊接下来的交代，着实让妻子大吃一惊！

原来，赵磊确实认识杨梅的丈夫李勇，两个人都出生在这个城市边上的一个小镇上，又是小学同学。后来由于李勇一直都在外面读书、工作就断了联系。两年前一次偶然的机会，两人又见面了，赵磊家人有看病的事他就来麻烦老同学，李勇每次都很帮忙。赵磊做点小生意，前一阵周转资金困难，还向李勇借了 3 万元一直未还。所以李勇可谓是赵磊一家的贵人，他总和妻子念叨，李勇有能耐还讲情义，自己没本事，想报答人家都没机会。你别说，这报恩的机会还真来了。

一个月前的一天，李勇约赵磊一起喝茶，在聊天中，李勇说道："兄弟啊，最近我这遇上点麻烦，你看看能不能帮我想点办法。""大勇，有事你就直说吧，跟我客气什么。"赵磊还真希望能帮上点什么。"这老话说，不孝有三，无后为大，可我妻子她却偏不能生。"赵磊就劝慰说："不然你就再找一个，和嫂子好合好散吧，她也应该体谅你啊。""你不知道，我老丈人原来是这家医院的院长，是他一手把我提拔起来的，如果我现在因为这事离婚，别人都得说我是白眼狼。再说了，以后我这再想提拔也难了。"李勇是唉声叹气，赵磊也没辙了。李勇想了想又说道："如果是因为我妻子有问题，我离婚就顺理成章了，工作也不会受影响，但你得帮我个忙。""怎么帮？""好办，你只需按我说的，帮我当个托儿。"

于是李勇说出了他的计划，就是由赵磊把银行卡插入取款机输入密码之后，假装有急事离开，而李勇让妻子随后进入。李勇说："你不知道，我妻子天生爱占小便宜，所以她肯定会取这笔钱。"

赵磊没想那么多，就答应了。案发那天，李勇先给他打了个电话，告诉他在指定银行等，快到时，李勇又用手机给他打了个电话，他就赶紧将卡插进取款机。等他见到李勇夫妻俩了，李勇又先转身走了，李勇妻子一个人走进来，他就把卡留在取款机里，装作打电话的样子匆匆走了。事后，又按说好的去报案。

妻子一听，既生气又害怕，说："老赵啊，你们这不是在陷害杨梅吗？缺德不说，说不准这也犯法啊？"听妻子这么一说，赵磊也是一惊："是啊，这些天我就睡不着觉，我真不该帮他这个忙啊。"夫妻俩合计了一宿，在妻子的坚持下，第二天一早，赵磊去公安局自首了。

办案人听完后，半信半疑。这也太离奇了，那李勇和杨梅是夫妻俩，如果关系不好，直接离婚就算了，干吗要设局陷害杨梅，这得多大的仇啊？为了查清案件事实，办案人又传唤了李勇。

"李勇，有人举报你故意设局陷害你妻子，这情况属实吗？""警察同志，这是谁胡说的？这怎么可能呢？我和我妻子感情很好啊，我为什么要陷害她啊？"李勇信誓旦旦地回答。"那你认识赵磊吗？""认识啊，但在我妻子被抓之前，我并不知道钱是他丢的，如果早知道，也不至于让他去报案啊。"

李勇并不承认和赵磊合谋，现在是各说各的，看来这件事还真是难查呢！办案人又二次找来赵磊，看能不能有其他的有力证据。赵磊想了想说："对了，在取款前，李勇给我打过两个电话，告诉我时间、地点，后来他不放心，又给我发了条短信。后来，他妻子拿走2万元后告诉了他，他又给我发条短信说事成了。可我把那条短信给删了。"太好了，这些信息太有用了！

办案人立刻通过技术侦查手段，果然调取到了案发前后，李勇与赵磊的通话记录和短信内容，与赵磊所说完全吻合。当办案人把这些证据放在李勇面前时，他无法再抵赖了，不得不交代了整个事情经过。

可是，李勇为什么要狠心设局陷害妻子呢？这事还得从头说起。李勇出身于普通的工人家庭，但是他从小聪明好学，高中毕业后顺利考取了当地一所医科大学，并被保送成为医学研究生。他的导师不是别人，正是他的岳父杨震。杨震既是学院教授又是附属医院的副院长，可称得上是医学界的权威。杨震有一个女儿，也就是杨梅，由于从小被娇生惯养，比较任性，长相、才干虽都不出众，挑男朋友的眼光却非常高，高不成低不就。眼看快30岁了，杨震很担心女儿成了老姑娘。杨震很喜欢李勇，觉得他能吃苦又好学，将来肯定有发展，所以有意让自己的女儿嫁给他。李勇呢，当时是有女朋友的，但他考虑再三，觉得如果娶了导师的女儿，将来工作、前途自然是一片光明，所以最终他狠心甩掉前女友，与杨梅结婚了。也正是凭借着这层关系，他毕业后，顺利地在这家全市最好的医院就职，而且有岳父的关照，没几年当上了脑外科主任。可让李勇遗憾的是，妻子太任性了，脾气又大，两人争吵不断，可看在岳父的面子上，凡事都得让着妻子三分，他觉得很压抑。加上前几年那场意外，让他和杨梅不再可能有孩子，李勇早就有了和杨梅分开的想法。可他更看重自己的前途，老丈人虽然退休了，可医院里也都是他的好朋友，说句话还是很有用的。所以，为了自己的前途，他一直不敢轻举妄动。

后来李勇还是背着妻子和护士吴玲玲好上了，而且半年前，也就是杨梅找吴玲玲谈话时，吴玲玲已经怀孕了，李勇觉得不能再和妻子耗下去了，他想和吴玲玲在一起，有自己的孩子。李勇是这么打算的，大张旗鼓地离婚肯定不行，得想个万全之策。所以他一面让吴玲玲辞职在家休养，假装和她已经分手，一面又和妻子和好如初。经过精心策划，他伙同赵磊设计了这样一个用银行卡钓鱼的圈套。这样一来，杨梅违法在先，自己再提离婚也就顺理成章了，岳父也没什么可说的了，而且还不至于影响自己的工作和地位。原来，杨梅是钻进了丈夫精心设计的圈套。

很快检察院对杨梅以涉嫌信用卡诈骗罪，提起公诉。

律师说法：信用卡诈骗罪>>>

根据我国刑法第196条的规定，冒用他人信用卡，数额巨大的即构成信用卡诈骗罪。也就是说如果行为人以非法占有为目的，而且客观上冒用了持卡人的名义，则构成此罪名。

就本案来看，持卡人用信用卡在自动取款机上使用，而此取款机对信用卡上的磁条及密码进行识别后，就允许持卡人进行取款操作。而在持卡人离开后，杨梅的操作行为，仍然是利用了持卡人的特定身份在操作，并且杨梅就是以非法占用他人钱款为目的。所以这种行为，就被认定为信用卡诈骗罪。

法条链接>>>

●《中华人民共和国刑法》

第一百九十六条　有下列情形之一，进行信用卡诈骗活动，数额较大的，处五年以下有期徒刑或者拘役，并处二万元以上二十万元以下罚金；数额巨大或者有其他严重情节的，处五年以上十年以下有期徒刑，并处五万元以上五十万元以下罚金；数额特别巨大或者有其他特别严重情节的，处十年以上有期徒刑或者无期徒刑，并处五万元以上五十万元以下罚金或者没收财产：

（一）使用伪造的信用卡，或者使用以虚假的身份证明骗领的信用卡的；

（二）使用作废的信用卡的；

（三）冒用他人信用卡的；

（四）恶意透支的。

前款所称恶意透支，是指持卡人以非法占有为目的，超过规定限额或者规定期限透支，并且经发卡银行催收后仍不归还的行为。

盗窃信用卡并使用的，依照本法第二百六十四条的规定定罪处罚。

那么李勇设局陷害杨梅，又该如何判决呢？

杨梅的律师辩护称："这次事件，完全是被设计好的，被告人丈夫李勇为一己私利，安排好了取款人，恰好在被告人取款前，输完密码，这种事件在现实生活中是几乎不会发生的，因此不应当按犯罪论处。"

那么，法院会不会考虑李勇的引诱行为作用呢？我国刑法对是否构成犯罪以及构成何种罪名，是根据法律的明文规定来判断的。在本案中，虽然李勇将一切设计好，但杨梅面对着那张忘记拔出的信用卡时，她是有选择权的，她可以寻找失主，可以将卡交给银行，或者选择离开，但她都没有，而是实施了下一步操作，利用他人信用卡，将2万元钱款据为已有。因此，前面的布局、诱惑都不能抵消杨梅在独立意思下的独立操作，这种冒用持卡人赵磊名义，取走其卡内存款的行为已经触犯我国刑法规定，构成信用卡诈骗罪，但法院考虑被告人认罪态度较好，及他人布局在先的特定情节，给予其从轻处罚，判决杨梅有期徒刑两年，缓期三年执行。

那么李勇设局陷害杨梅的行为，是否构成犯罪呢？

律师说法：罪刑法定原则在我国《刑法》中的应用>>>

刑法第3条规定实际上就是我们常说的罪刑法定原则，即法无明文规定不为罪，法无明文规定不处罚。本案中，李勇的行为虽然使杨梅陷于囹圄，但是我国刑法并未对这样的诱发犯罪的行为作出有罪规定，因此，利用的行为并不构成犯罪。此行为虽然不义，但却未被纳入法律所惩治的范围，只能由道德加以谴责。

法条链接>>>

● 《中华人民共和国刑法》

第三条　法律明文规定为犯罪行为的，依照法律定罪处刑；法律没有明文规定为犯罪行为的，不得定罪处刑。

杨梅被判刑后，和李勇离了婚。虽然李勇如愿以偿离了婚，但是却成了人尽皆知的陈世美、白眼狼，到处被人戳脊梁骨。他的情人吴玲玲，由于承受一系列的打击和外界的指责，压力过大，孩子意外流产了。吴玲玲同时也对李勇的险恶用心无法接受，两个人最终分道扬镳了。李勇再无脸面回到原来的工作单位，最终主动要求调到小医院工作。

悲剧大都是由于欲望引起！一个人如果欲望太多，生命该如何承受重负？本案中的李勇，与杨梅结识之初就是为攀附权贵，发生婚外情后更是欲壑难填，为江山、美人同时兼得，竟然百般营谋。而本案中的杨梅呢？本是值得同情的受害者，却因贪图所谓的“意外收获”，反而落入丈夫设计的局中！道德的天平会在欲望面前倾斜，但法律最终会还原事实本真，公平裁决。每个人都应当有自己的原则和底线，当有所为有所不为，否则必会自食苦果！

钱与情的博弈

金钱与情感看似两个不相关的词语，但是在现实生活中它们总是千丝万缕般难以厘清。有人想用金钱去救赎情感；有人想用情感骗取金钱。于是在钱与情的博弈中，刻画出善恶美丑。为什么炽热的情感，敌不过人性的贪婪与脆弱？为什么金钱总让情感难以招架？

本专题的主人公，在感情与金钱的角斗场上无一例外选择了金钱。一场因金钱缘起的美丽邂逅，一段因金钱缘起的婚外情……他们为此背叛爱情、亲情、道义，甚至突破了法律的底线。律师将带您走入钱、情博弈场，为您解读其中的法律玄机。

亲情、爱情，卖个好价

关键词 婚前个人财产的界定　职务侵占罪　公司独立财产权

2009年8月，北方某城市的一栋写字楼内，在三楼的走廊里排着长长的队伍，排队的人手里都拿着简历，原来这是一淼公司在招聘总经理："有请下一位!"随着喊声，一位30岁出头的男人走进了招聘办公室，他近1米8的个头看起来很魁梧。"请问你是什么学历?""职高毕业。"男人回答。"职高毕业？我们今天是招聘总经理，高职位、高薪水，你这么低的学历怎么行?"负责应聘的人诧异地问道。可这个男人却不卑不亢地说道："学历不在高低，我有丰富的工作经验，从宾馆门卫做到领班，又做到经理，凭得就是我的能力，低学历不等于低能力，我想贵公司缺少的就是我这种既有工作经验又有能力的人。""你也太狂了吧。"负责应聘的人刚要发作，却被一边的一个年轻女人拦住了，她说道："看来他很自信，但不知道是不是有真本事，就给他个机会，留下来试用一个月吧。"这个说话的女人也是30岁出头的样子，清清瘦瘦的，可却有着坚定的眼神。这个女人正是公司的负责人孙一淼。

要说起孙一淼，还真是不简单，她虽然出生在富足的家庭，可一点也不娇气，从小就勤奋好学。大学时期，当很多同学忙于谈情说爱时，孙一淼却每天都泡在图书馆，阅读了大量书籍，假期则参加各种社会实践。大学四年，孙一淼迅速地成长起来。

大学一毕业，孙一淼就开始一显身手，自己创业。凭着敏锐的眼光，她的事业渐渐发展起来。30 岁那年，她成立了这家公司，而且在同行业内还小有名气。目前，公司的势头大好，还要扩大规模，因此急需人才。孙一淼在经营中深知，千军易得，一将难求，所以，公司不惜重金招聘人才，公开招聘总经理。

可是，这样一个重要岗位，招聘了一个职高毕业的，孙一淼的部下都不太服气，禁不住窃窃私语："老板是不是看中他长得精神啊？""是啊，比他优秀的那么多，怎么偏偏选中他了呢？"

那个男人叫王得力，看起来是相当的自信，可他凭什么这么自信，难道他真有超强的实力？果真能胜任这份工作吗？

试用期间，王得力拿出十二分的干劲，对公司交办的事情，他既有效率又有成果，几乎让所有人刮目相看。更重要的是，他凭借自己的专业水准和市场敏感度，准确抓住机会，帮公司谈成了一笔大买卖，可以说是立下大功。凭借出色的表现，试用期过后，王得力顺利被公司录用了，正式成为了公司总经理。

可王得力的到来，也带来了一场风波。这又是怎么回事呢？

一天上午，孙一淼正在接待客户，突然听到外面传来吵闹声。她很生气，谁这么不懂事，到公司里吵架，这给客户留下多不好的印象啊。她快步走出来，看见一个年轻女人正在斥责王得力："你算什么呀，不就是一打工的吗？"而那个女人不是别人，正是自己的表妹小雪。

小雪是孙一淼舅舅的女儿，是和她从小玩到大的。舅舅的家境一直不太好，孙一淼的母亲暗地里没少接济他们一家，对小雪更是视如己出。可小雪贪玩，不爱学习，勉强上了一个大专，毕业后也没有合适的工作。在母亲的建议下，孙一淼就让小雪到自己公司，让她做了销售部门的总管。好在她头脑灵活，人又漂亮大方，工作也十分卖力，工作业绩倒也让孙一淼满意。在生活上，两姐妹也从来是无话不谈。

可小雪偏看新来的王得力不顺眼，觉得原本自己最受重视，可自从王得力来了后，姐姐就不那么重视她了，所以她把王得力视为眼中钉，总找他的麻烦。今天，王得力一早就把她的下属安排出去谈业务了，她一下子就急了："你还把我放在眼里吗？你是总经理不假，可我是销售部总管，派我的人总得和我打声招呼吧。"孙一淼明知道是小雪不讲理，可她毕竟是自己妹妹，还是护着小雪，说："王得力，你这样可不行，下次注意啊。"一边又对小雪说："算了，都是为了工作，我这儿还有客户，你别吵了。"这才平息了这场争吵。

可王得力却觉得委屈，自己替公司着想，却反被孙一淼姐妹俩指责，一直闷闷不乐。孙一淼当然看得出他有情绪，也知道自己理亏，于是特意找了一天，主动约王得力吃饭。没想到这次吃饭，开启了一段好姻缘……

孙一淼是个典型的女强人，可由于她太专注于事业，把感情问题就忽略了，一晃已经32岁了，还是单身。亲戚朋友没少给她介绍对象，可事业平平的男人，她瞧不上，说对方没能耐；可事业有成的男人，又不喜欢她这种风风火火的，觉得没女人味。就这样高不成，低不就的。

然而这个女强人，见到王得力第一面，就觉得他高高大大，有种值得依赖的感觉，尤其是王得力在工作上大显身手后，更让孙一淼高看了一眼。这次两人单独相处，彼此聊了很多。二人发现两个人在事业上有很多共同的观点，这让他们的距离一下缩小了很多。就这样一个未娶，一个未嫁，又都是职场精英，在频繁的工作交往当中，两人相恋了。

沉浸在爱河中的两个人，忙完手头的几件大生意，就迫不及待地选了良辰吉日举行了盛大的婚礼，爱情事业双丰收的两个人憧憬着未来的美好生活。

一晃半年过去了，孙一淼怀孕了，两家老人一听要抱孙子，是既激动又担心。因为孙一淼也算高龄产妇了，为了不出什么闪失，全家人决定，要孙一淼停下一切工作，并且由王得力的母亲专门来照顾儿媳妇。

孙一淼觉得，现在公司蒸蒸日上，势头不错，老公也能独当一面，所以也就安心在家待产了。

转眼间，十月怀胎有了美好结局。当年冬天，孙一淼生下了个白白胖胖的儿子，全家都欣喜若狂。孙一淼更是觉得无比幸福——事业有成，家庭和美，还有什么不知足的呢？如果日子就这样继续下去，该有多好！可是，有句话叫身在福中不知福，一件事情的发生，让这所有的幸福都成为了泡影！

刚生完孩子那会儿，孙一淼完全沉浸在当妈妈的幸福中，对其他事情都不太关注，可这种生活常态化后，她觉得有些不大对头了。孙一淼发现，丈夫回家越来越晚了，到了家，也是抱着儿子不舍得放手，和孙一淼却话很少。刚开始孙一淼以为他工作忙，晚上还要帮着照看儿子，太累了，并没太在意，可她渐渐发现并非如此。在工作上，王得力不再像以前那样事无巨细，什么都和自己汇报。现在孙一淼问他公司的业务，他总是顾左右而言他，轻描淡写地说两句。在感情上，她感到丈夫与自己也不那么亲密了，甚至有意躲避自己。虽然没什么真凭实据，可女人的直觉让她觉得不对头。

丈夫是不是有外心了？不会有别的女人了吧？她思来想去："对了，这事可以问问小雪啊。"

当她找到小雪，把自己的担心和盘托出时，小雪惊讶地睁大了眼睛："怎么会呢？姐夫一心扑在工作上，这是大家有目共睹的啊。你就不要乱想了，姐夫绝对不会做对不起你的事的。"孙一淼见一向对王得力有成见的小雪都这么说，心放下了一半，说："可是，我有一种感觉，觉得他离我越来越远了，他好像有什么事瞒着我。"孙一淼还是有些不放心。小雪想了想，说道："那这样吧，姐，我们可以想办法试试他，如果没事你就可以彻底放心了。"孙一淼说："好啊，可怎么试呢？"小雪成竹在胸地说："很简单，你看，你可以和姐夫说带孩子回娘家住一周，然后住个两三天，不打招呼就回来，搞一次突击检查。怎么样？"孙一淼想了一下："嗯，这办法不错，正好我也想我妈妈了，还是你聪明。"小雪不好意思地笑笑："你把心思都用在读书和事业上了，哪有精力动这些歪脑筋。""哈哈，有个妹妹就是好。"孙一淼高兴地说。

孙一淼按小雪的建议，和丈夫说要回娘家住一周，于是孙一淼从婆婆家里接过孩子，回娘家了。在娘家住的几天，她心神不安，强忍着住了四天，就告别了父母，抱着儿子悄悄回家了。晚上九点半，孙一淼到了家门口，她的心快速地跳动着，她真怕打开门看到她不想看到的一幕。她用钥匙轻轻地开了门，抱着熟睡的儿子走进卧室，只见王得力睡得很沉，一切都很正常。孙一淼如释重负般长吁了一口气，看来是自己太多心了，丈夫肯定是因为工作太忙太累，忽略了自己。

解除疑虑的孙一淼，又全身心地投入到工作中，可正当孙一淼完全信任了丈夫的时候，一件意想不到的事发生了。

一天，孙一淼一早起来，就觉得不大舒服，天旋地转的，就和丈夫说："得力，今天不知怎么了，头晕得厉害，我就不去了，单位的事就交给你了。"王得力关切地说："好的，你在家好好养病，有什么问题给我打电话。"并照看着孙一淼躺下，才上班走了。

孙一淼躺在床上就又睡着了，一觉醒来，已经是下午三点了，孙一淼饿得肚子咕咕叫，正琢磨给老公打个电话让他带点吃的回来，可突然接到一个电话，有个重要客户从外地过来了，没办法，她只好穿上衣服，直奔单位。

到了公司，却找不到丈夫，就问同事："王经理呢?"同事们躲闪着回答："今天没来上班。""不可能啊，他明明来单位了，今天也没有跑外联的业务啊?"这时，她想到了小雪，于是又问："小雪呢?"同事的表情，却又是一阵惊慌，甚至不敢看她的眼睛，支吾着说："也没有来，好像病了。"孙一淼下意识地说："他俩都没来?"却看到同事的脸"腾"一下红了，连忙解释道："孙总，我不是这个意思。"孙一淼猛然意识到什么，身上一阵发冷，她也顾不得什么客户了，一言不发，直奔小雪住处而去。

到了小雪家楼下，她看见丈夫的车居然停在那里，她一下悲痛到了极点，竟然不知道该做什么，呆呆地站在那，不敢上楼。可接下来的一幕，却让她无论如何也没办法回避了，只见丈夫和小雪高兴地从楼道里出来，两个人还手牵着手。他们看到孙一淼也一下子僵在那里。王得力立刻甩开小雪，走向孙一淼，尴尬地说："老婆，你怎么来了？我，我有点事找小雪。"小雪低下了头，却说出了孙一淼最不愿意听到的话："既然都碰上了，就别瞒了，姐，我们是在一起了……"孙一淼愤怒到了极点，吼道："小雪，王得力，你们、你们俩还要不要脸？”小雪却不服气地说：“姐，感情是自私的，没有对错，既然得力爱的是我，你就行行好，把他让给我吧。”“小雪，你还当我是姐姐吗？你不知道他是我丈夫吗？你不知道我们有个刚出生的儿子吗？你的良心喂狗了吗？”平日高大英俊的王得力，这时已经吓得不知道该说什么，慌乱地说：“老婆，你原谅我们吧，我和小雪都是一时冲动，我们马上、立刻分开，绝不骗你。”小雪听完，气得大哭大喊：“王得力，你还是男人吗，你当初怎么说的？不是说最爱的是我，早就受够了孙一淼吗？”边说边冲向王得力拳打脚踢，王得力一下子不知所措。

这究竟是怎么回事，小雪不是讨厌王得力吗，两个人怎么会走到一起了呢？

原来，孙一淼回家待产时，曾一再叮嘱王得力凡事要和小雪商量着来，毕竟是一家人。而王得力毕竟是个大男人，就不计前嫌，对小雪的意见也很尊重，一来二去，小雪竟然对王得力由敬佩变成了好感，有事没事缠着王得力问这问那，而王得力也发现小雪任性、爱撒娇，不像孙一淼凡事有板有眼，不懂浪漫。二人比较，王得力心中的天平渐渐倾向了小雪。在一次出差当中，二人越过了最后一道防线，成了情人。所以，在孙一淼发现异样，找小雪商量时，小雪才故意替她想办法，让孙一淼消除了疑心。

原来一切都是设计好的。孙一淼心痛到了极点，如果不是亲眼所见，她无论如何不会相信，两个最信任、最亲近的人，联手背叛了她！这像刀子直捅心窝！她一个人跑回家，把门反锁上，任王得力怎么敲门也不开。是啊，这种打击谁又能受得了呢？第二天一早，孙一淼来到公司，第一件事，就是召开早会，当着所有同事的面说道：“俗话说，家丑不可外扬，可我的家丑，是全公司人都已知道，唯独我最后知道的。”说实话，员工们的确早都看出王得力和小雪不正常，可这种事，怎么和领导汇报啊，所以只是在心里都很同情孙一淼。孙一淼接着说：“既然都公开了，我就有话说在明处。我正式宣布，由于公司和小雪、王得力订立的聘用合同刚好到年底到期，公司不再续签合同，需要交接什么工作，大家都提前做好准备。好了，散会。”这个决定，虽在情理之中，却也好像平地炸雷。王得力怎么也没想到妻子会这么决绝，他追到妻子办公室，激动地说：“老婆你就原谅我吧，我真的知道错了。再也不敢了。”孙一淼冷冷地说：“我的脾气你应该了解，废话少说，卷铺盖走人吧。对了，明天把离婚手续办了吧。”王得力当然了解孙一淼是说一不二的人，看来一切都已成定局，再说什么也都是白费口舌。“既然这样，我就不废话了。”他狠狠地说：“离婚可以，但公司财产你得分我一半。”孙一淼没想到他竟然这么无耻，几乎是咆哮着说：“公司是我的，我谁也不给，你别做梦了。”王得力冷笑道：“看来我们协商不成，那就法庭见吧。”

很快，孙一淼果真收到了法庭传票，正是王得力起诉和她离婚，并要求分割公司的一半财产。孙一淼不禁倒吸一口冷气，这是自己曾经爱过的男人吗？离婚大战开始了，两人针锋相对。法院经过审理认为，此公司是在婚前由孙一淼创办的，故属于孙一淼婚前个人财产，但在婚后，公司所产生的收益则属于夫妻共同财产。所以最终法院判决结果是，孙一淼继续经营公司，但婚后的公司收益是夫妻共同财产，分配给王得力一半的公司收益共计50万元。

律师说法：婚前个人财产的界定>>>

根据婚姻法，一方婚前财产在婚后依然是个人财产，在离婚时是不会作为共同财产被分割的，那么什么样的财产是个人财产呢？

本案中，一淼公司作为孙一淼婚前创办并经营的公司，属于其婚前个人创办的，所以在离婚时王得力请求分割一淼公司的诉讼请求没有得到法院支持。但是根据婚姻法中关于共同财产的规定我们知道，在婚姻存续期间的生产、经营收益为夫妻双方的共同财产。所以本案中法院分给了王得力在其与孙一淼夫妻关系存续期间一淼公司的经营收益50万元。

法条链接>>>

●《中华人民共和国婚姻法》

第十八条　有下列情形的之一的，为夫妻一方的财产；

（一）一方的婚前财产；

（二）一方因身体受到伤害获得的医疗费、残疾人生活补助费等费用；

（三）遗嘱或赠与合同中确定只归夫或妻一方的财产；

（四）一方专用的生活用品；

（五）其他应当归一方的财产。

这可真是丢了丈夫又破财啊！这件事对孙一淼打击特别大。相反，王得力和小雪却是非常得意。他们自认为成为了这场婚姻大战的赢家，干脆光明正大地在一起。他们把父母的阻止全当耳旁风，开始计划着出国旅行。可有句话叫乐极生悲，又一件事的发生，让两个人都有些追悔莫及。

究竟发生了什么事呢？离婚两个月后的一天，王得力突然被公安局传唤。一头雾水的王得力来到公安局，“你好，有人举报，说你在担任一淼公司总经理期间，利用职务之便拿走了公司5万元。”警察严肃地问道。“公司都是我们家的，拿5万，就是拿50万又怎么样？”王得力理直气壮地说。办案人严肃地说：“请你直接回答问题，你有没有拿公司的钱？”在大量证据面前，王得力最终交代：原来，王得力利用妻子在家坐月子期间，和小雪合谋，将公司的销售所得货款5万元，没有入账，直接据为己有了。而且这笔钱很快就被二人吃喝玩乐花掉了。小雪对此事的说法也与王得力一致。

由于案件证据确凿，二人又供认不讳，所以很快，公安局以二人涉嫌职务侵占罪，对二人逮捕，并很快移送公诉机关提起公诉。在法庭上，公诉方认为：王得力担任公司总经理，小雪担任公司销售部经理，在职务上均有直接获得公司销售货款的便利，二人合谋将此笔公司所得据为己有，并且数额较大，故已经构成职务侵占罪。

律师说法：职务侵占罪>>>

根据刑法第271条规定，职务侵占罪的主体是特殊主体，是公司、企业或者其他单位的人员。在行为内容上要求其利用职务之便将数额较大的单位财务非法占为己有。其中，利用职务上的便利是指利用自己主管、管理、经营、经手单位财务的便利条件。同时，根据相关的司法解释，职务侵占罪的数额较大一般为5000至1万元。

本案中王得力与小雪在身份上分别是一淼公司的总经理和销售主管，两人利用自己职务上主管销售款项之便，将公司5万元销售款非法据为己有，在主观上具有非法占有的目的 ，完全符合职务侵占罪的构成，故小雪与王得力应当构成职务侵占罪。

法条链接>>>

●《中华人民共和国刑法》

第二百七十一条　公司、企业或者其他单位的人员，利用职务上的便利，将本单位财物非法占为己有，数额较大的，处五年以下有期徒刑或者拘役；数额巨大的，处五年以上有期徒刑，可以并处没收财产。

国有公司、企业或者其他国有单位中从事公务的人员和国有公司、企业或者其他国有单位委派到非国有公司、企业以及其他单位从事公务的人员有前款行为的，依照本法第三百八十二条、第三百八十三条的规定定罪处罚。

王得力却不服气：这个公司整个都是孙一淼的，而当时我们俩是夫妻啊，她的就是我的。我们在离婚时，法院都认定公司收益有一半是我的。既然是我的，我拿走5万元又为何不行呢？怎么能构成犯罪呢？她孙一淼这是公报私仇，我不服。

王得力的辩护意见听起来也很有道理，那么法律是如何规定的呢？难道说自己家开的公司，公司的钱也不能拿吗？

律师说法：公司独立财产权>>>

根据公司法第3条的规定，可以看出公司的财产是独立于股东个人财产的，公司享有独立的财产权。也就是说一个人，或若干个人拿出一笔钱作为注册资金，成立公司。公司一经成立，这笔钱就是公司的财产，用于公司的经营，不再是股东个人的了，任何股东都不能再随意从公司中拿钱。只有在公司分成时，股东可以分得红利。所以尽管这个公司是孙一淼一个股东的公司，但就连她自己也不能将公司的钱私自拿走，何况其他人呢？因此王得力擅自从公司拿钱，受到了法律制裁。

法条链接>>>

● 《中华人民共和国公司法》

第三条　公司是企业法人，有独立的法人财产，享有法人财产权。公司以其全部财产对公司的债务承担责任。

有限责任公司的股东以其认缴的出资额为限对公司承担责任；股份有限公司的股东以其认购的股份为限对公司承担责任。

法院最终判决王得力构成职务侵占罪，并且数额较大，但考虑到王得力在归案后主动返还了赃款，最后法院判处王得力有期徒刑1年6个月，小雪作为从犯，被判处有期徒刑1年。

亲情、爱情是人类最宝贵的财富，是用金钱无法衡量的。在这起案件中，孙一淼不仅钱财受损，更悲惨的是，同时遭遇亲情、爱情的大洗劫，不知道她的伤口何时能愈合。而王得力和小雪呢，偷情又偷钱，换来的是亲友的谴责，法律的惩戒，这种价值交换，他们认为值得吗？

人生会遇到什么，我们无法选择，但至少我们可以选择如何面对。本案中王得力不也曾与妻子相见恨晚，不也曾山盟海誓吗？但当激情退却之后，面对真切、平淡的生活，却又另觅“新欢”。小雪对表姐就不曾心怀感恩，就不曾情同手足吗？但面对“姐夫”的男人魅力，就将亲情全然抛于脑后。他和她宁愿抛开曾经的亲情与爱情，追求“过界的情感”。将来的某一天，他们也许会感悟：他们曾经所拥有的，正是他们所找寻的！

婚姻的企图

关键词 民事诉讼中准予撤诉的条件　抢劫罪　非法拘禁罪

2011 年 11 月 19 日，已经是深秋了，北方城市的一栋住宅里，一对老夫妇焦急地在屋内来回踱步，像热锅上的蚂蚁一样，眼睛不时地盯向沙发旁的电话。突然电话响了起来，两个老人激动地同时奔向电话，老头儿抢着接起电话，焦急地问道："喂，是大斌吗？""你好，这里是公安局。王志斌找到了。现在市医院做检查，你们到医院来吧。""找到了？在医院？他受伤了吗？严不严重？"老人焦急地发出一连串的问题。电话那头回答道："你放心，人没有生命危险，具体情况，到医院再谈吧。"老头儿放下电话，对老伴说："快，去市医院，儿子找到了，这会儿在医院呢。"老两口拿起外套急匆匆地奔向医院。

他们以最快速度到了医院，只见两名警察搀着一个蓬头垢面、破衣烂衫的中年男人，正坐在医院走廊里。老两口走近一看：只见那中年男子胡茬老长，眼睛通红，脸上还有多处淤青。他的袖子和裤腿都破了，身上也有多处淤痕。老两口几乎不约而同地喊道："志斌，你这是怎么了？你可吓死我们了！"说着一下子抱住那男人。三个人抱头痛哭！

这是怎么回事啊？这一家究竟遇到什么难事了？连公安局都介入了。

这满身伤痕的男子正是老两口的儿子王志斌。王志斌是个孝顺的儿子，虽然工作很忙，但他每天都或早或晚抽空和他们二老通个电话，问候一下。11 月 17 日这天王志斌没给家里打电话，老两口以为儿子工作太忙抽不出时间。18 日，老两口等了一天还是没等来电话，这老两口可有点着急了，不会出什么事吧？于是就给儿子打电话，却一直没打通。他们又给儿子单位打电话，单位说这两天他没来，不知道去哪儿了。这下可把老两口急坏了。这是怎么了？他们倒是知道儿子最近家里不太顺心，正和儿媳妇刘燕闹离婚呢，是不是他们小两口又吵架了？于是二老就直接去了儿子家里。开门的正是儿媳妇刘燕，看到是公公婆婆，也没好脸色，皱着个眉头说："这么晚了，你们怎么来了？"王志斌的母亲说："刘燕呀，大斌在家吗？他这两天都没给我们打电话，我们有点不放心。"刘燕不耐烦地说："他不在家，我哪知道他去哪儿了，他都那么大的人了，会有什么事啊？""他电话关机，单位也没去，不会出什么事吧，要不我们报警吧。"老两口焦急地说。"报警？不至于吧！他也许开会或是出差了，过两天就回来了，你们就别大惊小怪的了。"无论老两口再说什么，刘燕就是一句话："没事，你们就别瞎操心了。"老两口只好无奈地回去了。这一晚老两口几乎都没睡，一直在给儿子打电话，可是一直没能打通。19 日一大早，老两口实在等不及了，干脆报了警。

听说人都消失三天了，警方也很重视，立即开始查找。在接警 5 个小时后，警方终于在王志斌闲置已久的一处老房子里找到了他。警方发现他时，他被绑在椅子上，嘴里还塞着破布。看到他身上有伤，办案人立即将王志斌送到医院检查，同时打电话通知了王志斌父母。

原来王志斌是被绑架了。可他为什么会受此劫难呢？难道是得罪什么人了吗？又怎么会被绑在了自家的旧房子里呢？

说起王志斌，可是白手起家，年轻有为。精明能干的他从一开始的打工仔，到现在汽车配件厂的总经理，完全是自己奋斗出来的，年仅 40 岁的他已经身家千万了。这么看来，难道是王志斌树大招风？绑匪是图财而来的吗？

此时在医院的王志斌已经检查完身体，除了一些皮外伤倒没有什么大的问题。两名警察将王志斌及他的父母一起带回公安局，了解情况："你是什么时候遭到歹徒绑架的？谈一下具体细节。"王志斌稳定了一下情绪，回忆说，11 月 16 日晚上，他到闲置的老房子去取些东西，拿出钥匙刚打开门，就觉得脑袋被重重地击了一下，随后便失去了意识。等醒来时他已经被绑在了椅子上。绑匪是两个男人都带着头套，看不见脸，大概都在 1 米 8 左右，穿着深色的衣服。看他醒了就问他的银行卡号和密码。刚开始他告诉绑匪一个 2 万元的账号，可绑匪去银行取完钱，回来就把他打了一顿，他们嫌钱太少。“那后来呢，你又给他们钱了吗?”办案人问道，王志斌无奈地说道：“我没办法，他们似乎知道我的身份，认准我有更多的钱，我为了安全起见，最后把那张 100 多万的银行卡号和密码都给了他们。”王志斌又接着说：“两个绑匪在确认了钱数和密码之后就走了，但他们却没有把王志斌放开，就把他留在了那间房子里。“你再想想，还有什么细节?”办案人又问道，王志斌想了想说：“听他们说话，没有什么口音。应该是本地人。对了，他们走前还给人打了个电话，似乎谈到关于钱的事，由于离得远我没听清楚。”难道他们还有别的同伙？办案人本能地想到。看看再也问不出什么了，就嘱咐王志斌，想起什么随时通知办案人。于是王志斌同父母一起回家了。

警方立刻展开了侦查，通过到银行取款的录像很快锁定了嫌疑人。一周后，两名犯罪嫌疑人归案。原来这两个人是王志斌所住小区的保安。据他们交代，他们见到王志斌经常开着豪车出出进进，就起了歹心。两个人一合计，就于案发当日一直尾随王志斌，并趁王志斌进屋取东西时，将其绑架，索取钱财。

案件似乎已经真相大白了，可办案人却发现两个百思不得其解的疑点。一是这两个人只从王志斌账户中取出了一半 56 万，还剩了钱没取，这是为什么呢？此外，嫌疑人拿走的赃款不知去向。短短一周时间，这两个人索走的钱却拿不回来，都说花了。可问买什么了，花哪儿了，却是各说各的，完全对不上账。这是怎么回事呢？办案人总觉得，这两个人似乎隐瞒了什么。办案人猛然想起，王志斌当时交代的一个细节，就是两个人拿到银行卡和密码后曾经打了个电话。他们会打给谁了呢?

办案人当然不会放过任何一个细节，他们立刻查找那个电话的去向。没想到，这一查居然真的有了令人吃惊的发现，他们查出了一个神秘人物。

办案人查出，那天接听绑匪电话的不是别人，而是王志斌的妻子刘燕。当警方说出这个重大发现时，两名犯罪嫌疑人也只好说出了事实的真相。

原来幕后真凶竟然是王志斌的妻子刘燕。夫妻俩怎么会闹到这个地步？两个人是在闹离婚，可是感情破裂，就要用这种方式取得财产吗？他们背后究竟有着什么样的纠葛呢？

这还得从两个人的结合说起。王志斌离过一次婚，他想再组建一个家庭，可又总怕女人是冲着他的钱来的，所以对人一直很提防。王志斌工作之余，常去健身房。他和刘燕第一次邂逅就是在健身房。王志斌刚刚健完身，大汗淋漓正往浴室走，正巧刘燕刚洗完澡从浴室出来，两人正好碰了面。不知是不是因为地上有水，刘燕不小心一个踉跄，王志斌一个箭步走过去扶住她。后来更巧的是王志斌出来到大厅休息时，又碰到了刘燕，两人便聊了起来，并且还互留了电话。就这样，两人相识了。

从那天起，王志斌每次在健身室，几乎都会看到刘燕，渐渐地，两人熟了起来。王志斌了解到，刘燕今年30岁，单身，是个“官二代”，父亲是某市地税局的局长，不过因为心脏病已经去世。看刘燕的穿着打扮，也能看出家产颇丰。两人很谈得来，刘燕对王志斌也经常暗送秋波，关心备至。很快两人确立了恋爱关系。起初王志斌还是处处提防，花钱不很大方。可刘燕正好和他截然相反，经常给王志斌买这买那，还清一色的名牌，就没看到过女人有这么阔气的。后来发生的一件事情，让王志斌彻底放下了戒心。一次王志斌过生日，刘燕故作神秘地说：“志斌，我特意给你准备了一件生日礼物，你猜猜看，会是什么呢？”王志斌猜了老半天，也没猜到，这时刘燕把一个青花瓷瓶递了过来说：“还记得上次你去我家，看到这个青花瓷瓶你就特别喜欢吗？这是我父亲生前留下的传家宝，当时我没舍得给你，是因为这是我父亲留下的，是个纪念。可既然你喜欢它，而你又是我的最爱，我就把它送给你，反正连你也是我的。”王志斌当时简直呆住了，因为上次刘燕就给他看过这瓷瓶的鉴定书，价值60万人民币呢！王志斌感动得一塌糊涂，当时就下定决心今生非刘燕不娶了。3个月后，二人就登记结婚了。

可是结了婚之后，王志斌发现刘燕渐渐变了，总因为钱和他计较。成天向王志斌要钱买这个买那个，性格也不像婚前那么温柔体贴，不给钱就摔摔打打、又吵又闹。一天，刘燕向王志斌要钱说是换新车，近期王志斌资金周转也遇到了困难，就干脆回绝了妻子的要求，结果两人为此吵了起来。"你说你一天除了要钱、花钱还能干点什么？整个人就像个寄生虫，你是不是要把我榨干了你才算达到目的？"王志斌冲着刘燕怒吼。"男人给女人花钱是天经地义的，我把我的传家宝都给了你，你还有什么不知足的。看你这样真不像个男人。"刘燕反击道。这话可把王志斌惹恼了："你有做妻子的样吗？家务家务不做，公司让你帮忙你还嫌烦。那好，在家养个孩子总可以吧？你又说怕破坏了体形，我真是受够了，实在不行，我们就离婚吧！"刘燕听到"离婚"二字，一下子炸了，干脆提出：离婚可以，但家产得分她一半。一听又是钱，王志斌火冒三丈："你还想要钱，这两年你花的都是我的钱，你花得还少吗，车可以给你，钱没有。"说完，王志斌便摔门走了。

真是家家有本难念的经啊，事业成功的王志斌这已经是第二次婚姻了，难道又要轻易地结束了吗？

一天王志斌正在公司忙着下订单，这时有两名穿着制服的人来找他："请问你是王志斌吗，我们来给你送起诉状。""起诉状？最近生意挺顺的，没和哪个客户有争执啊。"王志斌边说边接过起诉状，竟然是他的妻子起诉离婚。王志斌被气得脸通红，将传票摔到桌子上说道："刘燕呀刘燕，有好日子你不过，你还来劲儿了。离就离。"王志斌等着法院开庭，可谁知没过多久，王志斌接到法院的通知，说是刘燕撤诉了。原来刘燕在收集证据时发现，她对王志斌的财产状况一无所知。这两年来只是王志斌给她钱，她却不知道王志斌每月的收入是多少，都存在哪张卡里。所以如果离婚，她可能一分钱也拿不到。见占不到便宜，刘燕便撤了诉。

律师说法：民事诉讼中撤诉的条件>>>

在民事诉讼中，公民享有诉讼的权利，当自己的权益受到侵害时可以选择通过诉讼的手段维护自己的合法权益。但是如果进入了诉讼程序，当事人是否可以任意撤诉呢？

根据《中华人民共和国民事诉讼法》与《最高人民法院关于适用〈中华人民共和国民事诉讼法〉若干问题的意见》的规定，当事人有申请撤诉的权利，但是是否准许由法院裁定。如果当事人有违反法律的行为需要依法处理时，法院是可以不准予其撤诉的。

本案中，刘燕起诉王志斌离婚的行为，并未涉及国家、集体、第三人的利益，也并未有任何需要处理的违法行为。那么按照我国的法律规定，作为原告的刘燕是可以申请法院撤诉的，而法院一般也会裁定准予撤诉。

法条链接>>>

●《中华人民共和国民事诉讼法》

第一百四十五条　宣判前，原告申请撤诉的，是否准许，由人民法院裁定。

人民法院裁定不准许撤诉的，原告经传票传唤，无正当理由拒不到庭的，可以缺席判决。

●《最高人民法院关于适用〈中华人民共和国民事诉讼法〉若干问题的意见》

161. 当事人申请撤诉或者依法可以按撤诉处理的案件，如果当事人有违反法律的行为需要依法处理的，人民法院可以不准撤诉或者不按撤诉处理。

两人虽然婚没有离成，但是当初的感情已经荡然无存。刘燕撤诉，只是缓兵之计，目的就是查清丈夫的财产状况。而王志斌呢，更是戒心十足，开始转移财产，所有的银行卡都藏了起来，还时不时赶刘燕走。刘燕不走，王志斌就派人把家里贵重的东西一样一样地搬走，放在他那闲置已久的房子里。王志斌的举动把刘燕激怒了。刘燕心想，你无情就别怪我无义。刘燕经过一番计划，终于决定雇用小区内的两名保安，逼迫丈夫交出财产来。两名保安想，妻子管丈夫要钱，应当没多大点事，也就很快答应了刘燕的要求。于是就上演了一开始王志斌失踪被绑架的一幕。两名保安拿到银行卡后，按刘燕的指示，只取出其中一半交给刘燕，钱到手后刘燕也按约定给了两个保安一共5万元钱。可法网恢恢，疏而不漏，几天的工夫，嫌疑人就全部落网，身处幕后的刘燕也没能成为漏网之鱼。

听到事实真相的王志斌，暴跳如雷。一日夫妻百日恩，他怎么也没想到，妻子为了钱什么手段都用，他一天也无法忍受了。得知真相的第二天，他就向法院起诉要求与刘燕离婚。

于是在审判刘燕刑事犯罪之前，夫妻俩先开始了离婚大战。而核心问题自然还是二人的财产分割问题。虽然刘燕犯法了，但她毕竟已经掌握了王志斌的财产状况，所以干脆提出，她派两个保安从王志斌账户中取出的56万元正是夫妻共同财产的一半，理应归自己所有。王志斌却不服："婚后这两年，我每天起早贪黑，她只知道吃喝玩乐，每月刷卡至少5万，还买了车，她凭什么还要分我的钱。"

法院经审理认为,通过银行账单明细，可以证明王志斌名下的112万元的确是两人婚后存入的。虽然刘燕没参与公司经营，可依法婚后一方所得也应为夫妻共同财产，故应当分给刘燕一半。此外，刘燕婚前赠给王志斌的青花瓷瓶，刘燕不承认了，坚决说那是她婚前个人财产。王志斌又没有任何证据，是哑巴吃黄连有口说不出啊。法院最终判决，王志斌与刘燕离婚；112万元为夫妻共同财产，王志斌与刘燕各分得56万元；古董为刘燕婚前个人所有。

离婚案件以刘燕的胜出而告终，可接下来就是对刘燕与两个保安的审判了。一天，刘燕一个朋友突然找到王志斌，提出："刘燕托我转达你，她诚心向你道歉，为表达她的诚意，这个瓷瓶还给你。"说完那个朋友直接将那件传家宝放在了王志斌面前。王志斌很意外："她真是这么想的?""是的，她只希望能求得你的谅解，并希望你能向法院表达你的意见，在量刑时能尽量轻些。"王志斌当即表态："你放心，我一定会替刘燕向法院求情的。"

这样一个结果，也算不错，毕竟二人不至于结仇啊！

很快，刘燕和两个保安的案件开庭了，当法院征求作为被害人王志斌的意见时，他却气冲冲地说道："我坚决要求对刘燕严惩!"这是怎么回事啊，王志斌怎么会出尔反尔呢？

看他这种态度，刘燕急了：“王志斌，瓷瓶你都收了，你不能落井下石啊！”王志斌却气哼哼地拿出一张纸，指着刘燕说：“你拿我当猴耍是不是？”原来王志斌拿到瓷瓶后，却总觉得不对劲，刘燕为争56万元找人把我绑了，现在却肯将价值60万元的瓷瓶拱手相让？他越想越不对劲，为保险起见就找人给瓷瓶做了个鉴定。谁知鉴定发现瓷瓶竟然是个仿真品，在地摊上几百块钱就能买下来。这下王志斌真是被激怒了，你这不是戏弄我吗，真瓷瓶不给我就算了，还拿个假的来蒙我。他手里拿的那张纸正是鉴定结论。这下子，刘燕一下瘫软在地上，哭了起来：“志斌，你让我去哪弄真瓷瓶啊，你就原谅我吧。”她接下来的一番话，更是让人吃惊不小。

原来刘燕根本不是什么“官二代”，她的父母只是普通的农民，为了改变自己一直贫困的处境，她来到了大城市。为伪装自己，她透支信用卡买名牌，出入高档场合，一心想钓条大鱼。一个偶然的机会，她在健身房结识了王志斌，她想尽各种办法要抓住这棵摇钱树。为表明诚意，她特意在地摊上花了600元钱买了一个普通的瓶子，并做了一个假鉴定书。然后又将这个所谓“价值几十万的传家宝”送给了王志斌。这招果然奏效，两人闪婚。婚后刘燕当然就露出真面目了，于是两人结婚不到两年就开始闹离婚。这两年里刘燕早就花大钱花惯了，没有工作的她哪能这么轻易地放开摇钱树，于是便上演了雇人勒索王志斌要钱的一幕。

如今，虽然她被抓获归案，可为了求得轻判，她要做最后的挣扎。于是她欲擒故纵，在离婚案件中争到那个假瓷瓶，回头再送给前夫，也算是个人情。这样如果被害人表示谅解，就可以从轻判刑了，没想到却又一次被揭穿了。法庭上，人民检察院对刘燕以抢劫罪提起公诉，而刘燕的辩护律师却辩护道：“刘燕的行为虽然违法，但王志斌的那份钱原本就是夫妻共同财产，而且刘燕也只拿走了属于她的那一半，所以不构成抢劫罪，应当认定为非法拘禁罪。”

律师说法：抢劫罪>>>

根据刑法第263条的规定夫可以看出抢劫罪是以非法占有为目的，当场使用足以压制对方反抗的以暴力、胁迫或者其他强制的方法，强取公私财物的行为。抢劫罪的目的是违反被害人的意志将财务转移给第三人或者自己占有，且要求行为人以暴力、胁迫等强制方法压制被害人反抗与夺取财产之间具有因果关系。抢劫罪所保护的法益是他人财产和人身权利。

本案中刘燕指使小区保安将丈夫王志斌打晕并且绑住，达到了足以压制对方防抗的程度，并且要求王志斌交出钱财的行为，也具有非法占有为目的，且压制王志斌反抗的行为与最后取得钱财有因果关系。但是通过上面的分析我们知道抢劫罪保护的法益是他人的财产和人身权利，而本案中刘燕强行得到的只是她与王志斌的夫妻共同财产，并未侵犯刑法所保护的法益。因此，刘燕的行为不构成抢劫罪。

法条链接>>>

●《中华人民共和国刑法》

第二百六十三条　以暴力、胁迫或者其他方法抢劫公私财物的，处三年以上十年以下有期徒刑，并处罚金；有下列情形之一的，处十年以上有期徒刑、无期徒刑或者死刑，并处罚金或者没收财产：

（一）入户抢劫的；

（二）在公共交通工具上抢劫的；

（三）抢劫银行或者其他金融机构的；

（四）多次抢劫或者抢劫数额巨大的；

（五）抢劫致人重伤、死亡的；

（六）冒充军警人员抢劫的；

（七）持枪抢劫的；

（八）抢劫军用物资或者抢险、救灾、救济物资的。

律师说法：非法拘禁罪>>>

通过刑法第238条的规定，我们可以看出，非法拘禁罪的行为对象是他人，并且要求认识到其自由被剥夺的事实。行为内容为非法拘禁他人或者以其他方法剥夺他人的身体自由，且不具有违法阻却事由。非法拘禁罪保护的法益实际为他人现实的身体活动自由。

本案中刘燕指使两名保安将王志斌绑在其老房子中，实际上是剥夺了王志斌的身体活动自由，侵犯了刑法所保护的法益，且王志斌意识到自己的人身自由被剥夺。所以刘燕以及两名保安的行为符合绑架罪的构成条件。

法条链接>>>

● 《中华人民共和国刑法》

第二百三十八条　非法拘禁他人或者以其他方法非法剥夺他人人身自由的，处三年以下有期徒刑、拘役、管制或者剥夺政治权利。具有殴打、侮辱情节的，从重处罚。

犯前款罪，致人重伤的，处三年以上十年以下有期徒刑；致人死亡的，处十年以上有期徒刑。使用暴力致人伤残、死亡的，依照本法第二百三十四条、第二百三十二条的规定定罪处罚。

为索取债务非法扣押、拘禁他人的，依照前两款的规定处罚。

国家机关工作人员利用职权犯前三款罪的，依照前三款的规定从重处罚。

所以法院最终采纳了辩护人意见，判决刘燕构成非法拘禁罪，判处3年有期徒刑，两名保安则分别构成非法拘禁罪判处有期徒刑2年和有期徒刑2年6个月。

在这起案件当中，刘燕在物欲的驱使下与有钱的王志斌结为夫妻，却也在物欲的驱使下走进了法律的牢笼。而王志斌呢，原本以为得到了刘燕的“传家宝”，实则是陷入了刘燕的“连环计”。最后落得个人财两空，自己也受到身体和精神上的重创。婚姻如果一开始就种上金钱的种子，想让它开出多么灿烂的花朵，恐怕只能是奢望了。

本案中那只反复出现的青花瓷瓶值得玩味：第一次，它是价值几十万的古董，让王志斌与刘燕的感情迅速升温；第二次，它是双方都想争夺的财产，得之者庆，失之者恨；第三次，它作为古董被赠回，于是恨者也愿网开一面。最后，青花瓷瓶终于显现真身。只是，一只不值钱的瓷瓶何以能折腾出这样一番闹剧？正因为当事人被困在金钱的牢笼之下，失去了对自我、对真爱的感知，所以一只貌似值钱的瓷瓶也能轻易困住他们的情感。

情敌之间的较量

关键词 行贿罪 受贿罪 利用影响力受贿罪

2010年的一天上午，南方某小城的一家银行里，职员们都在各忙各的。这时，一位衣着华丽、盛气凌人的女人对另一位穿着工作服的女人大声嚷道："我凭什么小点儿声？徐飞飞你自己做的事还不准别人说吗？你装什么良家妇女！"她的嗓门一声比一声大，就像怕别人听不到似的。很多人疑惑地朝这边看过来，纷纷小声议论着："那不是'大嫂'吗？听说她可有本事了，徐飞飞那么老实，怎么会得罪她呢？看来这以后的日子可不好过了。"只见这叫徐飞飞的女子个子不高，身材却很适中，凹凸有致的，人长得谈不上多漂亮却很媚气。可这会儿她被说得面红耳赤，一再央求道："大嫂，我们私下里再谈，都是我的不对，我们出去谈，求求你了。"说着好不容易拉着这位被称作"大嫂"的女人走出了单位。

这是怎么回事呢？所有人口口声声的"大嫂"是谁？又为什么会来找徐飞飞的麻烦呢？

原来"大嫂"的名字叫钱芳，她从小就是一个特有主意、说一不二的人。大学毕业后，成绩优异的她很快考上了市里的公务员，再加上外形十分靓丽，追她的小伙子不少。可心高气傲的钱芳挑来挑去，看哪个都不顺眼，她喜欢有些霸气的男人，这样才会让自己有归属感，可身边的小伙子为了赢得钱芳的青睐，都对她大献殷勤，百依百顺，这更让钱芳看不上了！

就这样，一转眼30岁了，钱芳也没碰上自己满意的对象，这可愁坏了她的父母，每天不停地催促她相亲。正当钱芳不胜其烦时，一次工作机会，钱芳认识了某单位的领导张文，几次接触，钱芳就被张文雷厉风行的办事风格所折服，觉得他才是自己一直在等的白马王子。这让她又喜又忧。喜的是她此生总算遇到了知己；可愁的是，再好又有什么用呢？张文是个有家的人，孩子都上高中了。可她脑海中就是忘不掉张文那张轮廓分明的脸，尤其他敢作敢当的性格，总能不经意间触动她的心弦。一天，办完事情之后，张文看了一下表，说道："时间还早，不如我请你喝杯咖啡吧。"听到这个邀请，钱芳真是喜不自禁。就这样，两个人在咖啡店里相谈甚欢，之后，两个人开始频繁联系。

原来，张文见了漂亮时髦的钱芳也是眼前一亮，对她产生了好感。更重要的是张文发现钱芳对自己的眼神总是很朦胧。所以，两个人一拍即合，很快发展成了情人关系。

随着职位的不断高升，张文已经有些飘飘然了，而钱芳感觉自己攀上了高枝，炫耀还来不及呢。所以，两个人也顾不得避嫌，他们的不正当关系就被很多人所知晓，钱芳彻底变成了张文公开的情人，每天春风得意，好不快活！

这时，很多想求张文办事的人也纷纷打起了钱芳的主意，大家都对她阿谀奉承，一口一个"大嫂"地叫着。这个称呼还真让钱芳非常受用，觉得自己就是张文的正室。一次，建筑商想拿下一个工程，找到钱芳后，给了钱芳一笔丰厚的好处费。此后，钱芳开始意识到，张文虽然不能给她夫妻名分，却能带给她极大的财富，她也找到了与张文更好的结合点。

律师说法：行贿罪>>>

为谋取不正当利益，给予国家机关工作人员财物的，是行贿罪。其中"为谋取不正当利益"，属于主观目的，只要是为了谋取不正当利益而给予国家工作人员财物，即使具有事后索回财物的意思，也不影响行贿罪的成立。"给予国家工作人员财物"包括：1. 为了利用国家工作人员的职务行为，主动给予财物。2. 在有求于国家工作人员的职务行为时，因国家工作人员索取而给予财物的。但因被勒索而给予财物的，并且没有获得不正当利益的，不是行贿。3. 与国家工作人员约定，以满足自己的要求为条件给予财物的。

在经济往来中，违反国家规定，给予国家工作人员财物，数额较大的，或者违反国家规定，给予各种名义的回扣、手续费的，以行贿论处。

本案中很多人为了讨好张文，利用钱芳与张文的特殊关系，将财物赠送给钱芳，通过钱芳这个“二传手”，再利用张文的职务便利谋取不正当利益的行为，完全符合行贿罪的构成要件，是要受到刑罚处罚的行为。

法条链接>>>

●《中华人民共和国刑法》

第三百八十九条　为谋取不正当利益，给予国家工作人员以财物的，是行贿罪。

在经济往来中，违反国家规定，给予国家工作人员以财物，数额较大的，或者违反国家规定，给予国家工作人员以各种名义的回扣、手续费的，以行贿论处。

因被勒索给予国家工作人员以财物，没有获得不正当利益的，不是行贿。

第三百九十条　对犯行贿罪的，处五年以下有期徒刑或者拘役；因行贿谋取不正当利益，情节严重的，或者使国家利益遭受重大损失的，处五年以上十年以下有期徒刑；情节特别严重的，处十年以上有期徒刑或者无期徒刑，可以并处没收财产。

行贿人在被追诉前主动交待行贿行为的，可以减轻处罚或者免除处罚。

为此，钱芳便向张文好一顿撒娇：“老公，你就答应我吧，反正咱们有的是好处。再说我都答应人家了，你不要让我没法做人嘛！”张文沉吟了一会儿说：“好吧，但记得要低调处理，这可是违法的事，搞不好你我都吃不了兜着走！”就这样，从此以后，“大嫂”为张文营造温柔乡，而张文替她积累财富保驾护航。

钱芳找了个有权的领导做情人，并借机敛财，可她与徐飞飞又有什么关系，又是如何结怨的呢？

钱芳有一个大学同学叫李岩，而徐飞飞正是李岩的妻子。同学的妻子不是应当更亲近吗？难道两个女人之间的恩怨是因李岩而起吗？

原来，李岩大学毕业就开始经商，现经营着一家建筑公司，想承包一处楼盘，而钱芳的能耐他早有耳闻，所以就找上门来，想求钱芳帮忙。老同学张口了，哪有不帮忙的道理。在钱芳的引见下，李岩与妻子徐飞飞一起来到张文与钱芳的住处见了面，四个人相谈甚欢，但张文并没有马上答应下来，只是答应会考虑。第二天，张文对钱芳说："你说你们女人真是千姿百态啊，像你吧，就像一朵骄傲的牡丹花，奔放艳丽，而昨天见到的徐飞飞呢，就像一枝含羞草，羞答答的惹人怜。"钱芳听了心里一惊，说："什么意思啊你，看上人家啦？"张文忙说："呵呵呵，我只是觉得她很有气质，你别吃醋啊！"钱芳噘着嘴说："我告诉你张文，除了你老婆你只能有我一个女人！我一个没结过婚的大姑娘跟了你这么多年！你可要对得起我。"张文却不冷不热地说："你别忘了，你的快乐也是用我老婆的痛苦换来的。现在连儿子也和我疏远了不少，还不都是因为你吗！"说完张文就回书房去了并关上了门。钱芳一下子愣在那儿，这不明摆着张文还想要别的女人吗？而且还当着自己的面。她有心要赌口气，扬长而去。可再一想，自己已经习惯了别人赔着笑脸和她说话，习惯了挥金如土的生活，如果离开张文，那可就什么都没了。

经过几天的思想斗争，她想明白了，还是一切向"钱"看吧。再说了什么徐飞飞、张飞飞，还不是一时新鲜吗？自己越挡着，张文会越惦记，不如自己借花献佛，干脆将徐飞飞介绍给张文，过一段时间也就腻了。于是，钱芳开始为张文和徐飞飞牵线了。

这钱芳未免也太卑鄙了吧！为讨情人欢心，连同学的老婆也成了贡品！可她的主意能得逞吗？徐飞飞又是个什么样的人？会对张文投怀送抱吗？

一天，钱芳给徐飞飞打电话："飞飞呀，上次见面就觉得特别投缘，我听说你老公出差了，我一个人也寂寞，不如你到我家来坐坐，咱们一起吃饭、聊天，你肯不肯赏光啊？"徐飞飞并不知道她有企图，但是知道这个人很有本事，而老公又有求于她，巴不得能有机会亲近她，当然就很爽快地答应了。

而当两个人正吃着饭，张文又恰巧出现了。钱芳一见到张文就问道："你不是说你在外地开会不来了吗？""是呀，临时有些变化。"张文说。见到这种情况，徐飞飞觉得有些尴尬，就说道："那我就不打扰你们了，我先回去吧。""那怎么行，你走了，我们两个人反倒没意思了。"钱芳和张文一起拦她，不让她走。而那天晚上，在两个人轮番劝说下，徐飞飞喝得一塌糊涂，第二天醒来，自己已经躺在张文的怀里，钱芳却不知去向了。徐飞飞又哭又闹，可张文的两句话，却让她俯首帖耳了。张文说："这事传出去，对谁都不好，再说了你和我在一起有什么不好，不但你丈夫想要的工程能如愿，你也会得到很多。"果然，徐飞飞的老公李岩如愿承包了楼盘建设，当然他不会知道，这是靠老婆出卖肉体换来的。

从此以后，钱芳和徐飞飞都成了张文的情人，只不过钱芳还是人人知晓的"大嫂"，而徐飞飞却乐得做张文的地下情人。这样一来，面对低调谨慎的徐飞飞，张文越来越觉得性格张扬的钱芳太让他操心。他也怕树大招风，对自己事业影响不好，更怕自己受到牵连，所以就越来越和钱芳疏远了。

此时的钱芳意识到是自己"引狼入室"了，立刻火冒三丈，去找徐飞飞算账。这也就有了本文开头那一幕。

在单位门外，徐飞飞一脸可怜地对钱芳说："'大嫂'，张文最近和我走得近还不是因为我们刚在一起吗？新鲜劲儿一过他会立刻回到你身边的。他经常说你这好那好的。"钱芳不依不饶地说："废话少说！我限你半年内离开张文，否则别怪我让你难堪。"说完后扬长而去，她没有想到背后徐飞飞的目光是那样阴冷。

这两个女人真的能偃旗息鼓吗？徐飞飞甘心退出吗？钱芳没想到自己的对手远比想象的强大，一场暗战已经悄悄地拉开了帷幕！

自从钱芳与徐飞飞正面交锋后，张文对她的态度并没太多改变，还像以往一样不冷不热，很少到她那儿去。钱芳悔不该当初把徐飞飞介绍给张文，每天都想着怎么挽回局面，因为只有这样，自己的前途才能一直光明下去。一天，很久没来的张文突然出现了，却一进屋就愁眉苦脸的。钱芳连忙凑过去问道："怎么了老公？出什么事了？我帮你想办法。"张文长长地叹了一口气："哎，你有什么办法呢？我最喜欢的那枚古钱币你知道吧？那可是我千方百计才弄到手的，居然不翼而飞了！"原来，张文是一个痴迷的古币收藏者，所以这件心爱之物丢了，的确让他很心疼。随后张文唠叨着说："哎，你说徐飞飞这个女人，我对她那么好，我现在心情不好，她就不能多陪陪我。一会儿丈夫找她，一会儿孩子又生病了，真是麻烦。"听了他的牢骚，钱芳心里乐开了花，觉得总算有机可乘了。

从那天起，张文开始频繁地来钱芳这里，但钱芳也能感觉到张文对徐飞飞还是念念不忘的。正当她不知该如何彻底驱赶徐飞飞时，徐飞飞竟然找上门来了。

一天下午，钱芳正要出门，徐飞飞突然找上门来，她进来就握着钱芳的手说："'大嫂'，帮帮我。"说完眼泪还流了下来。钱芳竟也有些手足无措起来，问："出什么事了？你有话好好说。"徐飞飞擦了擦眼泪说："是这样的，'大嫂'，前些日子我老公发现了我和张文的事，把我暴打了一顿，还说要离婚，我苦苦哀求他，向他保证和张文断绝关系，他才同意给我一次机会。可是，我向张文提出分手，他根本不同意，逼着我一直做他的情妇，否则就要动用关系，拿走我丈夫所有的工程。你快帮帮我啊，'大嫂'。"钱芳一听，暗想：这可太好了，现在徐飞飞急于要离开张文，张文很受伤，自然会和我更亲近，这样看来我帮徐飞飞就是帮自己啊，便假意说："哎，让我怎么说你好，可我看张文对你也是动了真感情的，不是那么容易就放手的。"徐飞飞好像突然想到了什么，说："'大嫂'，我听说张文最喜欢的古钱币丢了，我有一个好办法不知道可不可行？""什么办法？你说吧。""是这样的，我上次逛街无意中发现古玩街一家店铺内有和张文丢的一模一样的古钱币，就是不知道真伪，价格也非常高。如果是真的，你就买下来送给了张文。他不是马上过生日了吗？到时他肯定非常高兴，对你更加喜欢，对我就会放手了。"钱芳心想："的确，这样我就可以独占张文了。"

于是第二天钱芳就按徐飞飞给的地址找到了那家古玩店，并专程带着专家去鉴定。经鉴定，那枚钱币果然是真的，钱芳喜出望外，尽管店主狮子大开口，钱芳还是咬着牙买下了这枚古钱币。就这样，在张文的生日宴上，钱芳把古钱币送给了张文。张文惊喜异常，爱不释手，激动地说："还是你最懂我，费了不少心吧！你放心，我一定会加倍回报你的。"说着将她抱进了怀里。钱芳暗自庆幸这钱花得值。

很快，在张文的运作下，钱芳如愿承包了一个额度不小的工程。钱芳以前一直帮着别人要工程，对其中环节也知道个大概，而且她也看出只要承包款能按时到位，这绝对是个赚大钱的买卖，所以她早就想亲自上阵，大挣一笔。可以前和张文提起，张文总说她没经验，不放心。没想到这一次的礼送得这么到位，不用她自己张嘴，张文就全替她安排好了。钱芳别提有多美了。这次的工程很大，需要先期自己投入一笔资金，钱芳再三向张文求证，张文说将来工程款肯定没问题，所以钱芳几乎将自己所有的老本全投进了这个工程。

看来，钱芳就等着数钱了，事情真会如她所愿吗？可有句话叫作"计划不如变化快"，世事难料啊！

钱芳根本就是个门外汉，以前虽然接触过很多建筑公司，可她也就是个看热闹的，知道个皮毛。等真的开始做这行了，才遇到各种问题。开始她还比较认真，做错了再返工，可哪次返工不需要钱啊，所以到了后来，她干脆交给下边的人去做，遇到问题也是睁只眼闭只眼的，所以这工程质量可想而知。

等到发包方验收时，大错小错一箩筐，所以发包方拒绝付款，这下钱芳可急了，看来只能请张文亲自出马了。可令她没想到的是，在这个关键时刻，张文的态度居然来了个一百八十度大转弯。

开始，张文总以工作忙为由根本不见她，钱芳气得七窍生烟，没办法，她只好到张文办公室守株待兔。终于有一天让她见到了张文，她大吵大闹："你和我玩什么失踪啊，不就是一句话的事吗，你抽什么疯？""一句话？那也看我是为谁说？对你这种无情无义之人，我半句话也不想说！""我无情无义？我哪点对不起你了？”张文哼了一声，说：“你装什么糊涂！”然后从办公桌的抽屉里拿出一样东西，扔到钱芳面前，说：“你这个贪婪的女人，你从我这儿挣了多少钱，你心里没数吗？竟然送我个冒牌货？你拿我当傻子吗？”钱芳定睛一看，原来是她送给张文的古钱币，就说：“怎么啦？你不是非常喜欢吗？”“专家说了，这枚钱币是假的！”

钱芳愣愣的一句话也说不出来：这是怎么了？专家已经鉴定过了呀！这钱币究竟是真是假？又是哪一个环节出问题了呢？

原来，在钱芳到徐飞飞单位大吵大闹之后，徐飞飞感觉颜面尽失，对钱芳恨之入骨。何况钱芳给她下了最后通牒，限她半年内离开张文。可徐飞飞刚尝到和张文在一起的好处，怎么肯什么都没得到就轻易退出呢？既然和平相处不行，那就来个你死我活吧！但她知道明争肯定不行，所以她决定来暗的。她每天冥思苦想，终于有了个好主意。

她知道张文特别喜爱古董，于是她就利用这一点，设计出一个圈套。正好有个远房表弟找她，想要到她丈夫的单位找工作，徐飞飞就跟这个表弟说，让他去将张文的钱币偷出来，自己替他望风。并承诺他，如果办好了，工作绝对不是问题，表弟立刻答应下来。

然后，在古钱币被盗后，徐飞飞又找“大嫂”哭诉，劝说钱芳再去买个同样的古钱币送给张文。钱芳去看货并找专家鉴定时，看到的是徐飞飞派人偷来的那枚真钱币，可当第二天取货时，拿到手的却是被徐飞飞调包的仿制品。事成之后她又找机会让张文找同一个专家再次鉴定，而张文从专家那听到的是：“这枚钱币肯定是假的，而且钱芳找我鉴定的那一枚和你手里的钱币不是同一枚。”这一招“狸猫换太子”真是神不知鬼不觉。徐飞飞真是太有心计了。

果然，当张文得知钱芳送给他的是假钱币时，气得火冒三丈。他决定和她彻底断绝关系。但他不动声色地继续和钱芳相处，而当钱芳求他办事时他就是不露面，这下钱芳真是损失惨重，几乎全部身家都搭了进去。

自恃聪明的钱芳万万没想到自己被徐飞飞玩得团团转，还被张文弄得财产尽失。她非常气愤，逼着张文要补偿："我一个清清白白的大姑娘跟了你这么多年，没有功劳也有苦劳，你必须补偿我精神损失费，还有我这次投资失败的所有损失！"张文冷笑道："人心不足蛇吞象，别太贪了，这些年，你从我这儿得到的还少吗？至于这次，你是活该，骗到老子头上了，你无情就别怪我不义。"

尽管钱芳不停地纠缠，可张文根本不理不睬，而且钱芳慢慢发现，以前那些前呼后拥的人全都没影儿了，转而都对着徐飞飞点头哈腰，这令一向众星捧月般的钱芳完全无法接受。钱没了，人也没了，她不甘心自己这么惨，气急之下，她想：要死大家一起死，谁也别想好！

她又准备怎么办呢？如今的她还有什么能力和张文、徐飞飞对抗呢？

的确，钱芳没能力和张文平起平坐，她就干脆到处举报张文。因为她掌握着第一手资料，包括张文收过谁的钱，怎么收的，收了多少，她全说得清清楚楚。很快，张文就被停职调查，一年后，张文因涉嫌受贿罪被逮捕。而钱芳和徐飞飞涉嫌利用影响力受贿罪，也被提起公诉。

律师说法：受贿罪>>>

受贿罪要求行为人是特殊主体，即"国家工作人员"，在行为上则有两种表现形式：其一，是主动向对方索取财物，此种情形下，行为人只需有利用职务上的便利，就成立受贿罪；其二，不是主动索取，而是被动收受贿赂，此种情形，还要求行为人有为他人谋取利益的行为，才成立受贿罪。

本案中，张文虽然并未主动索取贿赂，但是其情妇收受他人贿赂的事情其本人知情，并予以开"绿灯"，为行贿之人谋取利益，因此其具有受贿的犯罪故意，构成受贿罪。

法条链接>>>

●《中华人民共和国刑法》

第三百八十五条　国家工作人员利用职务上的便利，索取他人财物的，或者非法收受他人财物，为他人谋取利益的，是受贿罪。

国家工作人员在经济往来中，违反国家规定，收受各种名义的回扣、手续费，归个人所有的，以受贿论处。

律师说法：利用影响力受贿罪>>>

利用影响力受贿罪的主体也是特殊主体，即国家工作人员的近亲属、关系密切的人或者是离职的国家工作人员、离职的国家工作人员的近亲属及其关系密切的人。利用影响力受贿罪中为请托人谋取利益，要求谋取的是不正当利益，如果谋取的是正当利益则不构成犯罪。

本案中，徐飞飞与钱芳均利用自己与张文的特殊关系，通过张文的职务条件，为他人谋取不正当利益，并且收取贿赂的行为，完全符合刑法第388条关于利用影响力受贿罪的有关规定，因此二人应当构成利用影响力受贿罪。当然，这指的是收受财物的行为张文是不知情的，如果是张文明知的情况下，则与钱芳或徐飞飞构成了利用影响力受贿罪的共同犯罪。

法条链接>>>

●《中华人民共和国刑法》

第三百八十八条　国家工作人员利用本人职权或者地位形成的便利条件，通过其他国家工作人员职务上的行为，为请托人谋取不正当利益，索取请托人财物或者收受请托人财物的，以受贿论处。

国家工作人员的近亲属或者其他与该国家工作人员关系密切的人，通过该国家工作人员职务上的行为，或者利用该国家工作人员职权或者地位形成的便利条件，通过其他国家工作人员职务上的行为，为请托人谋取不正当利益，索取请托人财物或者收受请托人财物，数额较大或者有其他较重情节的，处三年以下有期徒刑或者拘役，并处罚金；数额巨大或者有其他严重情节的，处三年以上七年以下有期徒刑，并处罚金；数额特别巨大或者有其他特别严重情节的，处七年以上有期徒刑，并处罚金或者没收财产。

离职的国家工作人员或者其近亲属以及其他与其关系密切的人，利用该离职的国家工作人员原职权或者地位形成的便利条件实施前款行为的，依照前款的规定定罪处罚。

那么法院最终会作出什么样的判决呢？三个人的命运又将何去何从呢？

最终，法院判决：张文构成受贿罪，因数额巨大，判处有期徒刑十五年；钱芳构成利用影响力受贿罪，因数额特别巨大，判处有期徒刑十年；徐飞飞构成利用影响力受贿罪，因数额较大，判处有期徒刑两年。

诚然，人人都有欲望，都想过得更好，可如果过度贪婪，必然导致私欲的无限膨胀。就像张文因贪滥用职权，钱芳因贪自甘堕落，而徐飞飞则因贪背叛家庭。他们最终的结果，却是全都成了阶下囚！

常言道："贪如水，不遏则滔天；欲如火，不遏则自焚。"这也算是对钱芳、徐飞飞，还有高高在上的张文的真实写照吧！现如今，权钱交易、权色交易已经成了官场怪象之一。正如陈毅为贪官描摹的画像："岂不爱权位，权位高高耸山岳。岂不爱粉黛，爱河饮尽犹饥渴。岂不爱推戴，颂歌盈耳神仙乐。"所谓欲壑难填，一旦陷入金钱、权力、美色的旋涡，最终则是纵其欲而毁其心、败其身。所以，切不要因为贪念，放弃了感情，违背了良心，迷失了自我！

情外情

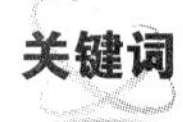

巨额财产来源不明罪　故意杀人罪　非国家工作人员受贿罪

北方某城市，2010年的一天傍晚，江边几乎看不到什么人，只偶尔有几个路人，也是匆匆而过。突然从桥上掉下一个物体重重地摔在江里，发出很大的声响。恰好有人看到，惊慌地喊起来："不好了，有人落水了，快救人啊！"这时有一个正在跑步的小伙子，二话不说一头跳进江里，很快抓到那人的胳膊，把她拖上了岸。

这时，大家才看清楚，这个落水的，是一个女人，也就三十多岁的样子，已经昏迷不醒了。有人打了"110"和"120"，很快，警车和急救车都赶到了。将这名女子抬上了救护车。

尽管抢救及时，可这位落水的女子，还是没有醒过来，经抢救无效死亡。警方迅速查明了死者的身份：死者叫杨琴，女，33岁，已婚且育有一子，是一家公司的办公室文秘。接到通知的家属很快赶来，听到杨琴的死讯大吃一惊。可怜杨琴的儿子才8岁，当场大哭起来："妈妈，我要妈妈！妈妈怎么不醒啊，你快醒醒，你答应带我去海洋公园呢！"杨琴的丈夫李超紧紧搂着儿子，一句话也说不出来，脸上淌着泪水。警察等李超情绪稍稍平复，才向他了解死者的有关情况："她最近有没有说过想轻生，或者遇到什么难事了？"李超肯定地答道："没有，绝对没有，她昨天还和儿子约好周末去公园呢。""你俩最后通电话是什么时间，她说过要去江边吗？"李超想了想说道："下午三点多钟，她给我打了一个电话，说晚上加班，晚点回家，让我去接孩子，没说要去江边啊……"办案人又向救人的小伙子了解情况，小伙子说：

“几年前我也碰到过落水的，我去救那人时，那人用手使劲抓我。后来我了解到那是落水者本能的反应。可今天救这女的，我抓到她时，她没有任何反应，好像那时就没知觉了。我当时还纳闷呢，因为我当时反应很快，很短时间就抓到她了。”

根据这些情况，办案人认为，死者生前没有反常表现，而且落水不久就没有知觉，极有可能是在落水前就出现了状况。可究竟会是什么情况呢？她为什么这么晚到江边来？是独自一人还是另有他人呢？是自己不慎跌入江中，还是被别人所害呢？

为找到答案，警方对死者进行了法医鉴定，鉴定结论的确让办案人有所收获。

经鉴定，杨琴确是溺水身亡，但同时查出在杨琴的胃里，残留了过量的安眠药。这说明死者在落水前服用过安眠药，她应当是在昏迷状态下落水，所以在被救时，已经没有意识了。

那么，事发当天她还和丈夫通过电话，背包里还有刚刚在超市购物的小票，说明她没有要投江的想法。警方认定这极有可能是一起谋杀案件。

那么她究竟是因何被杀，又被谁所杀呢？这起凶杀案件究竟隐藏着什么秘密呢？办案人开始了全面的调查。

警方先到了杨琴的工作单位，了解到她在单位是办公室文秘，接触的人比较多，同事普遍反映她为人随和，没听说和谁结过仇。不过，从大家的反应来看，似乎暗示死者和她的上级领导即办公室主任吕博关系暧昧。但再一追问，大家都赶紧摇头说：“这事可不敢乱说。”“我只是瞎猜的。”“大概就是好朋友吧……”办案人带着这个疑问，见到了办公室主任吕博。只见他中等身材，白白净净，还架着副眼镜，看上去很绅士的样子。

办案人问道：“杨琴最近工作顺利吗？有没有什么麻烦事？”“没有啊，绝对没有。我们办公室就是杂事多，但还真没什么特棘手的事。”“据你了解，杨琴有情人吗？”办案人步步紧逼，吕博脸上闪过一丝慌张，忙说：“那是她私人问题，我从不过问。”

办案人又对杨琴的所有物品进行检查，倒也没查出什么，但有一张银行卡却引起了办案人的注意。这张卡没放在家中，而是放在办公室里，看来是不想让她丈夫知道。经询问，杨琴的丈夫果然不知道她有这张卡，于是办案人到银行核实，却查出了一个意外的线索。

原来，这张卡中的存款总额是15万元，再一查来源，是每隔两三个月就有一笔一两万元的进账。谁会给杨琴这么多钱呢？办案人紧紧抓住这个线索，顺藤摸瓜。由于每次进账都是从别的账号直接转过来的，所以很快查出，给杨琴存钱的就是她的直管领导吕博。

为什么领导要给下属钱？给的什么钱？而且吕博也只是挣固定工资的，他的钱又从何而来呢？

办案人再一次传唤了吕博。开始吕博什么都不说，不承认和死者有什么特殊关系，但当办案人拿出死者的银行卡和银行的对账单时，他终于说出了实情：“对，我和杨琴的确是情人关系，而且已经两年多了，可我没杀她呀！我们俩感情特别好，为了她我都离婚了，我怎么可能杀她呢？”

原来，两个人作为上下级，接触比较多，合作也一直很愉快。在一次一起出差中，吕博发现平时不善言辞的杨琴，原来特别有内涵。她热爱文学，看过很多诗词，时不时就会冒出一句经典词句。而吕博也是个文学爱好者，两人突然成了无话不谈的知己。出差回来，两人再见面就亲近很多，除了工作，每天也都聊一会儿。开始是谈对一些文学作品的体会，后来就谈到了事业、理想，再到爱情和家庭。二人谈话的内容越来越多，在彼此心里也都起了小小的变化。终于，在一次出差时，两个人走进了一个房间。

吕博的妻子文化水平不高，虽然在生活上对他照顾得很周到，但却没有共同语言。加上结婚多年，两个人一直没有孩子，吕博对妻子没有任何留恋，于是在他的坚持下，两个人离婚了。离婚后，吕博和杨琴走得更近了，约会也更加频繁了。“你经常给她钱吗？”办案人问。“有时候给，虽然我们是地下情人，但我们的感情是真挚的。我没什么能给她的，所以就时不时给她拿些钱，让她给自己买些礼物。”吕博说道。办案人又问：“你的钱是哪来的，按你现在的工资收入，怎么会有这么多钱呢?”吕博沉默了一会说道：“我以前有些存款，而我哥是做生意的，也会经常给我拿钱。再说这和本案也没什么关系啊。”

通过一番调查，吕博虽然交代了他和死者的地下情，但对于他自身钱财的来源却含糊其辞，这引起了办案人的注意。办案人很快就核实到，吕博的哥哥只是做些小生意，没有大的进账。再说哥哥也成家了，怎么可能总给他钱呢?

律师说法：巨额财产来源不明罪>>>

刑法第395条第1款是关于巨额财产来源不明罪及其处罚的规定。巨额财产来源不明罪，是指国家工作人员的财产或支出明显超过合法收入，差额巨大，本人不能说明其合法来源的行为。这里所说的“国家工作人员的财产”，包括国家工作人员私人所有的房屋、车辆、存款、现金、股票、生活用品等。“支出”包括各种消费以及其他开支。“超过合法收入”是指国家工作人员的财产或支出数额，明显超过其工资、奖金、津贴以及其他依照国家规定取得的报酬的数额。“差额巨大”是指明显超过合法收入的数额不是几万元、十几万元，而是几十万元，甚至上百万元。本条所规定的“本人不能说明其来源是合法的”，是指行为人不能说明其支出明显超过合法收入、差额巨大的财产来源的合法性。这里既包括本人拒不向调查的司法机关说明，也包括“说明”的内容经调查证明是虚假的情况。根据本款规定，构成本罪的，处五年以下有期徒刑或者拘役，并追缴其财产的差额部分。司法机关在清查、核实行为人的财产来源时，应当尽量查清其财产是通过何种非法方式取得的，如果能够查清其财产是以贪污、受贿或者其他犯罪方法取得的，应当按照贪污、受贿或者其他犯罪追究刑事责任。只有在确实无法查清其巨额财产非法来源的情况下，本人又不能说明差额巨大的来源是合法的，才应按本罪追究。

本案中吕博支出明显超过了其实际收入，其向司法机关交代的来源又与实际调查结果不符，就涉嫌构成巨额财产来源不明罪。

法条链接>>>

●《中华人民共和国刑法》

第三百九十五条　国家工作人员的财产、支出明显超过合法收入，差额巨大的，可以责令该国家工作人员说明来源，不能说明来源的，差额部分以非法所得论，处五年以下有期徒刑或者拘役；差额巨大的，处五年以上十年以下有期徒刑。财产的差额部分予以追缴。

国家工作人员在境外的存款，应当依照国家规定申报。数额较大、隐瞒不报的，处二年以下有期徒刑或者拘役；情节较轻的，由其所在单位或者上级主管机关酌情给予行政处分。

这意味着，吕博很可能有经济问题，而办案人没有精力同时调查两起案件，所以就将情况提供给其他部门，由另一部门介入，专门调查吕博的经济来源问题。

虽然查出了死者与上级领导有婚外情，可并未发现吕博有什么反常。正当侦查工作陷入困境时，杨琴的丈夫李超突然找到办案人，说他知道一些事情，可能对案件有所帮助。

李超找到办案人，支支吾吾了半天，像下定决心似的说道："以前我想把这事烂在肚子里，可现在事关她的死因，我不能再瞒了。"看得出他情绪很激动，办案人就劝慰他说："没关系，你慢慢说，如果和案件无关，我们也会保密的。""我妻子，她……她有情人，我心里很清楚，只是装不知道，给自己也给她留个面子。"李超说道。办案人一下子想到了吕博，看来李超早知道这事，可李超却说出了另一个男人的名字，这让办案人出乎意料！难道杨琴同时有两个情人吗？

李超说道："杨琴有个初恋情人叫林子轩，他俩是大学同学，后来听说那个男的家庭困难，杨琴的父母坚决反对，两人才分手了。后来林子轩参军入伍了，我和杨琴经人介绍走到了一起，结了婚。我们在一起后，她经常一副若有所思的样子，刚开始我还不知所以，后来偶然看到她的日记，我才知道原来她早已经心里有人了，根本装不下我。”李超又说道，有一段时间他看到妻子特别高兴，他从没见妻子那么幸福过。后来他听说林子轩退伍回地方了，而且包括妻子在内的几个大学同学还在一起聚会了，所以他可以确认，妻子肯定又和林子轩联系上了。而且从丈夫的直觉，也能感觉到妻子和他越来越远，但他一直不提离婚，就是为了孩子。

办案人没想到死者的情人，除了吕博，还有个林子轩。难道死者同时有两个情人，还是李超怀疑错了呢？

为查清事实，办案人找到了林子轩。林子轩面对警方的不断询问，交代了很多事情。他说：“当年我们被强行拆散，我就入伍了。我和小琴联系上，也是一年前的事。我也没想到，我们那么久没联系，一见面居然又像回到了从前，她还是那么温柔可人，浪漫多情，唯一不同的是，她有了丈夫，有了孩子。我们每次约会都得偷偷摸摸的。”办案人问道：“那你知道，她除了你之外还有别的情人吗？”林子轩愣了一下，说：“你们连这都知道了，真是够厉害的！那我也不瞒你们了，她的确还同时和她的上司吕博有关系。”“连这你都不介意？”办案人忍不住问道。林子轩脸一下子红了，又苦笑一下，说道：“我没办法介意，吕博能给她钱，我能给她什么？我如今开了个小餐馆，生意惨淡，自己都吃不饱，所以我只能给她爱情，而吕博给她面包。”

办案人没想到，这个死者看上去简单，却同时在三个男人之间周旋。而且对她而言，三个男人是各司其职！这样看来，她应当就是死在了“情”字上，这三个男人都有可能因爱生恨，都有可能是凶手。那么究竟是谁杀了杨琴呢？

办案人开始对案发当天三个男人的活动展开调查。首先，办案人找到吕博，问道：“案发当天你在哪儿，请仔细回忆一下，一个细节也别漏掉。”吕博说：“那天晚上我请我前妻吃饭，为她庆祝生日。”“什么？前妻，你们俩还来往？”警察惊讶地问。吕博不好意思地笑了一下：“虽然离婚了，但我们还是好朋友，她也没什么朋友，所以我就陪她过生日了。”果真如此吗？警察又立马找吕博前妻核实。果然，前妻证实当晚他们俩在一起过生日。从晚上5点至10点之间，一直在一起，后来吕博有点喝多了，才离开她回家的。死者落水时间是晚上7点，看来，吕博没有作案时间。办案人又分别找到死者丈夫李超初恋情人林子轩核实，结果二人也都有不在场的证明。

难道破案方向错了，三个男人都与此案无关吗？

正在案件陷入僵局时，调查吕博经济问题的办案组传来了好消息！而且是重量级的。原来，他们已经完全掌握了吕博收受高额回扣的证据，吕博对此也供认不讳。除此之外，还有意外收获，而这个意外收获对查明这起凶杀案件很有帮助。

这又是怎么回事呢？原来，办案人在侦查当中，找专业人员对吕博的电脑进行了全面恢复和检查，竟在这台电脑上意外找到了死者杨琴与林子轩的聊天记录。聊天内容竟然是，杨琴说她爱的人只有林子轩一个人，现在和吕博在一起，就是希望能弄些钱，等时机成熟再和林子轩远走高飞。而这个记录就是在杨琴死亡前的一个月。这说明，如果这段话是真的，杨琴与吕博之间就可能不像吕博说的那么好，杨琴只是图吕博的财。那么二人会不会因钱起纠纷呢？

这个重大发现让办案人异常兴奋，立刻再次对吕博进行询问：“你收回扣的事杨琴都知道吗？”吕博说道：“是的，刚开始杨琴只是有所察觉，后来我们好上后，我也就不背着她了。而且我总是给她钱，她当然知道这些钱是从哪来的。”办案人又问：“你为杨琴离婚，她却不离，你不埋怨她吗？”“这事我们是商量好的。由于我的职位，还不好公开与杨琴的关系，所以我们俩说好了，再干个三五年，钱捞得差不多了，就和杨琴一起辞职，做点生意。没想到，她居然不在了。”吕博悲痛地说。

办案人又问道：“你知道杨琴还有一个情人吗”“还有情人？不可能，我们俩情真意切，她不可能还有别人。”

难道他一直被蒙在鼓里，不知道杨琴和林子轩的事？可现在他的疑点很大，只有掌握了足够的证据，才能撬开他的嘴。

要查清案情，先要解决作案时间问题，所以办案人对这个环节重新进行排查。吕博有不在现场的证人，是他的前妻，她会不会说谎呢？为确定此事，办案人找到了吕博前妻住所的物业，要求查看案发当天的小区监控，办案人想通过监控确定吕博和他的前妻是不是说谎了。没想到这还真不是白费工夫，因为在小区监控中，办案人发现吕博的确是在5点钟来，10点多钟走的，但问题是，吕博曾经在7点开车出去过，8点10分才回来，这一个小时，足够他往返江边和前妻住所了。

这个证据应当能让吕博说实话了。果然，当办案人将这个录像播放给吕博看时，他的汗一下子出来了。他沉默了许久，颤抖着说："我交代，我全都交代。"原来，吕博有一次和杨琴约会时，单位突然有点事，就急匆匆地出去了。等他回来时，杨琴正在洗澡，吕博就坐在电脑旁，发现杨琴的QQ忘关了。他出于好奇，就翻看她的最近联系人，看到了一个叫子轩的人，点开聊天记录看了一下，结果令吕博崩溃了：他发现每天和自己情意绵绵的杨琴居然还有另一个情人！而且杨琴还和这个叫子轩的说，她要从自己这拿到更多的钱，好和子轩远走高飞。

吕博简直被气炸了，本以为杨琴是红颜知己，没想到她却是个不折不扣的感情骗子。但他很快冷静下来，毕竟杨琴掌握着他拿回扣的证据。稍一闪失，就功亏一篑了，所以他把杨琴的QQ关掉，假装什么事也没发生。

可事后，他怎么也咽不下这口气，如果不发作，自己像傻瓜一样，被杨琴玩得团团转。可一旦与她闹不和，她就一定会来敲诈自己，想来想去，他决定要杀了杨琴灭口。

吕博想出一条妙计。他依旧对杨琴关怀备至，不让对方起疑心，直到案发这天，吕博约杨琴到江边，说想和她商量一下，两个人今后的打算。因为两个人毕竟是婚外情，所以每次约会都选在隐蔽的地方。这次选择在天黑时，江边人少，便于两人见面，杨琴自然没怀疑什么，就同意了。吕博先是开车接上杨琴，并主动递给杨琴一瓶矿泉水，而他之前已偷偷在矿泉水中放入了大剂量的安眠药，杨琴想都没想就喝了。然后吕博带她去江边散步，走着走着，吕博明显感觉到杨琴靠着自己的身体越来越晃，眼睛也有些睁不开了。吕博看时机成熟，就把杨琴带到江桥上，用力把她推入江中，然后自己逃离现场，造成杨琴投江自杀的假象。

“那你前妻为什么证实你一直和她在一起?”办案人又问道。是呀，吕博前妻知道事情真相吗？又为什么帮他撒谎呢？

原来，这个情节是吕博特意安排的，他知道前妻对他余情未了，就主动提出陪前妻过生日，还买了礼物。前妻真是兴奋极了，以为吕博回心转意了。而其间吕博假装接一电话，说有急事，出去一趟，在作案后又立刻返回。事后，他特意找到前妻，说杨琴死了，怕警察怀疑他，添麻烦，就嘱咐前妻，如果有人问起，就说两个人一直在一起。前妻由于还想着和他复婚，加之也没想到这事和他有关系，所以办案人问起来时，她就没说出吕博中间曾经出去过一段。没想到，再狡猾的狐狸也躲不过猎人的眼睛，办案人还是通过小区监控找出了真相。

案件事实终于查清楚了，很快公诉机关对吕博以故意杀人罪和受贿罪向法院提起了公诉，法院很快就开庭审理了此案。庭审中，公诉机关认为吕博先在杨琴喝的水中下药，使其失去意识，又将其推入水中，导致杨琴溺水死亡，已经构成了故意杀人罪，对此吕博表示认罪服法。

律师说法：故意杀人罪>>>

本案中，吕博因害怕杨琴利用自己收受回扣的行为威胁自己，遂产生了杀人的念头，可见吕博在主观上具有杀人的故意。客观上吕博利用安眠药将杨琴弄晕并推下江的行为，属于剥夺他人生命的杀人行为。并且杨琴的死亡与吕博杀人的行为具有因果关系，故吕博的行为构成故意杀人罪。

法条链接>>>

● 《中华人民共和国刑法》

第二百三十二条　故意杀人的，处死刑、无期徒刑或者十年以上有期徒刑；情节较轻的，处三年以上十年以下有期徒刑。

同时，公诉机关指控吕博在公司交易过程中，有收受他人贿赂的行为，构成受贿罪。吕博却认为红包都是对方主动塞给自己的，如果不要岂不是伤了和气？为了今后的合作也不能不要，这属于礼尚往来，不应认定为犯罪。

是呀，这红包一个愿意给一个愿意拿，这能算犯罪吗？法院对此又会如何裁量呢？

律师说法：非国家工作人员受贿罪>>>

刑法规定了受贿罪，是专门针对国家工作人员而言的，那么公司、企业或者其他单位的工作人员在经济往来中，利用职务上的便利，违反国家规定，接受各种名义的回扣、手续费，归个人所有的，则依照非国家工作人员受贿罪定罪处罚。本案中虽然说吕博并未主动索取回扣，但是对方给予回扣显然是想要利用其作为办公室主任的职务便利，以便在业务往来中得到一定的好处或者建立长期的业务关系。所以，吕博收受回扣的行为显然构成非国家工作人员受贿罪。

法条链接>>>

● 《中华人民共和国刑法》

第一百六十三条　公司、企业或者其他单位的工作人员利用职务上的便利，索取他人财物或者非法收受他人财物，为他人谋取利益，数额较大的，处五年以下有期徒刑或者拘役；数额巨大的，处五年以上有期徒刑，可以并处没收财产。

公司、企业或者其他单位的工作人员在经济往来中，利用职务上的便利，违反国家规定，收受各种名义的回扣、手续费，归个人所有的，依照前款的规定处罚。

国有公司、企业或者其他国有单位中从事公务的人员和国有公司、企业或者其他国有单位委派到非国有公司、企业以及其他单位从事公务的人员有前两款行为的，依照本法第三百八十五条、第三百八十六条的规定定罪处罚。

最终，法院判决吕博构成杀人罪，因情节恶劣，后果严重，判决其死刑，缓期两年执行。其受贿行为同时构成受贿罪，因数额巨大，判决有期徒刑七年，合并执行死刑，缓期两年执行。

过度的贪婪，对物质的无限追求会让人丧失理智、偏离正常的生活轨道：杨琴可谓是一个贪婪的女人。贪婪的钱欲，让她违心地与吕博周旋；贪婪的情欲，又让她与前男友隐蔽地进行着“情外情”。最终她在钱与情的博弈中，命丧黄泉。而吕博呢，像蛀虫一样，依附着特定职务，贪婪地拿着回扣。也正因此，让他面对背叛的情人，想着丢车保帅，结果在歧途上越陷越深，最终落得人财两空，身陷囹圄。

娶回的骗局

关键词 诈骗罪 无效婚姻的情形 可撤销婚姻的情形

2009年6月的一天，北方一座小城市的公园里，一对青年男女激烈的争吵声打破了公园的宁静。“为什么分手？我对你的好你都忘了吗？”女人哭着问。“没原因，就是没感觉了。”男人冷漠地回答。“当年你怎么不这么想？现在你有钱了，你就变了！就没感觉了！”女人越说越生气，忍不住挥手，朝男的打去。那男的既不还手也不躲闪，任由她发泄。正在这时，男人的母亲跟妹妹也跑来了，说：“大勇！你要是敢对不起小静，我就没你这个混账儿子！”“哥，你不能这么没良心，辜负小静姐。”“我的事你们就别掺和了！”男人甩下这句话，头也不回地走了。

显然，这是一对恋人在闹分手，不过男方的妈妈和妹妹却一致力挺女方，还真是挺少见的。这女方真有这么好？

这男人名叫张志勇，别看年纪轻轻，刚过30岁，可事业有成，身家不菲，在当地算是重量级人物。可别看他现在光鲜，却也有过叫天天不应，叫地地不灵的时候。

张志勇出生那会儿，家庭条件还是不错的。父母做木材生意，改革开放初期，家里就是当地屈指可数的万元户。可天有不测风云，就在张志勇16岁那年，父亲因脑出血突然倒在办公桌上，再没起来。他死得太突然了，家人一点心理准备都没有，扔下偌大个公司，不知道从何下手，家里一下乱了。母亲跟妹妹只顾哭，而张志勇是家中的长子，他仿佛一下长大了，按他自己话说：“行也得行，不行也得行啊！”于是他走出校门，接过父亲撂下的生意。

初出茅庐的张志勇，虽然头脑灵活，满腔热血，但面对多变的生意场，也难免屡屡受挫。起初的两年，不但没挣钱，还几乎把父亲留下的老本赔光了，他这才明白，商场如战场。没办法，他硬着头皮，找爸爸那些老朋友，想借些钱救急。可没想到处处吃闭门羹，没一个愿意借钱给他，甚至于还要讥讽他几句："借，你拿什么还啊？这不明摆着要吗？""能干点啥，干点啥去吧，快别在这做春秋大梦了。"张志勇被打击得遍体鳞伤。他一个人跑到饭店里花钱买醉，喝得烂醉如泥，身上却没带钱。酒店服务员可不干了，说："你这是吃霸王餐来了。"把他推到门外就要揍他。这时，一个白净的年轻女孩涨红了脸说："钱我给，不许打人。"女孩给他付了账，又叫人帮忙把他带到了自己家。等张志勇醒来的时候，看见自己躺在一个陌生的房间，旁边一个女孩子正盯着自己笑。"这是哪？我怎么到这儿了？""你不认识我了？我是曹静啊，初中时咱俩同桌，那时你经常给我讲数学来着，你不记得了？"

张志勇愣了好一会，才认出眼前这位正是自己的老同学加同桌。自己因家庭变故突然辍学后，还是头一次见到同学，他觉得格外亲切，就忍不住讲了自己的经历。曹静鼓励他："哪那么容易成功啊，失败了就从头再来呗！""我怎么来啊，本钱都没有。""这好办，我爸给了我一笔钱，让我自己创业，我正愁不知道干什么呢，先借给你好了。"这真是天上掉馅饼啊。原本比登天还难的事，竟这么容易解决了。"你能信得着我？"张志勇不解地问。"当然了，同学三年，我还不了解你，咱班最讲义气的就是你了，我看好你。"曹静家也是做生意的，的确有能力拿出这笔钱，可难得的是，曹静能这么无私地帮助一个落难的老同学。

随着二人的交往，张志勇看到曹静更多的闪光点。她热情有爱心，对朋友总是有求必应，从没因借钱，对张志勇趾高气扬过。和她在一起，总有一种轻松、快乐的感觉。而且曹静还很有能力，天生是块做生意的料，帮张志勇管理公司是井井有条。一年之后，在曹静的帮助下，加之张志勇自身的勤奋，生意走上了正轨，不仅还了所有外债，还小有盈余。就在还曹静钱那天，张志勇深情表白："你就是我的天使，我的好运从你开始；善良的天使，请你一直陪伴我吧！"张志勇的自信、义气、万事不服输的劲儿，也征服了曹静，于是两个人的甜蜜爱情开始了。几年当中，二人在生意场上配合默契，被称为完美搭档，张志勇的生意滚雪球似的越做越大，他也将生意扩展到好多个城市，并在繁华地段开了当地最豪华的酒吧和洗浴会所，生意异常火爆。到2008年年底，张志勇的身家已近千万元。

经过几年的恋爱，曹静和张志勇的爱情到了开花结果的时候。一个月前，两家人订下在年底完婚。这个时候，张志勇为什么突然要分手呢？究竟会是什么原因呢？

晚上回到家，张志勇的母亲逼问他："大勇，你说，小静要人品有人品，要能力有能力，哪点配不上你，你发什么疯啊？"张志勇不吱声。"你喜欢别人了？"张志勇还是不吱声。这回母亲可急了，大声道："大勇，妈这么大年纪了，没别的要求，就希望入土前，看着你把小静娶进门。""妈，你就别逼我了，我不是没良心的人，我也想娶小静啊，可我没办法啊！""没办法？""妈，我要是娶小静，就得去坐牢。"这句话，可把老人吓了一跳。这是怎么回事啊？娶曹静和坐牢有什么关系啊？

这事还得从半个月前说起。2009年6月的一天晚上，张志勇的酒吧来了两个年轻时尚的女子。她们出手阔绰，点几千块的酒水眼都不眨一下，喝了几杯之后又登台跳起了热舞，两个女人全都身材高挑，容颜俊俏，加上性感的舞姿，的确引起不小的轰动。这之后，两个女人天天来酒吧。听说有美女来，倒是带动了好多客人，酒吧的生意更好了。张志勇作为老板，每次都敬她们一杯酒。一来二去的，彼此熟悉了很多。张志勇了解到那位长发美女叫金丽娜，另一位是她的朋友小赵。"丽娜可是位名模，刚在国外演出完，到你们这儿来度假的。"小赵自豪地为张志勇介绍。一听这身份，张志勇对两位美女更热情了。一天晚上，金丽娜和小赵像往常一样来酒吧玩。她们那天特别高兴，金丽娜一直跟张志勇喝着酒聊个不停，直到酒吧散场，只剩下他们三个人。金丽娜把小赵也打发回去了，两个人接着聊，接着喝，也不知喝了多久，张志勇迷迷糊糊睡着了。

可当他醒来时，却发现自己闯祸了！而且代价惨重啊！

醒来的张志勇发现自己赤裸着，身边还躺着熟睡的金丽娜。“这是怎么了?”张志勇一下蒙了，努力地回想昨晚发生了什么，可脑子里却一团乱，什么也想不起来。这时金丽娜醒了，一见这种情况，吓坏了。“张志勇，你怎么……怎么能这样，我们不是朋友吗?”金丽娜带着哭腔说，“这可怎么办，怎么办?”金丽娜边说边给小赵打电话。很快，小赵到了。看到金丽娜眼睛都哭肿了，张志勇呆坐在一旁，她冲上去就打了张志勇两巴掌，吼道：“你这个衣冠禽兽，亏我信着你，让你们单独在一起！我真是瞎了眼!”“我真的不知道怎么回事，我什么都想不起来了?”“别装了，这不明摆着吗?你把丽娜灌醉，又强奸了她。我要报警!”说完就拿出了手机要报警。金丽娜急忙拉住了小赵，说：“小赵，你不要这样，如果报警了，我的名声也毁了，以后还怎么发展啊。”“难道就这样算了吗?”小赵喊道。张志勇赶紧说：“你们说个数，我给你们补偿，多少钱都行?”没想到小赵更生气了，说：“你以为丽娜缺钱吗?实话告诉你吧，她缺什么都不缺钱，你那点钱，我们根本看不上眼。如果不让你坐牢，我还真解不了这气!”“别这样小赵，这一切都是我主动的，我喜欢张志勇，我不怪他，你别报警了。”此话一出，张志勇和小赵都惊呆了，张志勇不知道该怎么感激金丽娜，而小赵呢?却给气坏了。

小赵想了想，说道：“张志勇，亏得丽娜对你一片痴心，现在给你两条路。要么娶了她，保她个清白，要么坐牢。”能娶到美女，又能不失去自由，这还用选吗！张志勇当然答应和金丽娜结婚，所以才提出和曹静分手，也就是我们开始讲述的那一幕。看来张志勇也是不得已。

既然是这样，谁又能看着张志勇坐牢呢！就这样，曹静同意和张志勇分手，并很快与家人一起移民澳洲，永远地离开了这个伤心之地。

都说强扭的瓜不甜，张志勇为不失去自由，勉强和金丽娜在一起，他们能幸福吗？可连张志勇自己都没料到，与金丽娜相处几个月后，他竟然有种塞翁失马，焉知非福的感觉！

为什么呢？原来金丽娜不仅是位美女、是位名模，而且家庭条件不是一般的好。张志勇这回可真是拣着金子了！

两个人决定结婚后，金丽娜提出带张志勇回趟家，见见自己父母。于是两人乘飞机来到南方的一个大城市。一下飞机，金丽娜就神秘地说："我要给你个惊喜！"她们走出机场，一辆豪华商务车等在那，司机毕恭毕敬地将他们接上车，车在一处工厂门口停下了。金丽娜指着一排排的厂房说："大勇，这个工厂是我父母的，主要生产儿童玩具。""这么大，都是你家的？""对呀，我们的家族产业包括生产和销售，这里就是生产基地。"随后，他们坐上车又来到一处豪华写字楼，金丽娜带着张志勇好一通参观，说道："这栋楼都是我们家的，这里主要由我弟弟来管理。"大勇看得目瞪口呆，他怎么都没想到，自己要娶的这位娇妻竟是个超级富婆，运气太好了。随后，金丽娜带张志勇来到一个豪华别墅前，车停下来，金丽娜对张志勇说："大勇，我先上楼，和我爸妈打声招呼，他们还不知道有你这个女婿呢。"张志勇的心都快提到嗓子眼了，她家这么强的实力，会同意这门婚事吗？正在他紧张的时候，金丽娜很快回来了说："太不巧了，我父母和我弟弟都去美国谈判了，还要两周才能回来。""那怎么办？要不我们电话通知他们一下？""不行，你不知道，我爸是一个老顽固，突然领回来一个女婿，他不会同意的。"金丽娜想了想又接着说："我看咱们先把婚结了，来个先斩后奏。我父母到时也只能认命了。""那太好了，我能娶到你，真成天下最幸福的男人了。""对了，大勇，我这次的休假已经结束了，我要到经纪公司再请一个月假。""那好，我们一起去。"很快，他们来到了金丽娜的经纪公司。张志勇在门外等着，金丽娜进了经理办公室，可很快张志勇就听到对方和金丽娜吵得非常激烈，到最后，金丽娜哭着跑了出来。"究竟出什么事了？"张志勇不安地问。"他们不让我请假，更不让我结婚，说我们有合约，五年内根本不允许结婚。""什么，这也太过分了！""大勇，我还你自由，我不逼着你和我结婚，我也会拦着小赵，她不会去告你的，我们分手吧。”“这怎么行。”原来，张志勇已经深深地爱上了金丽娜，爱上了她身上那股女人特有的温柔和小鸟依人的模样。想想分手的曹静，虽然能干、朴实，但缺少的恰恰是金丽娜这种小女人的感觉。何况她这么好的家庭背景，还是位名模，不嫌弃自己，对自己这么真诚，张志勇怎么会轻易放弃呢！于是他诚恳地说：“丽娜，我是真心爱你的，你能不做模特做我的妻子吗?”“当然了，现在你是我生活中最重要的，况且这种生活太不自由、太不放松了，我也不想做了，可是公司要很高的违约金，现在我父母又不在国内。”“多少钱?”“100万。”张志勇爽快地说：“这笔钱我来付!”为了表示出自己对金丽娜的感情，张志勇立刻让人汇来了这笔违约金。

经历了这次考验，两个人越发浓情蜜意了，于是，张志勇在年底结婚了，只是新娘由曹静变成了名模金丽娜。

美中不足的是，自从张志勇和曹静分手后，他的生意直线下滑，再加上结婚度蜜月，没有精力和时间打理，生意受到很大影响。不过很快的，金丽娜的吸金能力又给了张志勇一个惊喜！难道金丽娜还是个企业精英吗？还是她的家族伸出了援助之手？

原来金丽娜的弟弟，掌管着一家上市公司，于是金丽娜就提出，让张志勇先出资50万，买弟弟公司的股票。没想到只一个月，金丽娜就告诉张志勇赚了5万元。“我让我弟弟把这笔钱又投进去了，我自作主张，你不会怪我吧?”“这怎么会呢，这公司可是我亲小舅子的，怎么能让我们赔钱呢?”于是在金丽娜的提议下，张志勇陆续加大投资，而隔一段时间，金丽娜就会兴高采烈地向张志勇报告好消息。虽然张志勇从没看到过现钱，但她对妻子是百分之百的信任。一次两个人庆祝又赚了一大笔时，金丽娜趁热打铁地说：“大勇，你把所有的生意都卖了吧，全都买我弟弟的股票，既省了辛苦，又能赚很多。”张志勇有些犹豫，想找个朋友商量一下，却发现一个朋友也找不着了。原来金丽娜特爱吃醋。只要张志勇接到女性电话，她就大吵大闹，让张志勇换电话。就是男性朋友，在外边玩时间长了，金丽娜也会打电话给对方，没轻没重地一顿数落。久而久之，张志勇成了远近闻名的妻管严，谁都不敢再找他，生怕惹来一身麻烦。这张志勇真成了独行侠了！

没人参谋，他一个人思来想去，觉得听妻子的应该没错，妻子家的实力，自己可是亲眼所见啊！于是，张志勇很快将所有生意全部出手，调出资金买股权。每次张志勇向妻子询问投资情况，金丽娜都是眉飞色舞地告诉他："股价又涨了几个点。"因此张志勇窃喜自己找到了一个摇钱树。

可有句话叫乐极生悲！张志勇怎么也没想到，一场灾难已经在等着他了。怎么回事呢？难道他和金丽娜之间出问题了吗？

2010 年 6 月的一天，张志勇听说母亲病了，要去陪陪母亲，本来想两个人一起去，可金丽娜突然肚子疼，不舒服，就让张志勇一个人去。张志勇早上八点多钟走的，晚上七点多钟回来，可回到家，却找不到金丽娜。打电话，对方关机。会去哪儿呢？他突然发现家里的现金和金银首饰都不见了，金丽娜的各种证件也不见了。他突然有种不祥的感觉，可他不敢想。他不停地打电话，可对方的电话始终关机，张志勇又拨小赵的电话，可竟然变成了空号。

金丽娜怎么会突然失踪呢？张志勇能找到她吗？

等了三天，一点音讯都没有，张志勇等不及了，决定亲自去趟南方，到金丽娜的家里找。可这趟南方之行，却让张志勇彻底坠入了深渊。这是怎么回事？

到了南方那所大城市，凭借记忆，张志勇好不容易找到了那座写字楼。"请问你们的老板在吗？""您是哪一位，有什么事吗？""我是他女婿，你们老板是姓金吧？""您找错了吧，我们老板根本不姓金，再说他也没女儿啊？""不可能吧，他是不是有一个儿子一个女儿，女儿做模特？"可对方肯定地说，这座大厦里根本没有姓金的老板，他们也不认识金丽娜。这是怎么回事？张志勇又去了工厂，得到同样的答复。张志勇突然想到了那家经纪公司，或许在那能找到金丽娜的消息。可是到了经纪公司，张志勇惊讶地发现，工作人员全都没见过。打听后才知道，这里只是一个短租公寓。张志勇彻底傻了，当初所见到的一切都跟金丽娜没有一点关系！

难道自己被骗了吗？张志勇不敢相信。不可能啊，我们都结婚了，她可是我的妻子啊！

万般无奈下，张志勇回到家乡，立刻向警方报案。几天之后，张志勇又来到公安局，办案人递给他一张照片，问道："你看看这是不是你要找的金丽娜。"只见照片上这个女人，小眼睛，胖脸，鼻梁还矮矮的。这怎么可能是，这和妻子差了十万八千里呢？"不是她，你们搞错了？这绝对不是我的妻子。我妻子可是个大美女。"张志勇急忙说。

"张先生，我们通过调查，能够确定这就是你的妻子。而且，经调查，你妻子面部、身体都做过多次整容。""什么，连人都是假的？"张志勇如同掉进了冰窟窿，他颤抖着问："金丽娜是名模吗？""几年前，她做过一段模特儿，主要是在本地参加各种庆典活动，算不上名模。""天呐，家庭背景是假的，身份是假的，连人都是后天改造的！"听了这话，张志勇不得不相信，这就是一个骗局，从相识那天自己就被算计了！

一个多月后，警方突然通知张志勇，金丽娜和小赵都被抓到了。原来，这两个贪心的女人，又盯上了一个新目标，在南方的一个城市行骗时被捉到了！

庭审中，张志勇义愤填膺，作为证人，痛斥了金丽娜的犯罪事实。公诉机关也指控她以非法占有为目的，骗取了张志勇的巨额财产。

金丽娜却辩解自己不构成犯罪，自己是张志勇的妻子，既然是夫妻，她有权将家中财产做投资等任何处分，因此，用自己丈夫的钱，不能算作诈骗。

她所提出的观点对吗？法院会认定她有罪吗？

律师说法：诈骗罪>>>

根据刑法第266条规定，可以看出诈骗罪要求行为人实施了欺骗行为，欺骗行为使对方陷入错误认识，进而基于错误的认识处分自己的财产，欺骗行为与被害人处分财产之间具有因果关系，并且达到数额较大。根据《最高人民法院关于审理诈骗案件具体应用法律若干问题的解释》的规定，个人诈骗公私财物2千元以上的，属于数额较大；个人诈骗公私财物3万元以上的，属于数额巨大；个人诈骗公私财物20万元以上的，属于诈骗数额特别巨大。

本案中金丽娜接触张志勇的目的就是为了骗取张志勇的财产，因而可以说金丽娜具有非法占有的目的，并且对张志勇实施了一系列欺骗行为，以使张志勇处分自己的财产，并且两者之间具有因果关系。虽然金丽娜与张志勇之间存在婚姻关系，但根据公诉方证据，在金丽娜接触张志勇之前，就聘请过专业调查公司对张志勇所有财产做过调查和评估，小赵也供述说“那次强奸是我们事先设计的，是金丽娜趁张志勇去卫生间，在他的杯子里下了迷药。我们就是想逼他和金丽娜结婚，好找机会转移他的财产”。这些足以认定，结婚只是为骗钱的手段，因此夫妻身份不能成为她无罪的护身符。所以金丽娜依旧构成诈骗罪。

法条链接>>>

● 《中华人民共和国刑法》

第二百六十六条　诈骗公私财物，数额较大的，处三年以下有期徒刑、拘役或者管制，并处或者单处罚金；数额巨大或者有其他严重情节的，处三年以上十年以下有期徒刑，并处罚金；数额特别巨大或者有其他特别严重情节的，处十年以上有期徒刑或者无期徒刑，并处罚金或者没收财产。本法另有规定的，依照规定。

法院最终采纳了公诉方的观点，判决金丽娜构成诈骗罪，处以有期徒刑12年，小赵判处有期徒刑10年，并处没收财产。

那么金丽娜与张志勇的婚姻呢？法律该怎么规制这种骗婚行为呢？他们的婚姻是否有效呢？

律师说法：无效婚姻的情形与可撤销婚姻的情形>>>

近年来，通过结婚来骗取钱财的案例不在少数，这种婚姻对于受害人来说是不公平的，针对这种情形下双方的婚姻关系，到底是属于无效的呢，还是可撤销的呢？

根据婚姻法第 10 条、第 11 条的规定，我们不难发现像本案中的这种骗婚行为既不符合无效婚姻的规定，也不符合关于可撤销婚姻的规定。那么依照现有婚姻法的规定，该婚姻关系即便存有瑕疵，但也仅能认定该婚姻关系合法有效。也就是说按照现在的法律，即使张志勇是这段婚姻中的受害者，但是法院也不能直接认定该婚姻无效或者撤销该婚姻，因为结婚时，张志勇明显是自愿的。所以，本案中张志勇如果要跟金丽娜解除婚姻关系，只能选择协议离婚或者诉讼离婚。

但是骗婚行为属实，该行为已涉嫌构成诈骗罪，如果该违法犯罪行为的民事法律效力都予以认可，显然是说不通的。目前我国尚无“民法典”。民法通则属于民事立法的基本法,与婚姻法属于普通法和特殊法的关系，在特殊法无规定的时候，笔者认为在实践中宜适用民法通则的规定认定婚姻无效。民法通则第 58 条的规定“以合法形式掩盖非法目的的行为无效”，为此骗婚婚姻关系应属于无效的民事行为，其行为自始无效。

法条链接>>>

● 《中华人民共和国婚姻法》

第十条　有下列情形之一的，婚姻无效：

（一）重婚的；

（二）有禁止结婚的亲属关系的；

（三）婚前患有医学上认为不应当结婚的疾病，婚后尚未治愈的；

（四）未到法定婚龄的。

第十一条　因胁迫结婚的，受胁迫的一方可以向婚姻登记机关或人民法院请求撤销该婚姻。受胁迫的一方撤销婚姻的请求，应当自结婚登记之日起一年内提出。被非法限制人身自由的当事人请求撤销婚姻的，应当自恢复人身自由之日起一年内提出。

做贼必被抓，两个贪心的女人得到了应有的惩罚。法律是公平的，是正义的，不要心存侥幸，企图巧取豪夺他人钱财。有句话叫：“人间正道是沧桑！”希望人人都能引以为戒，光明磊落地赚钱，堂堂正正地做人！

本案中骗人者最终得到了法律的制裁，可反思此案，被骗者也应得到深刻的教训。被骗者张志勇，可谓损失惨重，最初因为惧怕法律制裁不得已和所谓的名模结合，背弃和伤害了最爱自己的女人。后来又因为名模身后不菲的家底而窃喜万分，丧失警惕，深陷骗局，自此一步步被套牢而不自知。最后不但输了生意钱财，也输掉了本可以幸福的人生。所以，当人性的贪婪和欲望面对巨大诱惑的时候，要好好想一想，真的有天上掉馅饼的好事吗？张志勇最终也是自吞苦果，若无法律的庇护，将会输得更惨。

越界的恶果

婚姻是男人、女人坚实的港湾，它看似平淡无奇，波澜不惊，但却能为身处其中的人遮风挡雨。时间久了，人们却忘记了平淡的美好，只哀叹平淡的乏味。于是，纷纷假借爱情的名义放纵自己对情欲的满足。婚外的情感仿佛妖娆的罂粟，让他们失去理智、欲罢不能，于是上演了一幕幕人间悲剧。

在本专题中，律师将为你解读生活中出现的极端案例。用法律的视角带人们分析如何理智地去结束一段破碎的情感，来挽救无辜者的生命。为了所谓的爱情，视他人生命如草芥的行为，最终将会受到法律的严厉制裁！

爱的末路

关键词 家庭暴力　立功　犯罪中止

2011年冬天的一个清晨，天刚蒙蒙亮，北方一个小城市，工厂的几名女工刚下夜班，大家都往前走着。突然，一声尖叫打破了清晨的宁静。“啊！死人！”几名女工望过去，看到了一个男人趴在地上，身子下面有一滩血。这可把她们吓坏了，大家紧张地贴在一起，相互之间紧紧拽着对方的胳膊。“这该怎么办？”“报警吧！”几个人哆哆嗦嗦地拨通了110，很快警方赶到了现场。

警方立刻封锁了现场，并进行勘查，发现被害人早已经死亡。被害人头部有钝器伤，身上还有刀伤。经鉴定，死亡原因是颈部大动脉被割伤，失血过多而死。办案人清理完现场之后，通过媒体发布了尸体认领公告，并且希望能有知情人提供相关线索。

在这个小城市，发生了这样一起恶性杀人案件，很快传遍了全城。第二天，就有一名中年妇女来到了公安局，称自己的丈夫失踪了。经过指认，这名死者就是她的丈夫。通过询问，办案人员了解到，死者名叫张健，是当地一名矿工。据张健妻子讲述，张健平日里脾气暴躁，经常和人打架，树敌不少。“你丈夫什么时候失踪的，你最后见到他是什么时候？”办案人员问道，张健的妻子想了想说：“三天前，晚上八点左右，他边喝酒边看电视，接了一个电话之后就穿衣服出去了。”“那他说去哪了吗？”“没说，平时他就这样，说走就走，我也不敢多问。”张健妻子回答道。

案件调查到这个阶段，似乎陷入了困境。张健为什么深夜出门？是被仇家约出去遭到杀害还是偶然被害？

经过几天的走访调查，办案人初步锁定了几个重点嫌疑对象，其中一个是张健单位同事——李雪。为什么会怀疑她呢？原来她是张健多年的情人。于是办案人立刻传唤李雪配合调查。“你和张健是什么关系，你最后见到他是什么时候？”“我们是情人，在一起六年了。我们感情一直很好，我怎么会害他呢？”听她这样回答，办案人有些惊讶，又说：“什么时候说你害他了？我们只是想了解他的活动情况。”“我……我太紧张了，我是说我从小就怕警察。”通过这次询问，办案人觉得李雪有些超乎寻常的紧张，于是对李雪展开重点调查。通过深入地调查，办案人发现，李雪和张健虽然是相处六年的情人，可他们之间并不像李雪说的那样感情很好，相反他们矛盾很深。

这是怎么回事呢？有矛盾还做什么情人，散了不就行了吗？

这还得从两年前说起。也是一个冬天的凌晨，人们还都在熟睡当中，突然一阵男人的叫骂声混杂着女人的哭喊声，打破了周围的宁静。只见一个40多岁的男子，身上穿着厚厚的棉衣，看样子是刚从外边回来的样子，正用手扯着一个女人的头发，大声咒骂着：“你这不要脸的，我才几天不回来，你又在家偷人。”那个女人身上只穿了件睡衣，已经被打得满脸流血，不停地喊：“不敢了，我再也不敢了。别打了，别打了。”周围邻居纷纷走出来，边劝男人消火边把他拉到一边。

这出什么事了？闹出这么大动静。原来这个男人就是李雪的丈夫，他是个跑长途的货车司机。今早，他刚从外地回来，用钥匙打开家门，突然一个男人“嗖”地一下从他旁边跑了出去，等他反应过来，那男的早没踪影了。再一看自己妻子李雪只穿着件睡衣，头发凌乱，躲在墙角里害怕地看着他。这还用问吗，肯定是他媳妇趁他出门把别的男人带家来了。他这火“腾”地就上来了，扯住媳妇一顿拳打脚踢。李雪几年前就因为背着丈夫和别的男人偷情，差点被打断腿，可她真是好了伤疤忘了疼，竟然又把相好的带回家里来，难怪她丈夫这么生气。

律师说法：家庭暴力>>>

家庭暴力作为法定离婚理由之一，其情形恶劣，影响严重。那么，我国法律对于家庭暴力是如何进行规制的呢?

本案中，李雪的丈夫殴打李雪的行为实际上就是我们常说的家庭暴力。家庭暴力简称家暴，是指发生在家庭成员之间的，以殴打、捆绑、禁闭、残害或者其他手段对家庭成员从身体、精神、性等方面进行伤害和摧残的行为。家庭暴力是一种侵犯人权、危害社会的违法行为，实施这种行为的人依法应承担相应的法律责任。

1. 民事责任。根据婚姻法的规定，家庭暴力是法定离婚理由之一，而且受害者可以要求家庭暴力实施者承担损害赔偿的民事责任。

2. 行政法律责任。根据治安管理处罚法的规定，对实施家庭暴力尚未构成犯罪的可处以15日以下拘留、200元以下罚款或者警告。

3. 刑事责任。严重的家庭暴力可能会构成刑法中暴力干涉婚姻自由罪、虐待罪、故意伤害罪、故意杀人罪、侮辱罪等罪。其中，家庭暴力实施者对共同生活的家庭成员经常以打骂、捆绑、冻饿、强迫超体力劳动、限制自由等方式，从肉体、精神上摧残、折磨，情节恶劣的，构成“虐待罪”，应处两年以下有期徒刑，拘役或者管制；如果引起被害人重伤、死亡的，处两年以上七年以下有期徒刑。

法条链接>>>

●《中华人民共和国婚姻法》

第三十二条　男女一方要求离婚的，可由有关部门进行调解或者直接向人民法院提出离婚诉讼。

人民法院审理离婚案件，应当进行调解；如感情确已破裂，调解无效，应准予离婚。

有下列情形之一，调解无效的，应准予离婚：

（一）重婚或有配偶者与他人同居的；

（二）实施家庭暴力或虐待、遗弃家庭成员的；

（三）有赌博、吸毒等恶习屡教不改的；

（四）因感情不和分居满二年的；

（五）其他导致夫妻感情破裂的情形。

一方被宣告失踪，另一方提出离婚诉讼的，应准予离婚。

第四十三条　实施家庭暴力或虐待家庭成员，受害人有权提出请求，居民委员会、村民委员会以及所在单位应当予以劝阻、调解。

对正在实施的家庭暴力，受害人有权提出请求，居民委员会、村民委员会应当予以劝阻；公安机关应当予以制止。

实施家庭暴力或虐待家庭成员，受害人提出请求的，公安机关应当依照治安管理处罚的法律规定予以行政处罚。

第四十五条　对重婚的，对实施家庭暴力或虐待、遗弃家庭成员构成犯罪的，依法追究刑事责任。受害人可以依照刑事诉讼法的有关规定，向人民法院自诉；公安机关应当依法侦查，人民检察院应当依法提起公诉。

虽然李雪向丈夫赌咒发誓，一定不再和第三者往来，可丈夫一定要知道那男人是谁。在丈夫的追问下，李雪不得不说出实情。原来，那个男人不是别人，正是张健。李雪怎么和张健好上的呢？

张健和李雪是一个单位的，李雪是单位搞宣传的，歌唱得挺好，经常在年终汇演时表演个节目，所以大家都认识她。一次李雪在街上遇到小偷，正好被张健碰上，并帮她打跑了小偷。从此，李雪就认准张健是敢作敢为的英雄，对他非常有好感。加之张健对她也有意，所以两个人就很快打得火热。这次李雪趁丈夫跑长途去了，就把张健带回家里，没想到丈夫提前回来，堵个正着，没办法，张健就硬着头皮从门口跑了出去。

这件事发生之后，李雪和张健的丑事被传得沸沸扬扬，可两个人并没断绝来往，而是更隐秘地继续约会。李雪偷偷摸摸地又过了半年，一次丈夫又出车跑长途去了，可是一去就是半个月没消息。后来外地公安局通知她去认尸体，果然是李雪的丈夫。公安局对于她丈夫的死因，没有最终结论，说是车祸的可能性比较大。

李雪的丈夫死了，可看李雪的样子，却不像是很悲痛。周围人都议论她心狠，没感情。的确是这样，李雪和丈夫刚结婚那会还能将就，可两个人也不知道谁的原因，一直没孩子，感情就越来越淡了，三天一小吵，五天一大吵。加之几年前，李雪因为被人议论过和其他男的有私情，没少挨丈夫的打，因此李雪对丈夫早就没感情了。这下丈夫死了，她的确不觉得悲伤，反倒有些庆幸，并幻想着，张健能和她组建家庭，光明正大地过日子。

李雪真的能从此过上幸福的生活吗？她的人生能从此精彩起来吗？令她万万没想到的是，她的生活变得更加苦不堪言了！

李雪丈夫活着的时候，她和张健只能偷偷摸摸地约会，这种偶尔地相处，让两个人的感觉是刺激、意犹未尽。可当李雪可以不加避讳地与张健腻在一起的时候，彼此的缺点全都暴露出来。张健原本就是个易怒、霸道的人。他想见李雪的时候，李雪必须在家等着；不想来的时候，李雪就是有天大的理由他也不来。而且电话打多了，他就急了，在电话里就开骂。李雪想：这就是自己的命，也认了。但多次询问张健："你什么时候离婚啊？你什么时候娶我啊？"开始张健还应付着："我媳妇不同意，再等等吧。"可后来，李雪再问，他就干脆冷冷地说："我什么时候说要娶你了？就这样过着吧。"李雪这才知道，张健根本没想和她结婚，自己这不是被耍了吗？可她一个女人又能怎么样呢。长痛不如短痛，她提出分手，没想到张健不但不同意，还狠狠地揍了她一顿说："你这个臭女人，连老子也敢甩，你要敢和别的男人好，看我怎么收拾你。"这个时候，李雪悔之晚矣，这过的是什么日子啊！

经过这番调查，办案人觉得李雪是有作案动机的，目的就是想尽快摆脱张健的控制。可进一步调查又发现，案发当时，李雪整晚都在朋友家打麻将，并没有作案时间。

正当办案人要排除李雪的嫌疑时，一个新的发现又引起了办案人的注意。据知情人反映：李雪不只张健一个情人，还有一个叫孙大力的人与李雪来往密切。难道这是一起争风吃醋引发的命案？

办案人立刻寻找孙大力，却发现，自从案发后，孙大力就没再出现过，这更加大了对他的怀疑。于是办案人再一次传唤了李雪，可当问到她与孙大力的关系时，她只是轻描淡写地说："八年前，我俩确实好过，可后来被我丈夫发现后，他就离开这儿了。从那之后，我们根本不联系。""可据我们了解，不久前，你们还刚刚见过面。"办案人问道。片刻紧张过后，李雪便对答如流道："是这样，三个月前，同学聚会，他才又回来了。我们只是见了两面。再说，他又结婚了并且有孩子了，这次我们见面完全是普通朋友，没有其他交往。"李雪虽然回答得很流利，可办案人凭借丰富的经验，感觉到李雪并没说实话，还保留了很多，而且回答的内容都像是准备好的。

当然不能放过这个重要线索，办案人开始重点调查孙大力。先是查出了孙大力在外地的家庭住处，并很快来到他的家中。开门的是一个瘦小的女人，旁边还有一个四五岁的小女孩。这个女人正是孙大力的妻子，她反映的情况与李雪回答的完全不同。据她反映，孙大力在半年前就和她离婚了，是为了一个比他大的女人抛弃她们母女的。而且，从半年前离开之后，音讯全无，一次也没回来看过女儿。

从时间上看，孙大力离婚的时间与李雪再次见面的时间完全一致，这难道仅仅是巧合吗？看来，孙大力为之离婚的那个女人极有可能就是李雪，如果真是这样，孙大力不会不和李雪联系。于是，办案人通过全面布控，果然发现了一个没登记姓名的电话一直和李雪保持密切联系，而且通话时间都是在晚上十点以后。于是办案人顺藤摸瓜，三天后，在南方一个小城的旅馆里，将孙大力抓获。随后又将李雪刑事拘留，事情的真相也浮出了水面。

孙大力虽然归案了，可他是徐庶进曹营——一言不发，而李雪在强大的证据面前，终于道出了实情……

八年前，李雪刚30岁。由于和丈夫始终没孩子，又总吵架，在家中已经找不到快乐了。加之丈夫经常出差，一个月也就能在家待个七八天，所以李雪感到很空虚、寂寞。正是这个时候，李雪认识了附近工厂上班的孙大力。孙大力小李雪四岁，那时还是单身。他长得高高大大，平时总是一副乐乐呵呵的样子。再加上两个人都爱唱歌，因歌结缘，两个人成为了好朋友。李雪的丈夫经常出差，家里有什么重活孙大力都热情地帮忙。一次李雪的丈夫不在家，那天正好是李雪的生日，孙大力买了礼物给李雪庆祝生日。李雪已经好多年没过生日了，她很感动，做了一大桌好吃的，就在那晚，李雪投入了孙大力的怀抱。两个人过分亲密的来往，被朋友和邻居传得沸沸扬扬，免不了传到李雪丈夫的耳中。尽管他没抓到真凭实据，但还是对李雪一顿毒打。

后来迫于家庭和众人的压力，也为了不给李雪带来麻烦，孙大力只身一人离开了这座令他伤心的城市。之后，两个人的确很多年没联系，可是这些年李雪的遭遇——先是挨丈夫的打，丈夫死后又被张健霸占着，令她常常会想起孙大力对自己的温柔体贴。

就在半年前的一天，李雪在家突然接到一个陌生电话。“你好，是李雪吗?”电话的另一端传来了一个男人的声音，这声音让李雪觉得特别亲切，可一时又想不起来在哪听到过。“我是李雪，你是谁啊?”“你不会把我忘了吧？我是孙大力啊。”一听是孙大力，李雪激动得哽咽了：“大力，你回来了?”孙大力说，他走后去了南方一个城市，在那里找了一份工作，也结了婚，还有一个女儿。但是婚后和妻子没有共同语言，妻子就像是领结婚证的仆人，除了会做家务，没什么值得称赞的。尤其是妻子五音不全，一首歌都不会唱，让他非常怀念和李雪在一起甜蜜对唱的情景。一次偶然的机会，他遇见了原来厂里的同事，听说李雪的丈夫因车祸去世多年，而李雪至今还是单身，才会又和李雪联系。两个人很快见了面，八年后的再次相聚，在彼此心中都点燃了一把火，似乎又重新找到了生活的希望与激情，共同憧憬着两个人未来能携手共度。尤其是李雪，现如今，既没名分，还得守着张健。这让她急于摆脱张健，而孙大力就是她的救命稻草。她不愿意再失去这个机会，对孙大力百般温柔，满怀期盼地问：“你能离婚吗？你能带我走吗？你能不再抛下我吗？”开始孙大力还有些犹豫，可最终他无法抵挡李雪的柔情万种，下定决心，抛妻弃女来到李雪身边。但是两个人遇到了一个很大的障碍，就是张健！

一向霸道专横的张健，听说自己的女人和别的男人又好上了，不仅将李雪打得鼻青脸肿，而且又找来几个人一起将孙大力打得进了医院。

“太过分了，吃着碗里的，还占着锅里的！”孙大力恨得牙直痒痒。见到这种情况，李雪就试探着问：“只要他在，我们俩就没好日子过，除非他死了。”“你说什么？”孙大力吓了一跳。“我说他得死，我俩才能好。”李雪认真地说道。于是两个人开始商量，一不做，二不休，干脆将张健杀掉。为了作案，李雪特意买了个没登记的手机号，孙大力买好了匕首和一个锤子。一切准备妥当，在一个下雪的夜里，李雪拨打了张健的电话。“喂，谁呀？”张健带着醉意问道。“是我，你到我家把你的东西拿回去。我不想再见到你。”张健一听，李雪胆敢这么说话，气得直奔李雪家而来。当他刚拐进李雪家附近的胡同时，背后蹿出一个人影。没等张健反应过来，后脑就被重重地击打了一下。张健手捂着头，迷迷糊糊地倒在地上，紧接着又被人捅了几刀。这一切自然是早就准备在那的孙大力所为。李雪怕事后被发现，特意在那天晚上约了几个人打麻将，趁上厕所的工夫给张健打了个电话，约他出来，然后又继续回去玩麻将。而孙大力作案后，就连夜跑了，想躲过这阵风头，两个人再远走高飞，可没想到这么快就被抓获归案了。在得知李雪已经招供后，孙大力显得很激动：“我没揭发她，她反倒把我供出来了，我要揭发，要立功！”孙大力要揭发谁呀，难道他还知道什么秘密吗？是的，孙大力接下来的供述，竟然又引出一场命案，这可真让办案人大吃一惊！原来，孙大力揭发的不是别人，正是曾令他神魂颠倒的情人李雪。孙大力说道：“李雪丈夫不是死于车祸，他是被人害死的。”真的是这样吗？孙大力不会为了立功，瞎编吧？

孙大力说，自从李雪与张健约会被丈夫堵在家中之后，李雪的日子特别难受，每次丈夫出差回家就会折磨她，非打即骂。她常常和张健诉苦，而张健也觉得李雪丈夫碍事，于是两人就开始计划着想要杀了他。经过多番研究，两人决定，用一种杀人方法最好，就是在汽车上做手脚。这样神不知，鬼不觉，可以制造出车祸的假象。于是，李雪偷配了车钥匙，并把丈夫的具体行踪及时告诉给张健，而张健则破坏了车的刹车系统，结果在李雪丈夫出车时，车毁人亡。

所以，在此之后，张健能一直牢牢控制李雪，就是用这件事要挟她。孙大力痛苦地说："李雪为了彻底摆脱张健，才鼓动我，让我杀了他，我因为被他打伤，也想报复他，所以才鬼迷心窍，听她的，我后悔死了……"

律师说法：立功>>>

立功作为一种量刑制度，有利于揭发犯罪以及犯罪嫌疑人改过自新，那么什么样的行为是立功呢？

刑法第68条中规定的揭发他人犯罪行为包括共同犯罪案件中的犯罪分子在被羁押或者归案后，如实交代了自己的犯罪，还揭发同案犯共同犯罪以外的其他犯罪，经查证属实的。本案中孙大力揭发了李雪与张健合谋杀害李雪丈夫的犯罪事实，并且经过公安机关的调查，情况属实。那么孙大力的行为符合刑法第68条规定的立功情形，对孙大力可以从轻或者减轻处罚。

法条链接>>>

●《中华人民共和国刑法》

第六十八条　犯罪分子有揭发他人犯罪行为，查证属实的，或者提供重要线索，从而得以侦破其他案件等立功表现的，可以从轻或者减轻处罚；有重大立功表现的，可以减轻或者免除处罚。

到了这种地步，李雪也没法再隐瞒了，承认了与张健合谋害死亲夫的整个过程。

真是没想到，一起杀人案竟又牵出了另一起命案。两起案件被合并审理，很快移送到了公诉机关，法院很快开庭审理了该案。在开庭审理过程中，对于杀害张健的事实，李雪跟孙大力都供认不讳，而案件的争议焦点集中在李雪对前夫的死是否应当承担刑事责任，又该如何承担上。

李雪虽然承认参与合谋杀死丈夫，但她辩称："当初我的确把配好的车钥匙给了张健，但是好几次都没成，我就提出来不做了，而且我也劝过张健停手。可张健不听我的，所以，我早已经停止犯罪了，我丈夫的死应当是张健一个人造成的。"

她说的听起来似乎有些道理，那么在法律上，李雪的辩解能成立吗？她需要对自己丈夫的死负责吗？

律师说法：犯罪中止>>>

要成立犯罪中止必须同时具备三个条件：1. 发生在犯罪过程中。2. 行为人主动放弃犯罪行为，即能做而不做了。3. 有效防止犯罪结果发生；并非没有任何损害结果，但至少是没发生原本追求的那个犯罪结果。

本案中，李雪与张健密谋了犯罪方法和实施过程，并各有分工。从他们的分工看，李雪配车钥匙并交给张健，她的犯罪行为就基本完成了。她自称后来不想做了，可她并没有效阻止张健实施杀人行为，也没告诉被害人修复刹车。因此，并未有效防止犯罪结果发生，并不具备犯罪中止的全部法律要件，因此李雪的行为并不成立犯罪中止。

法条链接>>>

●《中华人民共和国刑法》

第二十四条　在犯罪过程中，自动放弃犯罪或者自动有效地防止犯罪结果发生的，是犯罪中止。

对于中止犯，没有造成损害的，应当免除处罚；造成损害的，应当减轻处罚。

法院最终判决在两起案件中，李雪均构成故意杀人罪，在杀死张健案件中，判处死刑立即执行；在杀死自己亲夫的案件中，没有认定她有犯罪中止行为，但考虑其是从犯，从轻判处无期徒刑。数罪并罚，决定执行死刑。同时判决孙大力构成了故意杀人罪，手段残忍，社会影响恶劣，但考虑被害人也有一定过错，又有立功表现，因此判决孙大力死刑缓期两年执行。

我们看到，两起命案，全都打着爱的旗号。可当相爱的人各自组建了家庭，他和她就应当承担起家庭的责任和夫妻间彼此忠实的义务。可是，李雪置家庭、道德、良知于不顾，完全以自我为中心，以牺牲他人家庭和谐来掠取自己的幸福。而正是这畸形的爱情观和家庭观，令她走上了先杀亲夫又杀情人的不归路，让自己在人生舞台上过早地谢幕！而张健和孙大力，为了所谓的爱，无视法律约束，无视他人生命，也难逃法网，付出了惨痛的代价！卢梭说："人生而自由，却无往不在枷锁之中。"诚然，每个人都有自由去爱，可以爱得深沉，也可以爱得疯狂。但当"爱"失去理智，伤及无辜，法律与道德必会将其斩杀。

车祸背后的阴谋

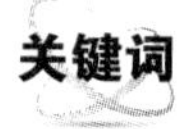

交通事故责任的认定　交通肇事罪　交通肇事与利用交通工具故意杀人的区别

2010 年的一天，北方某小城的小学校里，正值上课的时间，走廊里显得很安静。突然一阵急促的脚步声传来，高一（3）班的教室门被猛地推开。同学们正在上课，都惊讶地把头转向门口，班主任张老师走进来急切地大声说："小敏，快出来，和我走！"小敏从没见过张老师这么紧张，立刻开始收拾东西。"不用收拾了，快和我走！"张老师着急地一把抓起小敏就往外跑。这是发生什么事了？一出校门，张老师就拦了辆出租车。坐进车里，张老师望着一脸茫然的小敏，才尽量保持平静地说："孩子，你听老师说，你爸爸出车祸了，正在医院抢救呢，老师会陪着你，你别害怕！"小敏一听，吓得"哇"地一声就哭出来了，张老师不停地安慰她。到了医院，两个人疯了一样跑向急救室，可还没跑到地方，就听见小敏妈妈撕心裂肺的哭声。小敏大喊："妈妈，妈妈！"妈妈看到了小敏，一把抱住她，泣不成声："你爸爸，他走了，不要我们了！"小敏一下傻了。

这时，一个高大魁梧的男子出现在母女面前，一脸愧疚："都怪我，我不该开快车，都是我造的孽啊，对不起你们。"小敏立刻恍然大悟，哭着奔向男子，对他拳打脚踢："一定是你，是你害死我爸的，你还我爸爸，还我爸爸！"在场的人听到这儿，忍不住哭成一片。

这个高大的男子的确就是肇事者李大龙，他痛心疾首地说："我一定尽全力补偿你们娘儿俩。我会赔给你们 20 万，弥补我的滔天大罪，请原谅我吧。"小敏和母亲一脸怨恨地盯着他，小敏妈妈呵斥道："钱能买命吗？你还我丈夫！我们不要钱！”李大龙“扑通”跪了下去，忍受着小敏母女一声接一声的责骂。

悲剧就这么没有准备地发生了。小敏今年才16岁，妈妈田丽丽是企业出纳员，而爸爸原本是个工人，三年前就下岗了，一直靠开黑摩的维持生计。家里虽然不富裕，但是爸爸妈妈都很疼爱小敏。小敏学习很出众，老师和同学都很喜欢她。但是，小敏没想到，疼爱自己的爸爸突然与自己阴阳两隔了。

这是一起摩托车与轿车相撞的交通事故，造成一人死亡的严重后果。按照程序，交警要根据事故现场，对双方驾驶员的责任进行划分。很快交警部门出具了《交通事故责任认定书》，结论是：由于小敏爸爸无照驾驶摩托车，事发当时闯红灯。而轿车驾驶员李大龙，转弯路口瞭望不够，处理不当，故二人对此次交通事故，占同等责任。

律师说法：交通事故责任的认定>>>

一般发生交通事故后，除了要拨打急救电话外，还应当报警，等待交警部门的处理。交警部门对现场进行勘验、检查后，会出具交通事故责任认定书。

根据《道路交通事故处理程序规定》，因两方或者两方以上当事人的过错发生道路交通事故的，根据其行为对事故发生的作用以及过错的严重程度，分别承担主要责任、同等责任和次要责任。

本案中小敏爸爸无证驾驶摩托车并且闯红灯与李大龙转弯路口瞭望不够，处理不当，均属于明显违反道路交通安全法的行为且具有过错。故根据该城市交通事故责任认定细则，交通部门出具的交通事故责任认定书中确认二人对该事故承担同等责任。

法条链接>>>

●《道路交通事故处理程序规定》

第四十六条　公安机关交通管理部门应当根据当事人的行为对发生道路交通事故所起的作用以及过错的严重程度，确定当事人的责任。

（一）因一方当事人的过错导致道路交通事故的，承担全部责任；

（二）因两方或者两方以上当事人的过错发生道路交通事故的，根据其行为对事故发生的作用以及过错的严重程度，分别承担主要责任、同等责任和次要责任；

（三）各方均无导致道路交通事故的过错，属于交通意外事故的，各方均无责任。

一方当事人故意造成道路交通事故的，他方无责任。

省级公安机关可以根据有关法律、法规制定具体的道路交通事故责任确定细则或者标准。

田丽丽赶快带着小敏一起咨询了律师。律师解答说，同等责任意味着，作为死者家属只能要求对方承担50%的责任，各种赔偿金算下来，大概15万元左右。田丽丽唉声叹气，和小敏唠叨着："我和你爸说多少回了，开黑摩的不行，如今倒好，连命都搭上了。"而且自从责任认定书下来之后，就没再见到过肇事者李大龙，田丽丽有些担心：他不是说要赔咱们20万吗？好歹够咱们娘儿俩生活啊，不会反悔了吧？正当她们母女俩担心的时候，田丽丽的手机响了，是一条短信：我是李大龙，赔偿金20万已经存入你的账号，请查收。田丽丽一看欣喜不已："太好了，小敏。在医院的时候我把银行账号留给他了，没想到他还真讲信用，已经把20万存进来了。这比应该赔偿咱们的，还多了5万呢！"

虽然赔偿金的事没让娘儿俩太费神，可她们却必须要承受失去亲人的痛苦！可让她娘儿俩没想到的是，那个她们最不愿意看到的人却不断地出现，让她们的心情久久不能平复。这又是怎么回事呢？

事故半个月后的一个周日，田丽丽和女儿正在家吃饭，门响了。田丽丽打开门，站在门外的居然是那个肇事司机李大龙。“你来干什么？”田丽丽没好气地问。李大龙将手里拿的大米、鸡蛋、豆油放在地上说：“我知道，那20万元根本弥补不了我的罪过，我希望能尽可能多地补偿你们。”田丽丽愣了一下，然后冷冷地说：“你快走，快走。看到你我就想起我死去的老公，你这个刽子手！”李大龙似乎也预料到了，也就没说什么，转身离开了。可让她们娘儿俩没想到的是，从此以后，李大龙三天两头就来。每次来，不是带学习用具，就是带各种吃的，任她们母女怎么羞辱，他也不说话，只是默默地离开，但下次还是照来不误。慢慢地，母女俩都不太好意思对他恶语相向了，他们的关系渐渐有所缓和。后来一件事情的发生，让他们的关系彻底改变了！

有一天，小敏突然肚子疼，而且剧痛难忍，田丽丽吓得直掉眼泪，背上小敏就往楼下跑。可刚下两节楼梯，就把脚扭了，急得田丽丽不知如何是好。正在这时，李大龙赶到了，抱着小敏飞奔到医院。楼上楼下又是挂号，又是开药，折腾到半夜。大夫说小敏是急性阑尾炎，多亏送来及时。这件事让小敏和妈妈都打心眼里谅解了李大龙。于是，李大龙更加频繁地出入小敏家，半年后，他们相处的已经像一家人了。可是有一天，田丽丽的一番话，还是让小敏大吃一惊！

一天，妈妈小心翼翼地说：“小敏，你觉得李叔叔人怎么样？”“那还用说吗，他是个好人。”“可他撞死了你爸爸啊。”妈妈又问。小敏沉默了一会说：“妈妈，这件事我认真想过，也问过我的老师。我觉得李叔叔毕竟不是故意的，而且我爸爸也有错。”“那你原谅他了？不再怪他了？”小敏认真地点点头。可妈妈接下来的一个问题却让她不知道怎么回答：“如果我和李叔叔结婚，你会同意吗？妈妈保证李叔叔会像爸爸一样爱你。”小敏张大了嘴巴，愣了好一会，说道：“让我想想吧！”

是呀，这也太离谱了吧。小敏虽然原谅了李叔叔，可她还是难以接受妈妈要和这个人结婚。她找到张老师说：“老师，除了我妈，我最相信你的话，这件事，我实在不知道该怎么办。”于是小敏就将妈妈要和李大龙结婚的事告诉了张老师。听完事情经过，老师抚摸着小敏的头告诉她，爸爸已经去世了，这个家不完整了，如果能有一个好男人撑起这个家，妈妈和她都会快乐的。

最终，小敏接受了这件事，田丽丽和李大龙就这样结婚了。昔日的仇人成了亲人，他们的日子真的会幸福吗？

小敏和妈妈田丽丽一起搬到了李大龙的豪华公寓里，吃住都比以前好很多。李大龙对她们母女比以前更好了，对她们有求必应。可是这种幸福却没能持续太久……

到了新家的小敏，对哪都特好奇，到处看看、瞧瞧。一天放学后，她在房子阁楼的角落里看到一个满是灰尘的小木箱。好奇的小敏小心地打开木箱。原来里面放了好几本老式相册，都是李大龙以前的一些照片，她就打开一张张看下去。突然，她的眼睛盯在一张照片上不动了。这张有些发黄的照片上，是一对年轻恋人依偎在一起。这倒没什么，可问题是那男的显然是年轻时的李大龙，可那女的怎么那么像自己的妈妈田丽丽啊。再一看日期，居然是十五年前！

不可能啊，妈妈不是刚刚认识李大龙吗？难道车祸之前她们就认识？如果这样她们为什么要假装不认识呢？那爸爸的车祸……小敏不敢再往下想。她偷偷地把影集放回去，假装什么也没发生。可几天里，她一直想着这件事，不能安心。

有一天，小敏特意跑回以前的老房子，翻箱倒柜。小敏要干什么呢？她要找妈妈以前的照片，想要看一看那个照片上的女人究竟是不是自己的妈妈。她找了好一会儿，终于找到了妈妈的影集。这里有妈妈从小到大各阶段的照片，而在这些照片里，她不仅确认那个十五年前与李大龙合影的人就是自己的妈妈，而且，她在妈妈的一张同学合影里，也找到了李大龙的身影。

天呐！这怎么可能？小敏多希望这不是真的！她不知道该怎么办好？几天后，她终于忍不住把所有的话都告诉了张老师，张老师听后也大惊失色："真的吗，你确定没有看错？"小敏难过地点点头。张老师说："小敏，你放心，老师会帮你的，我感觉此事非同小可，我建议报警，你说呢？"小敏心里非常害怕，但是张老师是她最相信的人。第二天，张老师陪着小敏来到公安局报了警，警察听后也感觉事情很严重，立刻传唤了李大龙：“我们想了解一下，你和田丽丽是什么时候认识的?”“啊，我们是因为车祸认识的。”李大龙故作平静地回答道。“真的是这样吗，那这张十五年前的合影和你们的同学毕业照又是怎么回事?”李大龙一下子愣住了，说：“你们怎么会有照片?”办案人没回答，只是目不转睛地盯着他。李大龙脸都白了，不停地擦汗，过了好一会儿他低下了头，说道：“我们早就认识。”

原来，田丽丽和李大龙不仅是大学同学，当年他们还是恋人。他们恋爱了整整四年，可是毕业后，两个人都在各自家乡找到一份比较不错的工作，谁也不想为对方放弃自己的前途，才不得不分了手。分手后，李大龙在单位待了不到两年，就下海经商了，没想到他还真是块做生意的料，这十几年发了大财。有句话说：得不到的永远是最美的。李大龙经人介绍，与一个门当户对的女孩相识，觉得各方面条件都相当，就很快结婚了。可婚后觉得妻子哪点都不如自己的初恋女友，加上婚后一直没孩子，两个人就干脆离婚了。这时他更加觉得当时的那份感情不该错过。后来他通过同学联系到了田丽丽，得知田丽丽的经历也差不多，和丈夫感情很一般，尤其三年前丈夫下岗开黑摩的，田丽丽就越来越瞧不上他，觉得他没出息，太丢脸。于是，在李大龙的热情追求下，两个人又旧情复燃了。已经单身的李大龙迫切希望田丽丽能回到自己身边。而田丽丽，对有钱又有情的前男友也是充满希望，就迫不及待地和丈夫提出离婚。可是丈夫特别爱女儿小敏，不希望小敏缺爹少妈，就坚决不同意离。如果田丽丽逼得急了，丈夫干脆说：“让我和你离婚也行，除非你和女儿说实话。如果女儿也同意找个有钱人当后爸，我就趁早腾地方。”这下可捅着了田丽丽软肋。作为母亲最在乎的就是孩子的感受，如果说出实情，女儿一定会恨她呀，所以只好作罢。因此，两个人就一直维持着地下情人的关系。面对公安局的询问，李大龙委屈地说：“我承认我和田丽丽有私情，但那场车祸的确是个意外。”

那么这场车祸究竟是场意外还是人为制造的呢？办案人调取了事发当时

的录像。录像中死者驾驶摩托车的确是闯红灯，而李大龙的轿车也的确是从另一个方向驶来，躲闪不及的样子，并没看出什么异样。为进一步看清案发时的原貌，办案人又调取了另一个方向的监控录像，而在这个录像当中，办案人有了一个意外的发现！

原来，从另一个角度可以看到，李大龙的轿车不是刚好通过，而是足足在原地停留了40多分钟，而后，像是发现了什么似的，突然启动。并且调取那一段时间录像看到，这辆轿车连续三天停留在此地，每次都是停留一个小时左右。会是什么理由，让李大龙每天在此地停留呢？办案人再一次传唤了李大龙。

看到录像的李大龙，终于低下了头，说："我等了三天，就是在等他也违章，我好乘机……我以为天衣无缝了，没想到……唉！"李大龙交代说，他实在是急于得到田丽丽，所以才擅自决定撞死小敏爸爸。而后为了能让小敏接受他，才又和田丽丽商量，合演了一场仇人变亲人的好戏。

警方立刻逮捕了李大龙，等待他的，将是法律的严惩。

田丽丽母女俩搬离了豪华公寓，回到了原来的家。小敏看到从小到大生活的家，可是没有了爸爸，忍不住大哭起来。本以为爸爸是因意外而死，没想到竟然是被人害死的，而那个人不是别人，竟是妈妈的情人。她怪妈妈不忠于爸爸，才会引狼入室，对田丽丽爱理不理。田丽丽也自知理亏，不停地给女儿赔罪。毕竟母女连心，又在张老师的劝说下，小敏情绪渐渐平复。本以为可以重新过上平静的日子，没想到一场更大的风波在等着她！究竟又发生了什么事呢？

一天放学回家，小敏居然看到了很久未见的奶奶。奶奶重男轻女，一直都不喜欢小敏，小敏和她也不亲近。奶奶只在爸爸办丧事时出现过，这之后再没来过，今天来会是什么事呢？奶奶一来就冲田丽丽嚷："快把赔我儿子那20万元给我，我生活太困难了，一身病都没钱看。"田丽丽坚决不同意，说这是自己和女儿的生活费。小敏奶奶怒不可遏，开始咒骂田丽丽，什么难听说什么，小敏实在听不下去了，对奶奶喊道："你凭什么骂我妈，我爸爸死了，你再把钱要走，我们怎么生活，你配当我奶奶吗?”奶奶一下愣住了，然后号啕大哭，过了好一会儿，像下定决心似的对小敏说：“我觉得你年龄小，不想和你说，但你这么怪我，我也不想瞒了，索性我就都说了吧!”

奶奶究竟要说什么呢？她接下来的一席话，如同一个炸雷，把田丽丽和小敏都吓坏了!

奶奶说：“傻孩子，你还真以为是李大龙撞死你爸爸的啊，其实是你妈妈和李大龙合谋的，他们都不是好东西!”“你骗人，妈妈不是那样的人!”田丽丽也大喊：“不准瞎说，你快走，滚出我的家!”小敏奶奶哼了一声说：“你以为我什么都不知道啊。一周前，我想来取我儿子的死亡证明，想办个补助。走到门口，发现门没锁我就自己开门进来了，正好听到你和那个混蛋商量，一旦警察发现车祸有问题，就由他一个人担。你还说要一直等着他。”说到这儿，小敏奶奶忍不住又哭了起来：“小敏啊，奶奶承认我老思想，一心想要孙子，可你毕竟是我的亲孙女啊。我之所以没向公安局告发，还不是为了你吗。你爸已经没了，再没妈，你不就成孤儿了吗，你可怎么活啊！我这才一直憋着，可奶奶心里堵得慌，睡不着觉啊！我儿子死得冤啊，你妈妈的心也太毒了!”

这一瞬间空气仿佛都凝固了。只有奶奶边哭边斥责着，小敏和田丽丽都瘫软在沙发上，谁也不说话。也不知过了多久，奶奶不知什么时候已经走了。天黑了，屋子里也黑漆漆的，田丽丽突然“扑通”一声跪在女儿面前说：“妈妈该死，妈妈一时糊涂，你原谅妈妈吧，你千万不能说出去呀，如果我也被抓起来，你可怎么办，谁照顾你啊……”小敏实在听不下去了，哭着跑出家门。她在街上徘徊了很久，不知道该去哪。小敏无处可去，只能去找张老师。当听完小敏的哭诉，张老师也犹豫了，说：“小敏，老师知道你心里苦，也知道你恨妈妈，可这一次我真的不敢替你做主。凶手是别人，肯定没的说必须报警，可她是你亲妈，你还是再想想吧!”

是呀，小敏已经没爸了，难道还要再把亲妈送进监狱吗？当晚，小敏就住在了老师家，可是她一闭上眼睛，就看到爸爸惨死的样子。第二天一早，小敏在老师的陪伴下，来到了公安局。她坚定地说，我要替我爸申冤，否则他死不瞑目。警察听后，立刻传唤了田丽丽，她也很快交代了所有的真相。

原来，小敏爸爸拒绝离婚后，田丽丽就开始白天和李大龙鬼混，晚上回家照顾女儿。小敏爸爸为此经常打田丽丽，田丽丽开始恨他，而李大龙又迫切希望能光明正大地和田丽丽在一起。为了消除这个最大的障碍，最终二人合谋，制造了这场车祸。

很快，公诉机关对李大龙、田丽丽涉嫌故意杀人罪向法院提起了公诉，法院开庭审理。由于案件社会影响恶劣，开庭的当天，座无虚席。

公诉方认为，李大龙、田丽丽共同预谋杀害田丽丽前夫构成故意杀人罪，并伪造交通肇事现场，逃避法律制裁，情节恶劣，应当严惩。

李大龙和田丽丽均辩解道：虽然我们有意制造了一场车祸，可我们并没想一定就撞死他，只是想教训他一下。再说了，毕竟是他违章在先，交警部门不是认定他有一半责任吗，所以我们不应当属于故意杀人，顶多算是交通肇事罪！

这种辩解，似乎也有些道理，那么法院会采纳哪一方的观点呢？他们的行为究竟构成故意杀人罪还是交通肇事罪呢？

律师说法：交通肇事罪>>>

交通肇事罪的构成要求行为人在客观上具有违反交通运输管理法规的行为，并且发生重大交通事故，致人重伤、死亡或者使公私财产遭受重大损失，并且两者之间具有因果关系。

法条链接>>>

● 《中华人民共和国刑法》

第一百三十三条第一款　违反交通运输管理法规，因而发生重大事故，致人重伤、死亡或者使公私财产遭受重大损失的，处三年以下有期徒刑或者拘役；交通运输肇事后逃逸或者有其他特别恶劣情节的，处三年以上七年以下有期徒刑；因逃逸致人死亡的，处七年以上有期徒刑。

律师说法：交通肇事与利用交通工具故意杀人的区别>>>

根据上文我们可以知道，本案的争议点是李大龙和田丽丽故意制造交通事故致田丽丽前夫死亡到底构成交通肇事罪还是故意杀人罪。根据刑法第133条与第232条的规定，如果车祸是一方或双方违反交通法规的结果，可以认定为是无意而为的事故、是双方都不愿意发生的；可如果是人为设计的车祸，那么交通工具就纯粹成为了作案工具和手段，就如同行为人手中的棍棒、菜刀一样。

本案中，李大龙用车撞倒对方，又为了掩人耳目，特意选择在对方闯红灯的时刻下手，因此，车祸成为了李大龙杀人的手段，不再是一场事故了。而且他当然知道，发生撞车，就有导致被害人死亡的可能性，李大龙对此结果至少是持放任状态的。可见李大龙撞死田丽丽前夫的行为完全符合故意杀人罪的犯罪构成，并不具有任何违法阻却事由，应当以故意杀人罪定罪处罚。田丽丽虽然未参与具体犯罪行为，但参与策划谋杀其前夫的行为，属于故意杀人的共犯，对其前夫的死亡结果承担刑事责任。

法条链接>>>

● 《最高人民法院关于审理交通肇事刑事案件具体应用法律若干问题的解释》

第二条　交通肇事具有下列情形之一的，处三年以下有期徒刑或者拘役：

（一）死亡一人或者重伤三人以上，负事故全部或者主要责任的；

（二）死亡三人以上，负事故同等责任的；

（三）造成公共财产或者他人财产直接损失，负事故全部或者主要责任，无能力赔偿数额在三十万元以上的。

交通肇事致一人以上重伤，负事故全部或者主要责任，并具有下列情形之一的，以交通肇事罪定罪处罚：

（一）酒后、吸食毒品后驾驶机动车辆的；

（二）无驾驶资格驾驶机动车辆的；

（三）明知是安全装置不全或者安全机件失灵的机动车辆而驾驶的；

（四）明知是无牌证或者已报废的机动车辆而驾驶的；

（五）严重超载驾驶的；

（六）为逃避法律追究逃离事故现场的。

法院最终没有采纳被告人的辩解观点，判决李大龙构成故意杀人罪，判处死刑缓期两年执行；判决田丽丽构成故意杀人罪，因是从犯，从轻处以无期徒刑。

田丽丽在法庭上痛哭流涕，反复说着："我对不起小敏。"小敏作为被害人的家属，没有出席法庭，因为她不愿意看到那个杀死爸爸的妈妈！

田丽丽为了获得她所谓的爱情，不惜杀死自己的丈夫，最终只能是玩火自焚，受到了法律的严惩。

田丽丽为了与情人双宿双飞，伙同李大龙"用心良苦"地制造了一起看似偶然的交通事故；李大龙为了掩饰罪行、成为孩子的新爸爸，费尽心机地扮演着肇事后的赎罪者。本以为一切都是天衣无缝，却不承想"天网恢恢，疏而不漏"，这二人最终得到了法律的制裁。而小敏呢，有人说她不该告发田丽丽，毕竟那是她亲妈。是的，这对小敏而言，无疑是个痛苦的选择，可她如果选择沉默，她每天都要面对这个杀死父亲的凶手，她将永远无法释怀，永远背负着沉重的枷锁。

复仇的女秘书

关键词 强奸罪 强制猥亵 侮辱妇女罪 敲诈勒索罪

北方某城市，某天早上八点不到的时候，道路上挤满了如水的车流和忙碌的上班族。周一的早晨是最忙的，为了避开交通拥堵，张倩倩很早就出了门。这个时候，她已经坐到了办公室里。张倩倩一边收拾着办公室，一边不时地向经理办公室张望，一副神不守舍的样子。上午十点多钟，一个面色白净，个子不高的中年男子边打电话边走进了经理办公室。这个人就是汽车配件公司的经理李明才。见经理来了，张倩倩显得很兴奋，立刻放下手里的活儿，冲了杯咖啡送到了经理办公室。她一边将咖啡放到桌上，一边说："李经理您出差回来了？""啊，昨天晚上刚到家。"李经理忙了一会儿，见张倩倩站在那没有要走的意思，就问："小张，没别的事你就去忙吧。"张倩倩犹犹豫豫地转身要走，可又转了回来，扭捏地说："我……我……"可她支吾了半天，也没说出什么来。李经理疑惑地看着她，张倩倩涨红了脸，终于说道："我……我想问问那钱，什么时候给我？""钱？什么钱？""李经理您忘了，您答应一共给20万，先付了10万，还差10万啊！"听到这话，李经理的脸一下子沉了下来，不高兴地说道："10万还少吗？你那么轻松就得了10万，该知足了啊！"张倩倩一下子呆住了，她没想到李经理会这么说。

李经理见她仍愣在那儿，就不耐烦地说："小张，人得懂得知足！好了，这话就当你没说，快出去忙吧！"张倩倩红着脸，悻悻离去。

这是怎么回事，张倩倩要的是什么钱？而且一个人要另一个人却不给，数额还是10万元、20万元的大手笔，是工资、奖金还是她跟经理之间有什么别的交易呢?

这事还真得从李明才的经历说起。李明才出生在农村,从小家境贫寒,初中毕业就到这座城市打工,在一家汽车修配厂当学徒。因为肯干、好学,很快就有了一门好手艺,深得老板的喜爱。恰好,老板有一个独生女儿,已经到了适婚年龄,可老板的女儿打小就得理不饶人,特别厉害,处了几个男朋友都受不了她的火爆脾气,全都知难而退了,所以女儿的婚姻问题已经成了老板的心病。而李明才不但业务上是一把好手,人也朴实,脾气又特别好,是不笑不说话的那种,所以老板觉得他既能担起自己这份家业,又不会让女儿受委屈,于是老板选了他做上门女婿。这可真是鲤鱼跃龙门啊,此后的生活一定会蒸蒸日上。事实果然如此,在岳父的资助下,他另起炉灶,开办了一家汽车配件公司。当时正赶上中国汽车业发展的好时机,因此公司经营得红红火火。这使得李明才从一个穷小子,一跃成为一名年轻有为的私企老板。

至于张倩倩,她是本地一所专科学校毕业的,毕业后就应聘到李明才的公司做总经理秘书,已经三年多了。因其管理能力出众,加上她善于察言观色,很快成了李明才的得力助手,大会小会没少得到表扬。

可张倩倩为什么向李明才要10万元呢,难道是奖金没兑现吗?

原来,一个月前的一天,下班后,李明才只留下张倩倩一个人,神秘兮兮地把她叫到办公室,犹豫了半天后说道:“小张啊,李哥最近遇到点烦心事儿,想让你帮我出出主意。”“李总,您说,只要我能做到。”张倩倩爽快答应着。“唉!”李经理面露苦色说:“我被一个女人给缠上了。”

被女人给缠上了?这是怎么回事?难道因为李明才家大业大,有人想敲诈他?

原来,李明才在一次偶然的机会里,认识了一个在校大学生吕娜。吕娜青春靓丽,充满朝气,且处处透着一种小女人的柔媚。李明才当初结婚时,就是看重老丈人家大业大,所以与妻子恋爱那会儿,他的基本原则就是无条件服从。结婚后呢,因为自己的身份,自然又是个铁杆“妻管严”。因此在感情上总觉得有缺憾，所以吕娜的出现让李明才有一种如沐春风的感觉，就找各种理由约她见面。而吕娜呢，对于李明才这位年轻的成功人士也很有好感，尽管她知道李明才是个有妇之夫，还是对李明才的约请来者不拒。在相识两个月后的一天，两个人一起走进了宾馆，超越了道德底线，成为情人。这份婚外情，还真是让李明才陶醉了很久，甚至于感叹此生无憾了！可当这份感情真的遇到了麻烦，面对抉择时，却不那么轻松了！

半年后的一天，当吕娜喜滋滋地告诉李明才，她怀孕了，并坚持要生下孩子，见证两个人的爱情时，李明才真是吓坏了！为什么呢？在外人看来他做老板风光，可他自己最清楚，这个汽配公司是由老丈人一人出全资创立的，在法律上就是唯一的股东，说白了，自己就是给老丈人打工的。背叛妻子意味着什么，不是很清楚吗？在面包与爱情之间，他的选择没有什么可犹豫的，他不想再变回穷小子。至于婚外情，如果仅仅是一种调节剂是可以的，可如果威胁到自己的社会地位，那只能抛弃。于是李明才百般劝说吕娜，把孩子打掉，越快越好。吕娜呢，却说什么都不同意，更严重的是，她还逼着李明才离婚。这会儿，李明才可真急了，无论如何得劝吕娜做流产啊！

原来这是一笔风流债！可都说家丑不可外扬，李明才为什么要把自己的丑事告诉他的下属张倩倩呢？

李明才看着一脸惊讶的张倩倩说："我想请你去劝劝吕娜，让她做掉孩子。""我，我怎么行呢？"张倩倩赶快推辞，她可不想和这事沾上边。见张倩倩不想帮他，李明才立刻央求说："现在，只有你能帮我了。""我，我怎么帮你啊？我又不认识吕娜。""办法我已经想好了，只要你肯帮我，按我说的做就行了。"可是张倩倩仍然推辞说："李经理，工作上的事我肯定尽心尽力，可这事我真是爱莫能助啊。"说完，拎包就要走，李明才赶快拉住她说道："好妹妹，这事我不会白辛苦你的，你看这样行不行，我先给你 10 万，事成之后我再给你 10 万！"

20 万！这个数字可太诱人了，这可相当于张倩倩四五年的工资收入啊！既然领导这么求自己，况且有这么丰厚的回报，张倩倩看在钱的面子上，答应帮李明才这个忙。可究竟是怎么个帮法呢？

几天后，一个居民楼三楼门外站着个打扮时尚的女人，她敲响了301号住户的门。门开了，开门的是个面容清秀、身材娇小的女生。

“你就是吕娜？”敲门的女人直截了当地问：“我是。您是哪一位？”对方不由分说，上去就是一巴掌，嘴里还骂着：“你个不要脸的，竟敢勾引我老公。”吕娜被吓懵了，退进屋里，那女人也跟了进来，还重重地把门关上，冲上去又是一顿推搡。吕娜被吓得哭了起来。“不许哭！”那女人厉声嚷着：“坐下！”吕娜乖乖地坐到了床脚。对方冷冷地说：“我是谁你不知道吗？我就是李明才的妻子，明媒正娶的妻子！你算什么啊？我告诉你，你跟李明才没有未来。他要是离了我，他是什么啊？穷光蛋一个！你以为他真能放弃一切跟我离婚？想得美！”她见吕娜虽然有些害怕，但是却满脸的不服气，就说道：“不服是吧！这样吧，你打个电话给李明才，就说我在这里，他要是能来，我二话不说，就把他让给你。”吕娜满怀希望，立刻拨打了电话。“明才，你妻子在我这里，你来一趟吧？”“她怎么去了？我现在有事，没办法脱身啊。”“你来一趟就走也行，占不了你多少时间。”吕娜央求着。“对不起，娜娜，我实在脱不了身。好了，就这样啊。”说完，就匆匆挂了电话。吕娜不甘心，又把电话打过去，可是电话已关机。此时的吕娜真是伤心欲绝，一下子瘫软在床上。她难以置信，这就是那个曾对自己山盟海誓的男人！

李明才“妻子”看到胜券在握，语气委婉了很多：“妹子，你找错人了！其实，李明才背着我在外面找了不少女人，我都睁只眼闭只眼。因为我知道，他是绝不会离婚的。你还这么年轻，竟这么傻，还为他怀了孩子。他能给你什么啊？”这话，正说到了吕娜的伤心处。“所以呢，姐劝你，只要你把孩子做掉，跟他一刀两断，这事我既往不咎。而且，姐给你拿10万元，补补身子。如果同意，咱们现在就去医院，如果不同意，那就走着瞧。”吕娜见大势已去，只好点头同意了。于是，两人去了医院，吕娜做了流产。

这是怎么回事？这个找上门来的女人莫非真是李明才的妻子？难道李明

才的事被揭穿了?

事实并非如此。这个找上门来的女人，不是别人，正是张倩倩。她假扮成李明才的妻子，软硬兼施让吕娜做掉孩子，这一切都是李明才一手策划的!

而且李明才的确先给张倩倩户头上存了10万元，答应事成之后，另外10万元立刻兑现!可事成后，正巧赶上李明才出差，张倩倩也不好追得太急，只好苦苦等待。一周后，李明才回到了公司，张倩倩才会上门要钱。可令她没想到的事却发生了，李明才居然反悔了，也就是故事开始的那一幕。李明才摆明了是赖账啊!

张倩倩准备怎么办，她会吃这个哑巴亏吗?但张倩倩还真不是好惹的，她准备要报复这个赖账的老板……

一个多月后的一天，李明才突然收到一个电子邮件，是张倩倩发来的。李明才以为又是工作汇报一类的，很随意地打开了，可看到内容，却大惊失色，脸都白了!

原来，邮件的内容竟是自己和吕娜在床上的亲密照!张倩倩怎么会有他们的照片?就在这时，张倩倩走进了办公室，一副幸灾乐祸的样子:“李经理，您没事吧?”“你什么意思?”“哦，没什么，只是提醒一下，别忘了您答应我的那10万元。”“你……你……哪弄来的这些照片?”

“我的大老板，您得明白，没有永远的敌人。忘了告诉您，我和吕娜现在是最亲密的战友。”

这什么意思啊，她们怎么会成为亲密的战友呢?原来，自从李明才赖账后，张倩倩一心想着怎么才能把钱要回来。最后她想明白了，只要自己和吕娜联手，就有机会。于是她找到吕娜，把李明才如何找自己帮忙，又如何赖账的事全都告诉了吕娜。她说道:“吕娜，这种卑鄙的男人，不能就这么放过他。”“那又能怎么样呢?”吕娜无奈地说道。于是有心机的张倩倩说出了自己的阴谋!她对吕娜说道:“李明才的软肋是怕老婆，所以，你只要肯再找到他，趁机拍几张亲密照片，他为了不让他老婆知道，肯定会乖乖听我们指挥的。”

吕娜对李明才由爱生恨，正是恨得牙痒痒的时候，就很快同意了，于是她又主动约李明才见面。李明才呢，可以找情人又不用负责任，当然愿意了，可他没想到，这一回吕娜摆的可是鸿门宴，她事先安好摄像头，乘机拍下了照片。

讲完整个经过，张倩倩说道："李总，欠我的10万元，我想你不会赖的。此外，这照片我留着也没用，准备卖个好价，不过咱们是老熟人了，我可以优先卖给您，就30万，一口价。"李明才气得靠在了椅子上，怒道："你这是敲诈！""您可以不买啊，我卖给别人，没准出的价比你还高呢。买卖自由啊！"说完，张倩倩得意扬扬地走出了办公室。

李明才万万没想到，自己找的这个帮手居然是这么个厉害角色，这不是搬起石头砸自己的脚吗？可后悔药没得买，当务之急是怎么答复张倩倩。虽说李明才公司规模不小，可他并不掌握财权，一下拿出40万元，真让他挺为难。可他更担心的是，如果把张倩倩惹急了，把事情抖搂出去，自己还不落得鸡飞蛋打。这心里说不上是个什么滋味，连续好几天都借酒浇愁。

司机小黄看出了老总有心事，一直想找机会献献殷勤，于是便试探着关心李明才："李总，遇到什么闹心事了？怎么老一个人喝闷酒啊？""没什么，对了，你要没什么事，陪我喝点。"于是两个人找到一个小饭馆，你一杯、我一杯的，可没少喝。李明才憋着一肚子话没人说，借着酒劲儿，就把张倩倩敲诈自己的事全告诉了小黄。听完李明才的话，小黄眼睛一转，说："李总，不就是个女人吗？我倒是有个办法。""真的？快说说什么办法！"小黄的一番话，说得李明才不断点头。

小黄究竟出的是什么主意，真能救李明才于水深火热之中吗？

第二天，李明才就打电话给张倩倩："钱我准备好了，下午找个地方一手交钱，一手交照片。""好啊，李总你真是个聪明人。"于是两个人约在一家快捷酒店见面。张倩倩既紧张，又兴奋。按约定时间到了指定房间，可令她没想到的是，开门的竟是司机小黄。"你怎么在这儿？"张倩倩吃惊地问。"呵呵，张秘书，李总在下面打电话，说怕您着急，让我先上来等你。"张倩倩知道小黄是老板的随身司机，就也没多想，径直走进了房间。可没走两步，就被小黄用什么东西捂住了嘴，只是一瞬间，张倩倩便没了知觉。

小黄这是想要干什么，难道他要杀人灭口吗？

过了很久，张倩倩醒了，只感觉头痛难忍，环视四周，屋内只剩下自己一个人，地上还散落着自己的衣服。她猛然发现自己竟然一丝不挂。她突然反应过来，自己是被李明才糟蹋了。张倩倩又气又恨，不但钱没拿到却落得如此下场，她咽不下这口气，边哭边打了110。

警方很快赶到了现场，经过现场取证，询问了张倩倩之后，警方把目标锁定在了李明才和小黄身上。很快李明才就被带到了公安局。

“张倩倩报案，和你约好见面，却被人强奸了，这事和你有关吗？”警方开门见山地问道。

“警察同志，张倩倩胡说，她这是冤枉好人啊。”

“冤枉好人？这些是我们在你办公室找到的！”办案人员把一叠张倩倩的裸照扔在了桌子上。李明才知道不能再隐瞒了，只好把事情从头到尾交代清楚，包括自己如何找情人，如何让张倩倩帮忙，又如何欠了10万元，全都告诉了办案人。

然后他说：“因为张倩倩敲诈我，小黄给我出主意说，以其人之道还治其人之身，就用乙醚将她麻醉，之后也给张倩倩拍了裸照，料她就不敢再要钱了。并且小黄还自告奋勇，说这事他来办，所以拍照片，是我派小黄去做的，事后小黄把照片交给了我，我根本都没去过现场，我真没强奸她。她这是看拿不到钱，又想报复我。”

这究竟怎么回事？是张倩倩报假案，还是李明才做了坏事不承认呢？

警方当然不能仅听她们的一面之词，破案凭的是真凭实据。经过检查，发现张倩倩体内的确有男人的精液，但经过鉴定，李明才确实不是强奸张倩倩的人。这么说来，小黄的嫌疑自然最大了。

很快小黄也被刑事拘留，在警方几番询问之下，小黄很快承认了自己强奸张倩倩的事实。原来，小黄拍照时，看到了张倩倩赤裸的身体，产生了邪念。“你作案之后，就不怕张倩倩告发你吗?”警方问道。小黄后悔地说：“我以为张倩倩本来就理亏，不敢把事情闹大，况且一般女人被强奸之后，怕丢人，就忍了……早知道这样，我说什么也不能……我太糊涂了。”

原来是小黄节外生枝，做出的恶劣行径。

案件很快查清，公诉方以强奸罪对小黄提起公诉。关于小黄的强奸罪，事实清楚，证据充分，并无任何疑问。

律师说法：强奸罪>>>

强奸罪是行为人违背妇女的意志，强制与妇女发生性交行为。违背妇女的意志主要表现为：行为人采取某种足以使妇女不知反抗、不能反抗或者不敢反抗的手段，即暴力、胁迫或者其他手段。

本案中，小黄使用乙醚将张倩倩迷晕的行为使张倩倩不能反抗，并在张倩倩不知且不能反抗的情形下，与其发生性行为，因此小黄构成强奸罪。

法条链接>>>

●《中华人民共和国刑法》

第二百三十六条　以暴力、胁迫或者其他手段强奸妇女的，处三年以上十年以下有期徒刑。

奸淫不满十四周岁的幼女的，以强奸论，从重处罚。

强奸妇女、奸淫幼女，有下列情形之一的，处十年以上有期徒刑、无期徒刑或者死刑：

（一）强奸妇女、奸淫幼女情节恶劣的；

（二）强奸妇女、奸淫幼女多人的；

（三）在公共场所当众强奸妇女的；

（四）二人以上轮奸的；

（五）致使被害人重伤、死亡或者造成其他严重后果的。

另一方面公诉方以强制猥亵、侮辱妇女罪对李明才提起公诉。法院也很快开庭审理了案件。公诉机关指控道："李明才指使他的司机，先用迷药将张倩倩迷倒，然后又给张倩倩拍裸体照片，严重侵害了张倩倩的人格尊严权，因此触犯了刑法第237条之规定，构成强制猥亵、侮辱妇女罪。"李明才申辩道："是她敲诈我在先，我是为了摆脱要挟才出此下策。再说我也没使用暴力，怎么就强制了，我更没把照片到处散播，怎么会侮辱她呢？"

是呀，李明才说的有道理啊，拍裸照是为了不被敲诈，并没利用照片做其他坏事，怎么就构成犯罪了呢？

律师说法：强制猥亵、侮辱妇女罪>>>

强制猥亵、侮辱妇女罪的手段，包括使用暴力、胁迫或者其他方法，使妇女不能反抗、不知反抗、不敢反抗的方法强制猥亵、侮辱妇女。猥亵是指针对妇女实施的，伤害妇女的性羞耻心；侮辱是指对妇女身体自由权、隐私权、名誉等人格权的侵犯。

本案中李经理指使小黄使用乙醚将张倩倩迷倒，是属于其他方法，使张倩倩失去反抗；虽然没有将照片对外散播，但拍裸照本身，就是使妇女在不情愿的情况，身体被随意拍照，使其人格尊严受到侵害；而李明才虽没亲自实施，却指使他人实施，因此已经构成了强制猥亵、侮辱妇女罪。

法条链接>>>

● 《中华人民共和国刑法》

第二百三十七条　以暴力、胁迫或者其他方法强制猥亵妇女或者侮辱妇女的，处五年以下有期徒刑或者拘役。

聚众或者在公共场所当众犯前款罪的，处五年以上有期徒刑。

猥亵儿童的，依照前两款的规定从重处罚。

法院最终采纳了公诉人的观点，判决李明才构成强制猥亵、侮辱妇女罪，鉴于情节较轻，判处有期徒刑两年。小黄构成了强奸罪，被判处有期徒刑七年。

那么张倩倩与吕娜在这起案件中又充当了什么角色？她们是无辜的受害人吗？当然不是，二人因贪生恶念，威胁李明才要30万元的行为触犯了法律，而任何人在法律面前都是平等的。因此，侦查机关将张倩倩与吕娜予以逮捕，罪名就是敲诈勒索罪，因二人合谋向李明才索取30万元，已经达到了数额较大。最终法院认定，张倩倩的敲诈数额是40万元，吕娜参与的是其中的30万元，判决两人构成敲诈勒索罪，虽数额巨大，但因没有给被害人造成实际经济损失，故从轻判处张倩倩有期徒刑四年，而吕娜因为是从犯，从轻判处有期徒刑三年。

律师说法：敲诈勒索罪>>>

根据刑法第274条的规定，可以看出敲诈勒索罪要求行为人实施了威胁对方的敲诈行为，该行为使对方产生了恐惧心理，对方基于恐惧心理处分了财产。同时，根据最高人民法院、最高人民检察院联合发布的《关于办理敲诈勒索刑事案件适用法律若干问题的解释》敲诈勒索公私财物价值二千元至五千元以上、三万元至十万元以上、三十万元至五十万元以上的，应当分别认定为刑法第274条规定的“数额较大”“数额巨大”“数额特别巨大”。

本案中张倩倩与吕娜合谋以非法占有为目的，利用李明才与吕娜之间的婚外恋，威胁李明才，向李明才勒索巨额钱款。所以两人构成敲诈勒索罪的共犯。

法条链接>>>

● 《中华人民共和国刑法》

第二百七十四条　敲诈勒索公私财物，数额较大或者多次敲诈勒索的，处三年以下有期徒刑、拘役或者管制，并处或者单处罚金；数额巨大或者有其他严重情节的，处三年以上十年以下有期徒刑，并处罚金；数额特别巨大或者有其他特别严重情节的，处十年以上有期徒刑，并处罚金。

李明才在被人民法院宣判入狱后，他妻子很快起诉到法院要求离婚。这个结果不正是他应得的吗！

本案中，欲望和贪念就像一架失控的马车，一路狂奔。尽管它原本有若干次减缓、停下的机会，却在李明才等一干人的一次次错误选择中摔下悬崖。他们中有被情欲迷了心窍的，有为贪图钱财放弃原则的，也有不思自省助纣为虐的，因此，在人生的测验场上，他们终被自己随意丢弃的道德、尊严绊倒，无缘领受本是美好的未来。

偷情的代价

关键词 过错责任 过错相抵原则 债务抵销

2009年夏季，一个炎热的下午，北方某小城的一座居民住宅楼外，发生了惊险的一幕：一个男子小心翼翼地站在二楼保温阳台探出的棚顶上，还向上仰着头，朝着三楼窗内的一个女子喊："快递给我个绳子，下不去了。"对方回应道："没有绳子，怎么办?"男子又焦急地喊道："床单也行。"片刻后，那个女子递出一个床单来，并用手使劲拽着床单一头，这名男子则拽着床单的另一头慢慢地往下移动着身体。突然床单断裂，那男子发出"啊"的惊呼声，自由落体跌落下去。紧接着又听到"咔嚓、乒乓、妈呀"一连串混杂在一起的声音。

响声惊动了楼下乘凉的人们。他们三五成群地聚集过来，只见一个男子躺在一车烂鸡蛋里已经昏厥过去，手里还紧紧拽着半截扯破的花格床单，满脸满头满身都是鸡蛋液，脸上、胳膊上还掺杂着流出的鲜血。原来一个给商场送鸡蛋的三轮车停在楼下，这男子从楼上摔下来正好落在这车鸡蛋上，将满车鸡蛋都砸烂了。送鸡蛋的中年男子被这个场面吓傻了，呆若木鸡地站在那里。围聚过来的人群中，有的说："快打120，救人要紧。"有的说："赶紧打110吧，会不会是凶杀案啊?"送鸡蛋的人恍然大悟，赶紧拨打了120又打110。打电话的工夫从楼上趺趺撞撞地冲下来一男一女，看到摔下来的男子早已经人事不省，身上还有血迹。女的被吓得脸色发白，并且自言自语地嘟囔着："怎么办？怎么办?"那男子却气愤地涨红了脸大声责骂那女人："你个不要脸的东西，还好意思站在这儿。"整个场面一片混乱。

一会儿工夫，医院的救护车和公安局的警车几乎同时赶到了。救护人员将昏厥的男子抬上车拉走了，警察也将从楼上冲下来的一男一女和送鸡蛋的车主叫上警车呼啸着警笛开走了。顷刻间，一切又都恢复了平静，只有那装着破碎鸡蛋的三轮车静静地停在那儿。

这究竟是怎么回事，坠楼男子为什么有楼梯不走偏走窗户？冲下楼的一男一女又与这坠楼男子是什么关系？他们之间到底发生了什么事情呢？

随着公安局的调查，谜底都被揭开了。

原来那个女人叫李香，从小在农村长大。20岁那年经媒人撮合嫁给了大自己两岁的邻村木匠大勇。两个人恩恩爱爱，当年就生了儿子。可是大勇的家境本来就不太好，为了给大勇筹备婚礼翻建老房，又欠了亲戚朋友们不少债。随着孩子的出生，家里的日子就显得紧巴巴的。夫妻俩一合计，这么过下去连孩子奶粉钱都成问题了，就将孩子扔给公婆照顾，俩人来到城里打工。

可在外打工远比他们想象的艰难，大勇好歹算有力气，又会木工，经老乡介绍很快在一个工程队找到了一份工作，每个月可以挣1000多元钱。而李香呢，一没技术，二没力气，工作很难找，好不容易在一家足底按摩馆找到了一份足底按摩的工作。她所在的足底按摩馆虽然规模不大，但足底按摩师傅个个都技术很高明，加上这里的收费比较合理，因此客户还是比较多的，所以她的收入还算可以。夫妻俩在城里苦干了一年后，合起来的收入除了每月给孩子寄生活费以外，还能有些余额，夫妻俩总算松了一口气。虽然两个人各在一处打工聚少离多，但比起刚来城里那会儿强多了，而且二人都已经摸着了门道，将来必定会越来越好的。

李香的老板，在此地开了五六家类似规模的足底按摩馆，收入颇丰。他妻子也是个女强人，在外地经营物流公司，生意做得有声有色。两个人谁都不愿意放弃自己打下的一片天地，就长年分居，各做各的，只有在过年过节的时候才能小聚。因此老板的感情生活很空虚，就时不常地请这些打工妹吃吃饭、唱唱歌。一来二去的，老板对能说会唱的李香颇有好感，于是就在很多方面有意关照李香。

李香当然知道老板的心思，也有意回避着他。老板倒也不过分，只是经常约李香聊聊天、吃吃饭，毕竟是自己的老板，李香也不好太拒绝。在两个人聊天的过程中，老板总会说“你看你这么年轻，却要这么辛辛苦苦地挣生活费，换了别的女孩子早不干了”，“人生苦短，及时行乐”等类似的话。而李香对老板这些言论只是笑而不答，或找个别的话题就岔开了，从不附和，但内心却渐渐有了变化。是呀，同样是女人，为什么别人能吃香的喝辣的，自己就要天天捧着脚伺候人。因此，老板再邀请，她也就不拒绝了。在一次二人出去聊天醉酒之后，李香半推半就地与老板发生了关系。之后，老板干脆提出：“你是一个人，我媳妇也不在身边，咱们就干脆一块儿生活吧。你不用再上班了，我来供你生活费。”李香觉得自己毕竟为人妻为人母，这么做有点太过分了。可转念一想，反正他们都不在我身边，我不说谁会知道。而且天天给人按脚早就烦了，也就一不做二不休，干脆与老板过起了同居生活。

刚闲下来的时候，李香还真是过了一段幸福的日子，不用干活，还能吃好的穿好的，甚至于自己有时也到足底按摩馆，享受一下被服务的感觉，还真是舒服。

可时间久了，李香觉得有些无聊了。为打发时间，她逛商店、出入酒吧、打麻将……这样的生活过了一段时间之后，她不禁感慨：以前自己太傻了，简直是在浪费青春。有钱的男人包小三、小四，有钱的女人养小白脸。看看自己，虽然有个“家外家”，老板在金钱上也大方，可他毕竟比自己大二十多岁，而且是隔三岔五才到自己这里来一趟，远不能满足自己的需求。于是李香不再满足于现状，她决定要把浪费的时间和青春抢回来：一方面她向同居老板提出更多的经济需求，另一方面她有意无意地开始上网寻找异性网友。在众多的网友中有一个叫“海阔天空”的与她很投缘，随着一段时间的交往，两人成了无话不谈的知己。李香了解到他比自己小两岁，至今没有结婚，是一个人在此地打工，逐渐地她将自己有丈夫又有同居情人的状况都告诉给了“海阔天空”。还说自己与老板同居就是为了弥补空虚和满足经济上的需求，是无奈的选择，而对方也流露出对李香的爱恋之情。就这样，网聊已经不能满足彼此之间的需求了，二人都急切地想与对方见个面。一天李香主动提出约在某宾馆见面，对方也欣然应允。在宾馆里自然就发生了二人都心照不宣的事情。自从与“海阔天空”热恋以来，李香觉得自己太幸福了，一方面可以从同居老板那里获得经济支持，另一方面又可以与小男友进行情感交流，而且还有自己的家和孩子，这不是人财两得吗！李香这个美呀！

这一次二人又要约会，因为李香的老板白天基本不在家，总要到晚上七八点钟才会过来。于是李香就大胆地提议将约会地点定在她与老板同居的住所，“海阔天空”开始还有些迟疑，但经不住李香的一再承诺，说肯定没问题，老板不会回来的，就应邀来到了李香的住所。却没想到，正当二人在屋内甜蜜时，老板突然返回。听到老板的敲门声，“海阔天空”很害怕，就说：“这房子是三楼也不高，我就从窗户出去吧，免得碰到一起麻烦。”“那也好，免得跟他费口舌。”李香支持道。于是“海阔天空”顺着外墙的排水管往下爬，没想到二楼安装的是保温阳台，顶部向楼外探出很远，走到这儿就下不去了，于是才发生了开头那一幕：李香递床单给“海阔天空”，床单却突然从中间断裂，人也重重地摔了下去。那天从楼里冲出来的一男一女，正是在门外一直敲门的同居老板和李香。

对李香和小男友来说，偷情的过程是刺激而快乐的，而由此引发的后果，却是他们始料不及的。现在留给他们的是肉体和精神上的双重痛苦。

到了医院，大夫说，多亏落地之前有鸡蛋车接了一下，“海阔天空”才没至于摔成瘫痪。但即使这样，由于头部外伤、左胳膊线性骨折，也需要住院一个月左右。医药费大概需要 5 万元，而且由于左胳膊打了钢板，还需要二次手术，手术费也近万元。“海阔天空”是个两手空空的打工仔，由于一直失业在家才会经常网聊，家中父母也都年岁较大，还是下岗工人，经济很拮据，即使东拼西凑也凑不上这么多医药费。送鸡蛋的人也来了医院好几趟，说：“你看，多亏了我这一车鸡蛋才救你一命，你就是不感谢我，也该照价赔偿吧。我那天送的一车鸡蛋全被你给砸烂了，你得赔偿我 6000 元。”

"海阔天空"的父母一再央求道："我们不是想赖账，可你看我儿子医药费都还没着落呢，你就再等等吧。""海阔天空"见到这种情况就让父亲去找李香，说毕竟她跟自己相识一场，现在自己有难，跟她要些医药费，临时救救急。

谁知李香的日子也并不好过。那天事发之后，她的老板勃然大怒，将李香大骂一顿后，将她从同居房屋赶了出去。这好事不出门，丑事传千里。在异地打工的丈夫很快听说了此事，坚决要求与李香离婚。李香是内忧外患，此时"海阔天空"的父亲来找她，她自然是气不打一处来，恨恨地说："你们还好意思跟我要钱？他还欠我3万元呢，要他赶紧还钱。""我儿子怎么会欠你钱，你可得给我说清楚。""我懒得和你讲，回去问你儿子吧。""海阔天空"的父亲听到这番话更气愤了，不给钱也就罢了，竟然又倒打一耙。他回来和儿子发牢骚，却看到儿子的脸"腾"一下红了，半天没说话。

怎么回事？"海阔天空"为什么会有这样的反应？难道他真欠李香3万元吗？事实确实如此。原来他们在热恋期间，由于"海阔天空"没什么生活来源，就跟李香说自己想做点小买卖却苦于没本钱，而李香与老板同居以来攒了不少私房钱。为笼络住小男友，就主动提出给对方拿钱，这样先后分两次拿了3万元给他。而"海阔天空"毕竟是男人，不能白拿女人的钱啊，就坚持给李香打了欠条。这3万元拿来之后根本没做什么买卖，很快就被他吃吃喝喝挥霍一空了。

现如今，自己为与李香约会弄到这步田地，她不但不帮自己一把，反倒在自己父亲面前揭短，气得"海阔天空"直骂娘。

他不甘心，多次打电话给李香，要求她分担一些医药费。可李香态度非常坚决："是你自己要走窗户的，也是你让我递床单的，摔坏了和我有什么关系？"结果每次双方都以激烈的争吵结束。到了最后，双方已经到了剑拔弩张的状态。

屋漏偏逢连夜雨。就在这个时候，"海阔天空"接到了法院的传票。原来那送鸡蛋的人多次讨要赔偿不成，就起诉到了法院，要求他立即赔偿砸坏鸡蛋的损失6000元。这可怎么办，索要医药费不成，自己又成了被告。旁边的病友也你一言我一语地议论道："那女人把你弄得这么惨，应当让她赔偿！""对呀，这件事是她造成的，她怎么也应当付医药费吧。"

一语惊醒梦中人！是啊，我不应当求你拿钱，是你必须赔偿我，少一分我都不同意。但转念一想，这么做究竟有几分把握呢？

律师说法：过错责任>>>

侵权责任包括过错责任和无过错责任，以过错责任为原则，以无过错责任为例外。

过错责任是指行为人违反民事义务并致他人损害时，应以其主观上具有"故意"或"过失"的过错作为责任的要件。即若行为人没有过错，如加害行为因不可抗力而致，则虽有损害发生，行为人也不负责任。

本案中，李香在给对方递床单时，其作为一个成年人，应当意识到这种做法很危险，有可能发生对方坠楼而受伤的结果，但其怀着侥幸心理轻信能够避免。因此，其在主观上存在着过失。而且此行为显然与被害人坠楼受伤有着直接的因果关系，因此李香应当对被害人的受伤承担过错赔偿责任。

律师说法：过失相抵原则>>>

所谓过失相抵，是指就损害的发生或者扩大，受害人也有过失，法院可依其职权，按一定的标准减轻或免除加害人赔偿责任，从而公平合理地分配损害的一种制度。如本案中的被害人"海阔天空"，他自己也有着不可推卸的责任。因其判断能力与李香是一样的，应当认识到行为的危险性，却还主动提出让对方递床单，则根据过失相抵的原则，法院会根据双方的过错程度，适当减轻李香的赔偿责任。

法条链接>>>

●《中华人民共和国民法通则》

第一百零六条　公民、法人违反合同或者不履行其他义务的，应当承担民事责任。

公民、法人由于过错侵害国家、集体的财产，侵害他人财产、人身的，应当承担民事责任。

没有过错，但是法律规定应当承担民事责任的，应当承担民事责任。

●《中华人民共和国侵权责任法》

第六条　行为人因过错侵害他人民事权益，应当承担侵权责任。

根据法律规定推定行为人有过错，行为人不能证明自己没有过错的，应当承担侵权责任。

但“海阔天空”想，既然你不仁就别怪我不义了，因此很快就一纸诉状将李香告上法庭。李香毫不示弱，她在庭审答辩中称：首先，自己在此次事故当中不应当承担责任，理由就是提出走窗户的是原告，提出递床单的也是原告，她自始至终都是在配合原告的要求，而且床单突然断裂导致原告受伤，也不是她的过错，因此她根本没有责任。其次，即使退一步讲，如果法院认定她有责任，但对方还欠她 3 万元，则要求将两笔债务进行抵销。同时，她还向法院提交了原告给她出具的两张欠条。

法院经审理认为，在这起纠纷当中，虽然是原告首先提出走窗户和递床单，但被告并没有反对，而是持支持赞同态度，并且以行动进行了实际配合，故原、被告双方在主观上，对借助床单下楼所存在危险性的预知能力是相同的，对事故产生的过错程度是相同的，在客观上是二人行为的有机结合导致损害结果的发生，因此双方对损害结果应当共同承担法律责任。关于被告所提出的债务抵销的主张，因本案是基于人身损害赔偿产生的侵权之债，属法律禁止抵销的债务，被告就此笔 3 万元债务可以另行提起诉讼。最终判决，“海阔天空”的医药费、二次手术费、住院期间的护理费以及伙食费，由被告承担50%。

被告在这里提出了应当用3万元欠款抵销对原告的人身损害赔偿，法院为什么不予支持呢？在什么情况下债务能够互为抵销呢？

律师说法：债务抵销>>>

债务抵销，就是在双方互负债务的情况下，按对等数额消灭债务的一种方式。分为两种：一种为约定抵销，一种为法定抵销。那么，法定抵销必须同时具备如下要件：1. 须当事人互负债务、互享债权。2. 抵销的债务必须标的物种类、品质相同。3. 必须双方债权均已到期。4. 按照合同性质或法律规定不能抵销的债务除外。

本案中李香所要求抵销的债务是人身损害赔偿之债，具有很强的人身依附关系，属法律禁止抵销的债务。综上，本案中，李香对“海阔天空”的借贷之债权不能与“海阔天空”的人身损害赔偿之债相抵销。

法条链接>>>

●《中华人民共和国合同法》

第九十九条　当事人互负到期债务，该债务的标的物种类、品质相同的，任何一方可以将自己的债务与对方的债务抵销，但依照法律规定或者按照合同性质不得抵销的除外。

当事人主张抵销的，应当通知对方。通知自到达对方时生效。抵销不得附条件或者附期限。

第一百条　当事人互负债务，标的物种类、品质不相同的，经双方协商一致，也可以抵销。

再说，那送鸡蛋的人得知此案宣判后又经过咨询律师，申请追加李香为共同被告。诉讼当中，送鸡蛋的人满腹委屈：“我招谁惹谁了，他们俩空中飞人，成了我的飞来横祸了，那法律不能让我活该倒霉吧！”法院经审理认为，送鸡蛋的人的财产损失同样是李香与“海阔天空”共同行为所导致的，故判决由二人对鸡蛋主承担连带赔偿责任，二人内部的责任份额则各承担50%。

还记得童话《渔夫和金鱼的故事》吗？那个贪心的老太婆，先要新木盆，又要新房子，有了皇宫，还要当海上霸王，最终却又回到原本的一无所有。本案的李香，上演的不正是现代版的《渔夫和金鱼的故事》吗？她原本有个共同打拼的丈夫，虽然两地分居，虽然没太多的钱，却共同拥有一份“越来越好”的希望和期盼。而贪心的李香，却想要不劳而获，出卖灵魂和身体换钱；有了钱又觉寂寞与空虚，开始打起了花老情人钱养新情人的如意算盘。最终，却是鸡飞蛋打，不但两个情人都成了仇人，而且家散财失，真是赔了夫人又折兵。所以，欲望一定要有限度！

致命的爱

关键词　司法鉴定　损害商业信誉　商品声誉

2009年10月份的一天下午，北方的一座城市，某公安局走进来一对老年夫妇，一进门就说："我们要报警。""什么事？您二老坐下说。"接警人员一边让座一边询问。"我儿子在果汁里喝出汞珠了，我们怀疑生产厂家在果汁里掺汞了。"还有这样的事？公安局一天大大小小的案件不少，可这种事儿还真是头一回听说。"究竟怎么回事？您二老慢慢说。""我，我也说不太清楚，反正今天中午我儿子在火锅店吃饭，喝的果汁里面有汞珠，我儿子已经中毒了，现在还在医院呢。"

果汁里喝出汞珠，这事要是真的，可事关群众的生命安全啊！不能等闲视之！公安局很重视，便派人随老两口来到当地一所大医院，找到了他们的儿子晓松。只见病床上躺着一个年轻小伙子，身形偏瘦，面色蜡黄，他向办案人介绍了发生的事情经过。

他说，今天中午，他的女同事秦静要给他介绍对象，约在一家火锅店见面。他和女同事秦静先到了，边聊边等，因为口渴，就先要了两瓶果汁。自己先打开一瓶喝了两大口，突然感觉嘴里有凝固的东西，越来越有黏稠的感觉，像吃了果冻似的。他立刻吐出来一看，发现是很多圆圆、发亮的软珠子。"这是什么东西？我刚才已经喝进去了呀。"晓松挺生气，大声喊来服务员："这是怎么回事？果汁里怎么有亮珠子？"服务员不知如何是好，只是一再强调："我们店里的都是正品。""不行，你们必须给我个说法。"晓松非常生气，旁边的秦静帮腔说："是啊，在你们饭店喝出来脏东西，你们得赔偿。"饭店经理也来了，正在双方交涉的时候，晓松突然觉得口腔和咽喉一阵灼痛，并且很恶心想要呕吐，肚子也一阵阵地剧痛，脸色变得惨白。

饭店经理意识到事态严重，忙说："快，快送医院。"医院里一番忙碌之后，晓松脱离了危险，但被确诊为急性汞中毒。

汞中毒？这时晓松才知道那些发亮的软珠子竟然是汞！果汁里怎么会喝出汞呢？

晓松的父母赶来了，晓松和父母讲："一定是果汁有问题，得立刻报警。"于是父母才到公安局报的警。了解了基本情况，办案人觉得这起案件很特殊，不仅案件类型少见，而且这果汁可是当地的老品牌，多次被评为优秀品牌，怎么会喝出汞珠呢？几天来，公安局一直在寻找破案线索。在此期间有好多记者纷纷来采访，一问才知道，原来晓松的父母已经向多家媒体爆料。"厂家太不像话了，竟然在果汁里掺汞。"这个消息一石激起千层浪，立刻轰动了整个城市，果汁里掺入汞珠的说法被传得沸沸扬扬。该种果汁的销量急剧下降。这可把厂家急坏了，这事要是真的，那不就是第二个"毒奶粉"吗！对企业、对产品的影响将不堪设想！厂家立刻找到办案人："警察同志，我们敢保证，生产环节绝对没问题。企业这么多年树立起来的形象不容易，请你们一定要还我们清白啊！"

警方通过分析，他们认为汞珠的来源只有两种可能，要么是果汁中自带，即生产环节的问题；要么是人为下毒。那么这究竟是一起产品质量纠纷，还是一起投毒案件呢？

警方再次来到医院，找到晓松本人，问道："果汁是你本人打开的吗?""对，是我亲手打开的。"晓松斩钉截铁地说。"你打开果汁后离开过座位吗?""没有，绝对没有，我打开后就喝了，中途没离开过。"晓松回答得很明确，很清晰。并且与晓松一起就餐的秦静也证实，果汁是晓松亲自打开后喝出问题的，看来这真的是果汁自身原因了。

警方又来到生产厂家，负责人非常肯定地说："我们的生产环节绝对安全，我们可以随时接受检查。”厂家还拿出2万元，替晓松交了医药费，并对晓松说：“虽然我们知道这汞珠绝对和我们无关，但从人道主义出发，我们暂时垫付医药费。但是我们希望在警方有结论之前，你们对媒体的发言能慎重些。”一听这话，晓松急了：“慎重？慎重什么？明摆着你们公司不想负责任，做了错事，还想不让人知道，不可能！你们记住了，要想人不知，除非己莫为！”收到钱的晓松一点不买账，和厂家不欢而散。

没办法，厂家只有把希望都寄托在警方身上，催促警方尽快破案。警方当然知道此案重大，可如今晓松与厂家各持己见，而所有焦点都集中在汞珠的来源上，汞珠究竟是果汁里原有的还是被人为加入的？这一基本事实至关重要，看来只能通过司法鉴定找答案了。

律师说法：司法鉴定>>>

司法鉴定是指在诉讼活动中鉴定人运用科学技术或者专门知识对诉讼涉及的专门性问题进行鉴别和判断，并提供鉴定意见的活动。在司法实践中，由于某些问题，没有专业知识、专业仪器是难以判断的，为了查明案情，司法鉴定手段是必需的，而同时鉴定机构出具的鉴定意见是可以作为证据使用的。

本案中鉴定机构的鉴定意见对于案件的侦破可以说是起了查明案情的作用，对侦查机关的侦查方向起着十分关键的作用。

法条链接>>>

● 《中华人民共和国刑事诉讼法》

第一百四十四条　为了查明案情，需要解决案件中某些专门性问题的时候，应当指派、聘请有专门知识的人进行鉴定。

听说要鉴定，晓松及家人都嗤之以鼻：“真是多此一举，明摆着是果汁里自带的。”说归说，讲归讲，最终还是要看鉴定结果。

那么鉴定结论究竟是什么？在毒奶粉之后还会再出个毒果汁吗？厂家的

命运又将如何？

由于案发当时饭店经理就将喝出汞珠的果汁留存了下来，后来又交给了警方，所以在晓松家人、果汁公司及警方均在场的情况下，专业部门对这瓶果汁进行了全透明式的鉴定。但鉴定结论却完全出乎意料，也令整个事件发生了180度大逆转！鉴定结果是——汞成分由罐外注入。

得知结果的晓松及家人非常愤怒，公开对媒体讲："一定是鉴定错了，无论多难，我们一定要讨回公道。"看到报道的人更多地站在晓松一边，同情晓松的遭遇，以各种方式声援他！难道真的是鉴定结论有问题？

警方没想到会是这个结果，因为已经不下三次地询问过晓松，也问过和他一同吃饭的秦静。两个人都坚持，说是晓松亲手打开果汁后直接饮用。哪有时间，哪有机会在果汁中注入汞呢？

可无论是鉴定机构还是其使用的鉴定方法都是最权威的，鉴定结论出错的可能微乎其微。那么，另外一种可能就是晓松和他的同伴秦静在说谎。

可是他们说谎的目的是什么呢？而且口径完全一致？是在保护什么人？还是他们有什么不可告人的目的呢？

警方在进一步调查中，有了一个意外的发现。他们在向晓松调查时，发现他胳膊上文着QJ两个字母。"你喜欢文身？这两个字母有什么特殊含义吗？"办案人有意无意地问道。"没有，没什么含义，就是文着玩的。"晓松一边解释，一边用衣服盖上了文身。

警方没有放过这个细节，Q不是秦的开头字母吗，而J不是静的开头字母吗？这么巧？还是和秦静有什么关系？当然这只是一种猜测，也许仅仅是个巧合。

但是任何一个线索都不能轻易放过，于是办案人调取了晓松近一年的通话记录后发现，他与秦静的通话、短信记录非常频繁，这种联系频率已经远远超出了同事或朋友之间的交往。后经过单位同事证实，他们二人的确是多年的情人关系。这令办案人十分意外，因为秦静已经结婚多年，貌不出众，而晓松不但未婚还比秦静小了整7岁。事发当天原本是秦静要给晓松介绍对象，女方正是秦静的表妹，要不是突发“毒果汁”事件也不会冲散这次鹊桥宴。这也太离奇了，为自己的“小情人”介绍女朋友，而女朋友还是自己的表妹。

这样一种特殊的关系，倒很有可能在警方介入之前，二人就已经订下了“攻守同盟”，所以口径才会完全一致。可他们为什么这么做呢？难道他们故意导演这样一场闹剧，就为了向果汁公司敲诈些赔偿金吗？可晓松的确被确诊为汞中毒啊，难不成是苦肉计？他也太冒险了吧？

带着一连串的疑问，警方再一次传唤了晓松。可晓松仍然坚持说：“该说的我都说了，你们再问也是这样。”但警觉的办案人发现他在细节陈述上与前几次有出入。他提到自己到饭店后去了一趟洗手间，但又马上改口说：“哦，我记错了，我是在喝了两口果汁后才去的。”

案发时在现场的只有晓松和秦静，这两个人都是破案的关键人物。于是警方来到了秦静家，再一次询问事发当天的详细情节。

这一次询问，警方又有了重大发现，也令陷入僵局的案件柳暗花明起来。这是怎么回事？是秦静改变了以往陈述吗？

事实并非如此。接受询问的秦静跟晓松的情景完全相同，仍然坚持以前的说法，但神情之间却是掩不住的慌张。这就是警方的重大发现？当然不是，原来办案人刚进到秦静家门，就被窗台上几片闪闪发亮的玻璃碎片吸引了。办案人立即走过去，仔细辨认以后竟发现，这些都是体温计碎片！汞柱体温计？难道这仅仅是个巧合吗？于是办案人立即将这些体温计碎片仔细地保存起来，他们发现这个动作令秦静异常紧张。她忙解释说：“我女儿前几天发烧了，都怪我笨手笨脚的，量体温时把体温计给碰碎了。”办案人临走时，搂着秦静6岁的小女儿，笑呵呵地问：“小姑娘，你的身体棒不棒啊？听说你前几天发烧了？”“才没有呢，我身体可好了。”小女孩认真地回答。

这一番侦查真是收获不少。晓松身上的文身、前后陈述出现矛盾、秦静家的体温计碎片、编排女儿发烧的谎言以及他们之间的特殊关系，都让办案人确信，鉴定结论是对的，是晓松和秦静在说谎。有了侦查方向，行动起来也就不再畏首畏尾。警方立刻对秦静与晓松近一段时间的交往人员、活动内容等进行全面排查。再狡猾的狐狸也敌不过聪明的猎手。调查中发现，近一段时间秦静购买过大量的体温计，基本可以确认，果汁中的汞就是来源于这些体温计。该是收网的时候了，但是办案人始终有个疑问没解开，这件事究竟是秦静的一人行为，还是与晓松一起合谋的？

如果晓松不知情，他为什么要编造谎言，说果汁打开后从没离开过，把矛头指向果汁公司？可如果晓松也参与了，他难道不惜牺牲自己？

为查清事实，警方同时传唤二人，展开新一轮的攻坚战！警方的判断对吗？他们究竟能查出什么呢？

秦静坐在办案人对面，一言不发，面无表情，对办案人的提问，她似乎都没听见，一副打持久战的状态。看来不出杀手锏不行了，办案人很平静地问："你最近买了好多的体温计啊，这么多的体温计做什么用啊，你要收藏吗?"这句话直中要害，打在了秦静的软肋上，她万万没想到警方已经掌握了这个事实，她再也无法保持镇静，立刻变得慌张无比，十多分钟的思想斗争之后，她终于道出了事情的原委。

原来秦静与晓松是同事，抬头不见低头见，相处得很好，但秦静原本也没什么特殊想法。她与丈夫夫妻感情不错，丈夫对她疼爱有加，三年前夫妻俩的女儿出生了。孩子基本上由爷爷奶奶照顾，家里的事也都不用她操心。可是随着丈夫事业的蒸蒸日上，陪伴她的时间变得越来越少，平淡的生活变得索然无味，让秦静总觉得少点什么。而晓松年轻好玩，没事就拉几个要好的同事打台球，打完了再吃个饭、唱个歌什么的，业余生活多姿多彩。秦静忍不住和他们混在一起，似乎又找到了年轻时的感觉，乐在其中。一来二去，两个人渐渐地日久生情，在一次同事聚会之后，借着点酒劲，发生了不该发生的事。秦静多年的平静生活，一下子注入了新的元素，似乎又找到了初恋的感觉，找到了久违的激情，这让秦静欲罢不能。她对这段感情非常投入，对这个小男友关心备至，给他买名牌衣服名牌鞋，甚至于有时候晓松请朋友吃饭都是她来埋单，在他身上没少花钱。不仅如此，她还尽其所能地照顾晓松的生活起居，帮他洗衣服、打扫卫生。有一次晓松病了，秦静为照顾他，和丈夫撒谎说替同事值夜班，彻夜陪伴在晓松身旁。做为女人，做为情人她当然希望能得到回报，可慢慢地发现晓松竟是个“多情种子”，对自己太不在意了，到处发展女朋友，甚至于坐电梯都能结识个新女友。一次晓松酒后失言，说秦静前脚给他1000元钱，他后脚就请新结识的歌厅服务员吃饭去了。令秦静忍无可忍的是，她自己有个表妹正在上技术学校，一次晓松偶然看到了表妹的照片，竟然眼睛一亮，还大言不惭地问自己：“你表妹有男朋友了吗？介绍给我怎么样？”“那可不行，我表妹还没毕业呢，家里人不让她找男朋友。”秦静不太高兴地回答。可晓松却不放弃：“那等她毕业再说，反正她毕业前还有你陪着我呢。”秦静差点被气炸了，他这不是耍我吗？但她却强压怒火什么也没说。

这一件件、一桩桩荒唐事，都让秦静对晓松由爱生恨，她决定要不露声色地惩罚一下这个负心汉。她听说，在水中掺入汞，人喝下后会因肾衰竭慢慢死去。体温计里就有汞，一次用10支体温计中汞的含量就行。她想这个方法不错，只要在晓松食品中掺入汞，神不知鬼不觉，就会让他因病而死。所以她一次性买了20支体温计，打碎后将里面的汞装好，和晓松说：“你不是相中我表妹了吗，今天我请你们俩吃饭，让你们认识一下。”晓松当然是欣然前往。饭店里秦静趁晓松上卫生间的工夫，把准备好的汞倒进了晓松的果汁里，于是才会发生本案开头的那一幕。

没想到一起索赔纠纷竟牵出了一起杀人案，公安局立即将秦静刑事拘留，并很快以故意杀人罪移送公诉机关提起公诉。

秦静下毒的事查清了，可还有一个疑问，就是晓松为什么要说谎呢？

面对查明的事实真相，晓松终于低下了头，说：“我就是急于要赔偿。我知道如果我不说准了，说确切了，找果汁公司要赔偿肯定麻烦。所以就说谎了。”“你知不知道是秦静给你下的毒。”“我确实不知道，当时真没想那么多。”晓松说道。办案人又问：“之前你和秦静串通过说法吗？”“当时我怕秦静和我说的不一样，就要不了赔偿了，就特意嘱咐她：一定要说我打开果汁后，就直接喝了，中途没离开过。”“秦静会判多少年？”临了，晓松还一副担心的样子。可他没想到，此时的他已经是泥菩萨过河，自身难保了。

此话从何说起呢？在这起下毒案件当中，他完全是被害人，还会有什么责任吗？

秦静被刑事拘留后的第三天，办案人再次来到晓松住处，“还需要我配合调查吗？”晓松问道。“我们这次来是要对你进行刑事拘留，这是拘留通知书。”“拘留？你们有没有搞错，我是被害人啊。”晓松疑惑地问。

是呀，下毒案已经基本查清，晓松是不折不扣的被害人。难道就因为他开始没说实话，也构成犯罪吗？

原来，在事发后，由于晓松始终将矛头指向果汁公司，并不停地向媒体爆料，造成不良影响，所以这次公安局是以他涉嫌损害商业信誉、商品声誉罪对其进行拘留的。法庭上，戏剧性的一幕是：晓松既是故意杀人罪的被害人，又是损害商业信誉、商品声誉罪的被告人。

在故意杀人案中，事实倒是毫无争议，但令人意外的是作为被害人的晓松主动替秦静求情，他说：“都怪我，虽然我们名不正言不顺，但说实话，秦静对我确实太好了，给我花钱从不小气，但我拿她的钱和别人约会，又要和她表妹处对象，给她伤透了，不然也不至于发展到今天这一步。现在我身体挺好的，请求法院能对她从轻判决。”听完这番话，秦静哭了，不知道她是后悔还是委屈。基于案件后果不严重，被害人又表示谅解，故法院最终判决：秦静构成故意杀人罪（未遂），判处有期徒刑七年。

而在审理关于晓松的损害商业信誉、商品声誉罪时，公诉机关和被害人双方却辩论激烈。首先，公诉人发表意见：“晓松故意捏造事实，并通过新闻单位公开宣传，损害了果汁公司的商业信誉，也损害了该果汁的商品声誉，应当构成犯罪。”

晓松坚决不认罪，他说：“我承认我做错了，我不该说谎，影响公安局破案。但那时候我也不知道究竟是什么原因，并不能排除是果汁本身的问题啊。再说了，我虽然提过要赔偿，但只是说说而已，连具体的价码都没提，果汁公司最终也没什么损失，替我垫付的20000元医药费也还给他们了，我爸一周前就还了，我怎么能构成犯罪呢？”

双方是公说公有理，婆说婆有理。那么法院究竟会支持哪一方的说法呢？

律师说法：损害商品信誉、商品声誉罪>>>

根据刑法规定，构成损害商业信誉、商品声誉需要同时具备三个特征：

1. 捏造事实：就是无中生有，凭空编造，引人误解。如本案中，晓松一直说是自己打开果汁后直接饮用了，则所有听说的人都会认为汞就是存在于果汁当中的。

2. 公开散布：即以口头、文字、图画、网络等各种方式对外宣传，以让别人知晓。

3. 造成重大损失或具备其他严重情节。

本案中由于晓松既捏造事实又对外散布，并且导致果汁公司很长一段时间产品滞销、积压、甚至退货，并且晓松曾多次反复对外散布，具备了该罪名的所有要件。

法条链接>>>

● 《中华人民共和国刑法》

第二百二十一条　捏造并散布虚伪事实，损害他人的商业信誉、商品声誉，给他人造成重大损失或者有其他严重情节的，处二年以下有期徒刑或者拘役，并处或者单处罚金。

最终，法院判决晓松构成损害商业信誉、商品声誉罪，判处有期徒刑一年。

在这起案件当中，一对不光彩的情人，上演了两出贼喊捉贼的闹剧。秦静是多情反被多情误，又因爱生恨，痛下杀手；而晓松呢，为要赔偿，不择手段。但最终两个人搬起石头砸了自己的脚，全都身陷囹圄，受到了应有的惩罚。从中，我们更加体会到：“做事需要一份责任，做人需要一份诚信。”

一场贼喊捉贼的闹剧，在没来得及演变得更加恶劣时被叫停。好多人不在乎已然拥有的幸福，就像秦静，原本是个被生活厚爱的人，家庭和睦，但生活磨平了她的幸福感，却没有磨实她对幸福的理解。想必这起案件的发生，会让她幡然醒悟：那越界的爱情，不被约束的自由，只是看起来很美。而晓松呢，他不羁的生活被这样叫停，不失为好事。他该可以体会，没有责任的支撑，没有诚信的基石，人生的路走不远。

后　记

感悟、感动、感恩

情与法的感悟

感悟，来自内心。法律调整、约束人的行为，律师的行为准则乃“依法而为”，看似单调而生硬，可你不曾了解，每一起案件都绕不开一段辛酸的情感史，都会不经意间碰触到人们内心最柔弱的情感。

十五年的律师生涯，我曾无数次目睹人与人之间的分与合、恩与怨、爱与恨，让我不由得从法律人的视角对婚姻、对家庭、对感情进行别样的审视，也因此对情与法有了更多更深的感悟……两情相悦时，彼此许下“山无棱，水无痕，才敢与君绝”的山盟海誓，可激情过后，柴米油盐成为生活主旋律，爱人之间的情感悄然变化，他与她的距离渐行渐远……这种情绪一旦滋生，若没有责任、道德、法律的约束，婚姻就有如清水中被注入有色颜料，迅速漫延、渲染……很多情外情、家外家的案件就在这样的混沌中产生了……殊不知，相爱易、婚姻不易，男女双方都该且行且珍惜……

所以，爱无边，法有界，我的感悟伴随着真实的案例呈现在读者的面前，希冀您可以更多的了解法的真谛！

维权路上的感动

感动，源于温暖。维权之路漫长而又坎坷，尽管我与我的委托人已经无数次挑战困难，可那些未曾预知的状况，突如其来的羁绊仍旧令我疲惫、委屈、彷徨甚至想要退缩，而每每在此时，总会遇到同行们鼓励的目光，温暖的援手，甚至来自委托人宽慰而激励的话语，都令我感动。这许许多多的感动叠加成一盏明灯，指引着我和我的同仁们并肩走过一次次危难，也让我这个法律从业者更深刻体悟到——在法律的战线上，有你、有我，有我们大家的共同努力，才会让法律人的温情在当事人的心间流淌，使法律的威严在人们心中岿然不动……这所有的感动汇聚在一起，犹如我们头上的这片天空，纯净而湛蓝，广博而壮阔。

成长之后的感恩

感恩，造就动力。律师的工作，是用法律帮助委托人争取利益，保护财产，维护自由，抚平伤痕……从最初当律师时空有激情，到如今的宠辱不惊、包容淡定，我走过很长一段路。回首时，才懂得，原来感恩是一直让我前行的动力，我很幸运，因为一路走来，有你们……

感恩有您，所有信任我的委托人，当案件有好结果时，感谢你们给予的高度评价；当案件结果不尽如意时，同样感谢你们的万般理解，让我可以一直前行，在律师业务上有了长足的进步。

感恩有您，孟繁旭主任，以及孟繁旭律师事务所的所有同仁，自从我24岁出了校门，来到慕名已久的孟繁旭律师事务所，孟繁旭主任愿意吸纳我成为其中一员，让我可以站在巨人的肩膀上，快速成长。我曾三次参加黑龙江省律师辩论大赛，我们的代表队，三次均斩获冠军，我个人三次被评为最佳辩手，尤其是在2013年黑龙江省法律共同体（法官、检察官、律师）电视辩论大赛中，我再次参赛，代表队再次胜出，个人也获得所有最佳辩手总分排名第一的好成绩。可我知道，我所有的成绩都来源于团队的协作。尤其要提到我的老师孟繁旭主任和殷波律师，没有你们的鼎力相助，就没有我在赛场上的成功！

感恩有您，中央电视台社会与法频道副总监童宁先生、《法律讲堂》栏目制片人权勇先生、副制片人苏大为先生、主编郝燕飞先生，在你们的帮助、指导和鼓励下，我能够站在中央电视台的讲台上，尤其是郝燕飞先生，如果没有您的认可、鼓励，您的指导和严格要求，我就没有机会站上这个平台，成就自己事业的新高峰。

感恩有您，出版社的刘海涛总编、石松主任、董理编辑，没有你们的辛苦工作，就不会有这本书的出版，让我有机会把多年积累的情感经历和法律知识写出来，为给所有读者增加前车之鉴，普及法律知识贡献自己的一份力量！

所以，我在成长中感悟，在执业中感动，在进步中感恩，期待在你们及所有读者朋友们的指正中继续前行！

王　洋